SPATIOTEMPORAL ANALYSIS METHODS AND APPLICATIONS OF SHIP TRAJECTORY BIG DATA

武汉理工大学研究生教材专著资助建设项目资助

船舶轨迹大数据时空分析方法及应用

黄亮　文元桥　周春辉　黄亚敏　著

华中科技大学出版社
http://press.hust.edu.cn
中国·武汉

内容简介

本书以自动识别系统记录的船舶轨迹为研究对象,根据船舶水上活动特点,综合交通运输工程和地理信息科学等多学科理论与方法,系统且详细地介绍船舶轨迹基础处理方法与典型分析应用,主要包括船舶轨迹数据基础处理方法、船舶轨迹数据存储管理方法、水上交通安全态势评估方法、水上交通活动模式挖掘方法、船舶时空行为识别发现方法、船舶领域统计建模分析方法、船舶尾气排放动态表征方法、船舶气象航线优化推荐方法等。

本书内容丰富、新颖,理论与实践相结合,具有较强的实用性与指导性,可作为高等院校交通运输工程学科、海事管理学科的本科生或研究生专业教材,也可作为相关行业管理人员继续教育与技能培训的教材,还可作为交通运输工程领域学者、研究人员、工程技术人员以及海事管理人员等从事相关工作人员的参考书。

图书在版编目(CIP)数据

船舶轨迹大数据时空分析方法及应用/黄亮等著. —武汉:华中科技大学出版社,2024.6
ISBN 978-7-5772-0733-9

Ⅰ.①船… Ⅱ.①黄… Ⅲ.①船舶航行-航迹-数据处理-研究 Ⅳ.①U675.5

中国国家版本馆 CIP 数据核字(2024)第 096891 号

船舶轨迹大数据时空分析方法及应用　　　　　　　　黄　亮　文元桥
Chuanbo Guiji Dashuju Shikong Fenxi Fangfa ji Yingyong　　周春辉　黄亚敏　著

策划编辑:王汉江
责任编辑:刘艳花
封面设计:原色设计
责任校对:阮　敏
责任监印:周治超

出版发行:华中科技大学出版社(中国·武汉)　　电话:(027)81321913
　　　　　武汉市东湖新技术开发区华工科技园　　邮编:430223
录　　排:武汉市洪山区佳年华文印部
印　　刷:武汉科源印刷设计有限公司
开　　本:710mm×1000mm　1/16
印　　张:20.25　插页:2
字　　数:400千字
版　　次:2024 年 6 月第 1 版第 1 次印刷
定　　价:88.00 元

本书若有印装质量问题,请向出版社营销中心调换
全国免费服务热线:400-6679-118　竭诚为您服务
版权所有　侵权必究

PREFACE

前言

轨迹数据记录了船舶与通航环境及其他水上交通对象之间相互作用、相互影响的结果,能够准确反映船舶动态航行特征,蕴含丰富的海上交通知识。通过对大规模船舶轨迹数据进行分析和挖掘,能够识别船舶时空活动的行为意图,掌握水上交通运行规律和典型模式,评估和预测水上交通安全风险及变化趋势,表征水上交通大气污染物排放规模及特征,有助于水上交通管理人员准确把握管辖水域的交通安全态势及其变化情况,实现对船舶交通管理的智能监测与预警,掌握管辖水域的船舶大气污染物排放情况,从而提高海事安全监管效率,制定科学、合理的安全监管和节能减排措施。

船舶轨迹大数据的深度挖掘与应用是水上交通安全、高效、绿色发展的重要研究热点之一,本书阐述了从地理信息科学视角进行船舶轨迹分析挖掘和场景应用的思考和经验,是利用轨迹大数据挖掘水上交通对象活动知识的初步探索。本书内容是武汉理工大学水上交通安全与仿真团队(Nautical Safety and Simulation Group,NSSG)在船舶轨迹大数据分析挖掘方面的研究成果,系统介绍了船舶轨迹数据的基础处理方法、存储管理方法、特征建模方法、时空统计方法、模式挖掘方法等,通过典型案例说明了船舶轨迹数据在交通态势评估、交通模式挖掘、交通行为识别、船舶领域分析、气象航线推荐、船舶污染表征等方面的应用价值。

本书可作为高等院校交通运输工程学科、海事管理学科的本科生或研究生的专业教材，也可作为相关行业管理人员继续教育与技能培训的教材，还可作为交通运输工程领域学者、研究人员、工程技术人员以及海事管理人员等从事相关工作人员的参考书。

本书内容是黄亮副研究员、文元桥教授及其团队师生在船舶轨迹大数据挖掘方面的共同研究成果，并得到武汉理工大学智能交通系统研究中心、航运学院、交通与物流工程学院等单位师生的大力支持。本书由黄亮制定书稿内容框架，组织全书编写，编写分工如下：第 1 章由黄亮、刘益编写，第 2 章由黄亮、闻宇编写，第 3 章由黄亚敏、王玉宾编写，第 4 章由黄亮、周春辉编写，第 5 章由黄亮、张治豪编写，第 6 章由文元桥、郑海涛编写，第 7 章由周春辉、黄亮编写，第 8 章由文元桥、彭斯杨编写。

本书在编写过程中得到了中国工程院严新平院士的指导，以及武汉大学朱欣焰教授、呙维副教授对相关研究工作的大力支持，在此一并表示感谢。最后，感谢国家自然科学基金项目"水上交通态势的多尺度表达与演化机理研究"（编号：52072287）、"基于轨迹意图概率建模的船舶行为模式识别研究"（编号：41801375）以及浙江省重点研发项目"船岸协同环境下内河集装箱船舶增强驾驶关键技术研究及示范应用"（编号：2021C01010）的资助。

随着水路交通智能化水平的不断提高，水上交通安全和环境的智能管控能力和方法将不断提升，本书探索了轨迹数据驱动的水上交通智能管控方法，希望能够起到抛砖引玉的作用，为丰富和发展水上交通运输工程理论和技术体系做出贡献。

黄亮　副研究员

武汉理工大学余家头校区航海楼

2024 年 3 月

CONTENTS 目录

第1章 船舶轨迹数据基础处理方法 ·················· 1
  1.1 船舶轨迹噪声处理 ·················· 2
  1.2 船舶轨迹插值处理 ·················· 5
    1.2.1 数值模型插值方法 ·················· 5
    1.2.2 运动方程插值方法 ·················· 7
    1.2.3 航行经验插值方法 ·················· 8
  1.3 本章小结 ·················· 19

第2章 船舶轨迹数据存储管理方法 ·················· 20
  2.1 概述 ·················· 20
  2.2 常见船舶轨迹数据存储方法 ·················· 21
    2.2.1 结构化数据库存储 ·················· 21
    2.2.2 非结构化数据库存储 ·················· 24
  2.3 船舶轨迹数据的ClickHouse存储方法 ·················· 27
    2.3.1 ClickHouse轨迹数据存储模型 ·················· 28
    2.3.2 ClickHouse轨迹数据多级索引 ·················· 28
    2.3.3 ClickHouse轨迹数据查询 ·················· 31
    2.3.4 ClickHouse轨迹存储性能分析 ·················· 35
  2.4 本章小结 ·················· 39

第3章 水上交通安全态势评估方法 ·················· 40
  3.1 概述 ·················· 40
  3.2 水上交通宏观态势评估方法 ·················· 41

3.2.1　水上交通宏观态势评估指标 ················ 41
　　3.2.2　水上交通宏观态势评估模型 ················ 43
　　3.2.3　水上交通宏观态势可视化 ·················· 44
3.3　水上交通微观态势评估方法 ···················· 46
　　3.3.1　水上交通微观态势评估指标 ················ 46
　　3.3.2　水上交通微观态势评估模型 ················ 53
　　3.3.3　水上交通微观态势评估实例 ················ 55
3.4　本章小结 ································· 59

第4章　水上交通活动模式挖掘方法 ················ 60
4.1　概述 ···································· 60
4.2　基于轨迹时空聚类的船舶活动模式分析 ············· 61
　　4.2.1　船舶轨迹的运动状态相似性 ················ 61
　　4.2.2　船舶轨迹的时空密度聚类 ·················· 62
　　4.2.3　船舶轨迹的活动模式分析 ·················· 65
　　4.2.4　船舶轨迹的异常模式检测 ·················· 72
4.3　基于轨迹主题建模的船舶活动模式分析 ············· 80
　　4.3.1　船舶轨迹的语义信息增强 ·················· 82
　　4.3.2　船舶轨迹的主题概率建模 ·················· 87
　　4.3.3　船舶轨迹的主题模式分析 ·················· 90
4.4　基于伴随模式挖掘的船舶活动模式分析 ············· 96
　　4.4.1　船舶轨迹多级分段处理 ···················· 96
　　4.4.2　轨迹时空相似性度量 ····················· 100
　　4.4.3　船舶时空伴随模式挖掘 ··················· 101
4.5　本章小结 ································ 104

第5章　船舶时空行为知识发现方法 ················ 105
5.1　概述 ··································· 105
5.2　船舶停留行为识别与分类方法 ·················· 106
　　5.2.1　多特征约束的船舶停留行为识别 ············· 108
　　5.2.2　船舶停留行为的K邻近分类模型 ············· 112
　　5.2.3　船舶停留行为识别与分类案例 ··············· 114
5.3　船舶徘徊行为识别与分类方法 ·················· 119

	5.3.1 船舶徘徊行为时空特征建模	120
	5.3.2 船舶徘徊行为多尺度检测模型	123
	5.3.3 船舶徘徊轨迹形态分类模型	126
	5.3.4 船舶徘徊行为识别与形态分类案例	130
5.4	船舶停留行为知识发现	138
	5.4.1 船舶异常停留知识发现	138
	5.4.2 船舶徘徊行为知识发现	143
5.5	本章小结	148

第6章 船舶领域统计建模分析方法 150

- 6.1 概述 150
- 6.2 内河船舶领域的网格统计模型 152
  - 6.2.1 船舶领域建模相关概念 152
  - 6.2.2 船舶领域网格统计方法 153
- 6.3 内河船舶领域与影响因素关系分析 156
  - 6.3.1 基于船舶尺寸分类的船舶领域统计分析 156
  - 6.3.2 基于船舶速度分类的船舶领域统计分析 192
- 6.4 内河典型水域船舶领域统计分析 221
  - 6.4.1 桥区水域船舶领域统计建模 222
  - 6.4.2 桥区水域船舶领域特征分析 229
- 6.5 本章小结 239

第7章 船舶尾气排放动态表征方法 240

- 7.1 概述 240
- 7.2 海上环境因素影响下的船舶尾气排放计算模型 242
  - 7.2.1 风、浪、流影响下的船舶航速修正模型 242
  - 7.2.2 基于航速修正的船舶尾气排放计算模型 247
  - 7.2.3 船舶尾气排放计算模型的有效性验证 249
- 7.3 实时轨迹驱动的船舶尾气排放动态表征方法 253
  - 7.3.1 实时AIS数据流的在线预处理 254
  - 7.3.2 船舶尾气排放动态计算模型 256
  - 7.3.3 区域船舶尾气排放统计分析 261
- 7.4 船舶尾气排放时空分析与可视化方法 262

7.4.1 船舶尾气排放数据时空分析框架 ………………………… 263
　　7.4.2 船舶尾气排放数据的可视化表达 ………………………… 265
　　7.4.3 典型水域船舶尾气排放动态表征 ………………………… 270
　7.5 本章小结 ………………………………………………………… 277

第8章 船舶气象航线优化推荐方法 ……………………………… 279
　8.1 概述 ……………………………………………………………… 279
　8.2 基于历史航次信息的典型轨迹获取 …………………………… 280
　　8.2.1 航次轨迹建模 …………………………………………… 282
　　8.2.2 航次轨迹分类 …………………………………………… 285
　　8.2.3 典型轨迹获取 …………………………………………… 289
　8.3 基于典型轨迹的气象航线推荐 ………………………………… 291
　　8.3.1 气象航线的成本函数 …………………………………… 293
　　8.3.2 气象航线的推荐方法 …………………………………… 295
　8.4 气象航线优化推荐案例分析 …………………………………… 298
　　8.4.1 航次轨迹分类结果 ……………………………………… 298
　　8.4.2 典型轨迹获取结果 ……………………………………… 301
　　8.4.3 气象航线推荐结果分析 ………………………………… 304
　8.5 本章小结 ………………………………………………………… 310

参考文献 ……………………………………………………………… 311

第1章
船舶轨迹数据基础处理方法

自动识别系统（Automatic Identification System，AIS）是一种应用于船-船、船-岸之间的海事安全与通信的新型助航系统。AIS 最初被设计用于船舶避碰，将标识信息、航行状态、航次资料、位置数据、运动参数等船舶相关重要数据通过甚高频信息通道进行广播，周围装载 AIS 设备的其他船舶或者岸基 AIS 接收站可接收到该信息。AIS 信息包括船舶动态信息、船舶静态信息、船舶航次信息和船舶安全相关信息等信息，如图 1-1 所示，连续接收的船舶动态信息形成了船舶水上交通活动的完整轨迹。AIS 轨迹信息是船舶与通航环境及其他水上交通对象之间不断相互作用、相互影响的结果，蕴含着丰富的船舶运动特征和时空移动规律，已经成为水上交通主要的数据源之一[1]。

受传感器噪声、地形环境遮挡、传输通道拥塞等因素影响，AIS 动态消息经常出现数据错误或丢失的现象，导致接收的 AIS 轨迹质量较差，往往存在较多噪声数据，且呈现一定的稀疏性。图 1-2 展示了实际接收的 AIS 轨迹数据，所有船舶 AIS 轨迹点位信息采用点表示，并按照接收时间依次连接形成线段，表示船舶的运动过程。从图 1-2 中可知，AIS 轨迹数据一方面存在轨迹点缺失的问题，降低了船舶运动过程记录的连续性，损失了部分轨迹细节；另一方面存在轨迹点噪声的问题，降低了船舶运动状态记录的准确性，损失了部分轨迹精度。在开展船舶轨迹数据的分析挖掘应用之前，需要对船舶轨迹的异常特征进行处理。

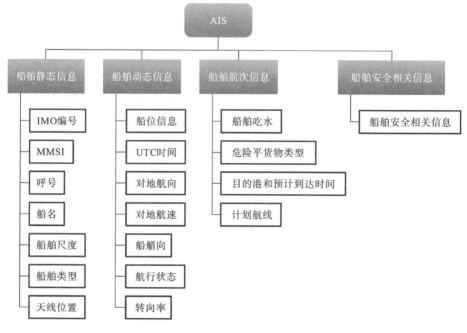

图 1-1　AIS 信息分类

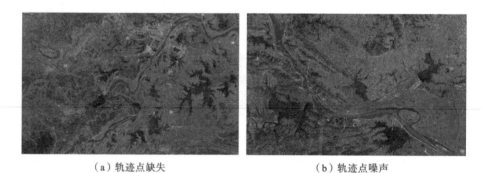

（a）轨迹点缺失　　　　　　　　　　　（b）轨迹点噪声

图 1-2　船舶轨迹数据的异常特征

1.1　船舶轨迹噪声处理

AIS 船舶轨迹包含的噪声数据可以分为 A、B 两类。A 类噪声是指轨迹点数据的某个维度属性超出了理论值域，例如某一个 AIS 轨迹点在航向维度上的数值为480°,超出了船舶航向的正常取值范围(0°~360°),因此该轨迹点将被判定为噪声数据。B类噪声是指 AIS 信号在传输过程中出现故障,导致接收的轨迹点出现漂移。数据漂移现象原理如图 1-3 所示,漂移轨迹点 P 前、后两部分的轨迹点均可看作一个整体,显示了船舶运动的连续性,但船舶在漂移点 P 处与前、后两部分轨迹发生了明显偏离,呈现短暂跳跃波动,不符合实际船舶运动的特点。

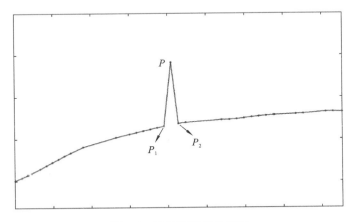

图 1-3 数据漂移现象原理

针对上述两类 AIS 轨迹噪声,通常采用规则检测的方式进行清洗处理。记船舶轨迹为 $S=\{p_0,p_1,\cdots,p_n\}$,表示船舶轨迹由 n 个离散采样点构成,每个轨迹采样点 p_i 表示船舶在某一时刻的运动状态,记为 $p_i=(x_i,y_i,v_i,c_i,t_i)$,$0 \leqslant i \leqslant n$,其中 t 表示轨迹点的采样时刻;x 和 y 表示采样时刻的船舶瞬时位置,一般为经纬度坐标;v 表示采样时刻的船舶对地航速,单位为节(英文:knot),单位符号记为 kn;c 表示采样时刻船舶对地航向,单位为度,单位符号记为°。

1. A 类轨迹噪声处理

A 类轨迹噪声处理主要依据位置、航速、航向等特征的值域范围设置检测规则,将特征值超过正常值域范围的轨迹点进行剔除。

1) 位置噪声检测

位置噪声检测主要检查轨迹点的经纬度坐标是否位于地理坐标系的取值范围或者处于 AIS 收集水域的合理范围。一般地,经度最大取值范围为 $[-180°,180°]$,纬度最大取值范围为 $[-90°,90°]$。可采用如下公式对轨迹点的位置合理性进行判断:

$$\text{Inside}(\text{region},p_i)=\text{TRUE}, \quad i=1,2,\cdots,n \tag{1-1}$$

式中:region 代表船舶所处的水域范围,例如全球水域、特定港口、航道或自定义水域;Inside(·)算子用于计算两个对象之间的空间包含关系;在检测过程中,水域范围表示为多边形对象,轨迹点 p_i 表示为几何点对象,若轨迹几何点与水域多边形的位置关系不满足式(1-1),意味着该轨迹点位置漂移出正常运动范围,需要作为噪声点进行剔除。

2) 航速噪声检测

航速噪声检测主要检查轨迹点的对地航速是否处于 AIS 数据收集水域正常的速度变化范围,若超出了速度变化范围,则判定该轨迹点属于噪声。可采用如下公式对轨迹点的速度合理性进行判断:

$$\text{Range}(v_n, v_m, p_i) = \text{TRUE}, \quad i = 1, 2, \cdots, n \tag{1-2}$$

式中:v_n 和 v_m 分别是 AIS 收集水域内的最低航速和最高航速,两个阈值可根据 AIS 收集水域的通航规则或者交通流统计结果进行设定;Range(·)算子计算三个对象之间的区间包含关系,判断轨迹点 p_i 的对地航速是否属于 v_n 和 v_m 构成的闭区间,若不属于,则轨迹点作为噪声被剔除。

3) 航向噪声检测

航向噪声检测主要检查轨迹点的对地航向是否处于 AIS 数据收集水域正常的航向变化范围,若超出了航向变化范围,则判定该轨迹点属于噪声。可采用如下公式对轨迹点的速度合理性进行判断:

$$\text{Inter}(c_n, c_m, p_i) = \text{TRUE}, \quad i = 1, 2, \cdots, n \tag{1-3}$$

式中:c_n 和 c_m 分别是 AIS 收集水域内的最小航向和最大航向,两个阈值可根据 AIS 收集水域的地形条件或者交通流统计结果进行设定,一般取值为 [0°, 360°];Inter(·)算子计算三个对象之间的区间包含关系,在检测过程中判断轨迹点 p_i 的对地航向是否属于 c_n 和 c_m 构成的半开半闭区间,如果轨迹点不满足 Inter(·)算子,则作为噪声被剔除。

2. B 类轨迹噪声处理

A 类噪声数据的处理策略是从单个轨迹点角度检测船舶运动特征取值是否合理,对于 B 类噪声数据,需要考虑连续轨迹点的运动特征变化信息,其才能被识别出来。由于船舶自身惯性较强,承载船舶航行的水体黏阻力较弱,船舶的操纵灵活性往往较差(少数特殊船舶除外),船舶轨迹点的运动特征往往是均匀缓慢变化或者几乎保持不变的。因此,如果轨迹点某个维度的运动特征值出现"跳跃式"变化,则从整条轨迹中剔除该轨迹点,基于连续轨迹点运动特征的漂移点检测规则如下。

1) 位置漂移检测

由于 AIS 船舶轨迹的更新时长较短,正常情况下的轨迹线段往往较为平滑,相邻轨迹线段之间的夹角一般较大。但当船舶在某个轨迹点 p_i 处出现位置漂移时,会与前后轨迹点 p_{i-1} 和 p_{i+1} 形成角度较小的夹角,漂移距离越远,夹角越小。因

此,若船舶在点 p_i 处的前后轨迹段满足式(1-4),则认为轨迹点 p_i 是漂移点并剔除:

$$\Delta\theta_{p_i}<\delta_\theta, \quad \Delta t_{p_i}<\delta_t \tag{1-4}$$

式中:$\Delta\theta_{p_i}$ 为轨迹点 p_i 与前后轨迹点 p_{i-1} 和 p_{i+1} 形成的轨迹段夹角;δ_θ 为夹角阈值;Δt_{p_i} 是三个轨迹点的时间间隔;δ_t 是时间间隔的阈值。

2) 航速漂移检测

考虑船舶航速变化较为平缓,假设轨迹点 p_i 的航速 v_i 只与前两个邻近轨迹点的航速 v_{i-2} 和 v_{i-1} 相关,t_{i-2}、t_{i-1}、t_i 分别为三个轨迹点的采样时间,则轨迹点 p_i 的航速预测值 v_i' 可以表示为

$$v_i'=v_{i-1}+(v_{i-1}-v_{i-2})/(t_{i-1}-t_{i-2})\times(t_i-t_{i-1}) \tag{1-5}$$

若航速预测值 v_i' 与原始记录值 v_i 存在较大误差,即 $|v_i'-v_i|>\delta_v$,则认为船舶在轨迹点 p_i 的航速值为异常值,将预测航速 v_i' 替代原始航速 v_i。其中 δ_v 作为航速变化阈值,可通过前一轨迹点的航速进行估计,即 $\delta_v=k\times v_{i-1}$,k 值范围一般为(0,1),在内河水域,建议 k 值范围为[0.3,0.7][2]。

3) 航向漂移检测

航向漂移检测主要通过检查相邻轨迹点的航向变化值是否处于合理范围进行识别。假设两个相邻轨迹点 p_{i-1} 和 p_i 的航向值分别为 c_{i-1} 和 c_i,若船舶航向在采样间隔时间内发生剧烈变化,即满足如下公式条件,则判定轨迹点 p_i 航向异常:

$$|c_i-c_{i-1}|>\omega\times(t_i-t_{i-1}) \tag{1-6}$$

式中:ω 是航向变化速率,可统计轨迹点所在水域的平均航向变化率获取。

1.2 船舶轨迹插值处理

除噪声点干扰外,原始 AIS 数据还存在轨迹点缺失的问题,即两个相邻轨迹点的采样时间间隔远远大于 AIS 采样周期,导致船舶轨迹稀疏、不连续,难以直接进行分析挖掘应用。针对船舶稀疏轨迹的还原问题,本节主要介绍几种常用的船舶轨迹插值处理方法,包括数值模型插值方法、运动方程插值方法、航行经验插值方法等。

1.2.1 数值模型插值方法

数值模型插值方法是采用不同数学形式的数值模型对船舶轨迹进行近似拟

合,并利用拟合模型对轨迹缺失部分进行插值求解的过程。常用的数值模型插值方法包括线性插值方法、三次样条插值方法等。

1. 线性插值方法

线性模型实际是一维空间的数据插值方法,根据一维数据序列中待插值位置前后邻近的两个样本数据进行数值估计。线性插值不是求解两个邻近样本数据大小的平均值,而是根据到待插值位置距离前后相邻点的距离分配比重,进而采样加权求和的方式得到插值结果。如图 1-4 所示,假设某个待插值位置前后两个坐标点分别为 $p_0(x_0, y_0)$ 和 $p_1(x_1, y_1)$,将待插值位置前后邻近两点连成线段,根据线性函数斜率一致的特点,可采用如下公式计算 $[x_0, x_1]$ 区间内任一横向位置 x 在直线上对应的纵向值 y:

$$k = \frac{y - y_0}{x - x_0} = \frac{y_1 - y_0}{x_1 - x_0} \tag{1-7}$$

$$y = y_0 + (x - x_0) \times k \tag{1-8}$$

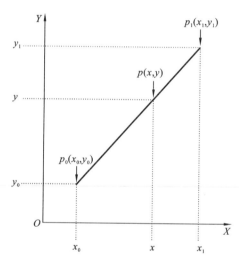

图 1-4 线性插值模型

船舶轨迹线性插值是将船舶运动过程分解为经度和纬度两种运动状态的变化,即将原有的经纬度变化视为时间-经度和时间-纬度两个一维运动的组合,将两个方向上的运动都视为短时间的线性变化过程。插值过程是先计算待插值点 p 与前后轨迹点 p_0、p_1 的采样时间距离差,根据时间距离分配前后轨迹点的计算权重,结合线性插值方法分别对经度、纬度两种运动状态插值,得到最终的插值结果。线性插值方法适用于船舶保持航向直线行驶的运动过程,对非线性运动过程的轨迹插值误差较大。

2. 三次样条插值方法

三次样条插值方法对船舶航行信息的依赖程度较小,并且对非线性轨迹也能较好地插值处理。该方法是通过求解三弯矩方程组求出船舶轨迹的曲线函数组,然后拟合出一条通过船舶轨迹采样点的光滑曲线,根据曲线函数组可以求得光滑曲线任意一点的信息。三次样条插值方法同样以时间为基准,分别进行时间-经度、时间-纬度、时间-航速的三次样条插值。

首先建立三次样条插值模型,设船舶轨迹在点 p_i 的采样时间为 t_i,经纬度坐标为 (x_i, y_i),三次样条函数 $S(t)$ 在时间点 t_i 处的二阶导数为 M_i,可得到三次样条表达式为

$$S(t) = -M_i \frac{(t-t_{i+1})^3}{6h_i} + M_{i+1} \frac{(t-t_i)^3}{6h_i} + \left(x_i - \frac{M_i h_i^2}{6h_i}\right) \frac{t_{i+1}-t}{h_i} + \left(x_{i+1} - \frac{M_{i+1} h_i^2}{6h_i}\right) \frac{t-t_i}{h_i}$$
(1-9)

式中: M_i 为未知参数; $h_i = t_{i+1} - t_i$。通过对 $S(t)$ 进行求导得出 $S'(t)$,利用 $S'(t_i+0) = S'(t_i-0)$ 可得

$$u_i M_{i-1} + 2M_i + \lambda_i M_{i+1} = d_i \tag{1-10}$$

$$u_i = \frac{h_{i-1}}{h_{i-1}+i} \tag{1-11}$$

$$\lambda_i = \frac{h_i}{h_{i-1}+h_i} \tag{1-12}$$

$$d_i = \frac{6}{h_{i-1}+h_i} \left(\frac{x_{i+1}-x_i}{h_i} - \frac{x_i-x_{i-1}}{h_i}\right) = 6f(t_{i-1},t_i,t_{i+1}) \tag{1-13}$$

由于方程式比未知数少,因此根据第一类边界条件补充 $i=1$ 和 $i=n$ 的端点方程,最后可得到关于参数 $M_0, M_1, \cdots, M_n$ 的 $n+1$ 阶线性方程组,其三弯矩阵方程为

$$\begin{bmatrix} 2 & \lambda_0 & & & & \\ u_1 & 2 & \lambda_1 & & & \\ \vdots & \vdots & \vdots & & & \\ & & u_{n-1} & 2 & \lambda_{n-1} \\ & & & u_n & 2 \end{bmatrix} \begin{bmatrix} M_0 \\ M_1 \\ \vdots \\ M_{n-1} \\ M_n \end{bmatrix} = \begin{bmatrix} d_0 \\ d_1 \\ \vdots \\ d_{n-1} \\ d_n \end{bmatrix} \tag{1-14}$$

根据上式求出 $M_0, M_1, \cdots, M_n$ 的值,即可求出时间-经度、时间-纬度的三次样条插值,通过合并上述两条三次样条曲线得到船舶的航行轨迹。

1.2.2 运动方程插值方法

基于运动方程的船舶轨迹插值方法综合考虑目标的航速、航向等动态信息,构

建船舶轨迹的运动方程,通过对插值时间段内的船舶位置进行预测,形成运动船只在该时间段内的插值航迹[3]。

假设待插值时刻 t 前后两端相邻轨迹点 p_{i-1} 和 p_{i+1} 的经纬度坐标经过高斯投影后的坐标分别为 (x_{i-1},y_{i-1}) 和 (x_{i+1},y_{i+1}),根据两端轨迹点的动态信息,利用式(1-15)和式(1-16)分别求出待插值时刻船舶位置的预测值 (x_{i1},y_{i1}) 和 (x_{i2},y_{i2})。

$$\begin{cases} x_{i1}=x_{i-1}+v_{i-1}\sin(c_{i-1})(t_i-t_{i-1}) \\ y_{i1}=y_{i-1}+v_{i-1}\cos(c_{i-1})(t_i-t_{i-1}) \end{cases} \quad (1\text{-}15)$$

$$\begin{cases} x_{i2}=x_{i+1}+v_{i+1}\sin(c_{i+1})(t_i-t_{i+1}) \\ y_{i2}=y_{i+1}+v_{i+1}\cos(c_{i+1})(t_i-t_{i+1}) \end{cases} \quad (1\text{-}16)$$

式中:v_{i-1}、c_{i-1} 是轨迹点 p_{i-1} 在 t_{i-1} 时刻的航速、航向,v_{i+1}、c_{i+1} 是轨迹点 p_{i+1} 在 t_{i+1} 时刻的航速、航向。

将两个预测值坐标 (x_{i_1},y_{i_1})、(x_{i_2},y_{i_2}) 进行加权平均,权重根据两端轨迹点与插值点的时间差进行分配,时间差越小,权重值越高,加权平均后求取的插值点平面坐标为

$$\begin{cases} Q_{i-1}=1-\dfrac{t_i-t_{i-1}}{t_{i+1}-t_{i-1}} \\ Q_{i+1}=1-\dfrac{t_{i+1}-t_i}{t_{i+1}-t_{i-1}} \end{cases} \quad (1\text{-}17)$$

$$\begin{cases} x_i=Q_{i-1}x_{i1}+Q_{i+1}x_{i2} \\ y_i=Q_{i-1}y_{i1}+Q_{i+1}y_{i2} \end{cases} \quad (1\text{-}18)$$

式中:Q_{i-1} 和 Q_{i+1} 分别为两端轨迹点 p_{i-1} 和 p_{i+1} 的权重。最后将 (x_i,y_i) 进行高斯投影反算,即可得到插值点的经纬度坐标。

基于运动方程的船舶轨迹插值方法考虑了船舶运动特点,能够相对准确地预测待插值时刻的船舶位置,但不适用于靠泊、停止、离泊过程中的船舶轨迹插值。在上述过程中,待插值时刻的前后两端轨迹点会出现速度接近 0 的情况,将该速度信息作为预测依据之一显然缺乏合理性。王超等[3]介绍了算法的改进处理过程,若两端轨迹点速度均接近 0,则认为船舶处于锚泊状态,不必进行插值处理;若仅有一端轨迹点速度接近 0,且两端轨迹点速度差异较大,将该轨迹点速度调整为另一端较大速度的 k 倍进行均衡处理,参数 k 负责控制速度调整的幅度。

1.2.3 航行经验插值方法

在蜿蜒曲折的内河航道水域或者具有岛屿等复杂地形条件的受限水域,船舶轨迹经常出现长时间间隔的轨迹点缺失,数值模型插值方法和运动方程插值方法往往不能得到满意的结果。以内河长江水域为例,上述方法的插值结果经常会出

现插值点与前后轨迹穿越陆地的现象。在实际航行中,船舶驾驶员经常借鉴历史航行经验规划船舶航线,以保证航行的安全性和经济性[4]。而大量船舶的历史轨迹数据往往蕴含着不同水域的"习惯航线",利用"习惯航线"进行稀疏轨迹的插值还原不失为一种可行的手段。

针对具有复杂地形条件的水域,本研究提出了一种基于航行经验的船舶轨迹插值方法。其基本思想是同一水域、同一时段内的船舶航行轨迹会在时空特征上表现聚集趋势,通过时空统计分析方法对目标水域的所有历史船舶轨迹进行聚类分析,筛选出与待插值目标轨迹具有移动一致性的有效样本轨迹集合,对有效样本轨迹集合进行核密度估计得到航行热度分布图,并将其作为船舶航行经验的概率建模结果,用于待插值轨迹缺失部分的最优路径生成和优化,船舶最可能的航行路线详细处理过程如下。

1. 经验轨迹时空提取

为了准确地插值还原稀疏轨迹的缺失部分,首先需要对相同水域内的历史 AIS 轨迹进行筛选,获取与稀疏轨迹移动特征一致的经验轨迹集合。本研究结合船舶航行特征,设计了空间一致性、时间一致性和航向一致性约束下的船舶经验轨迹提取策略。

空间一致性是指经验船舶轨迹与目标船舶稀疏轨迹在空间分布上具有高度的一致性。假设稀疏轨迹待插值点前后相邻的采样点为 p_i 和 p_{i+1},具有参考价值的经验轨迹必须依次经过采样点 p_i 和 p_{i+1} 的空间邻域,即经验轨迹中至少存在点 p'_i 和 p'_{i+1} 满足公式 $|p'_i - p_i| \leqslant r_i$ 和 $|p'_{i+1} - p_{i+1}| \leqslant r_{i+1}$,其中 r_i 和 r_{i+1} 分别表示采样点 p_i 和 p_{i+1} 的邻域半径,p'_i 和 p'_{i+1} 是点 p_i 和 p_{i+1} 在经验轨迹中的同位点。一般地,选择船舶安全领域范围作为稀疏轨迹点的空间邻域。

航向一致性是指经验轨迹与目标船舶稀疏轨迹具有一致的航向特征,即在稀疏轨迹的点 p_i 邻域内,经验轨迹中同位点 p'_i 的航向值 c'_i 满足公式 $|c'_i - c_i| < \theta$,其中 c_i 为点 p_i 的航向,θ 为航向偏差阈值,并且经验轨迹在点 p_{i+1} 处同样满足航向一致性条件。

时间一致性是指经验轨迹应与目标船舶稀疏轨迹在时间特征上尽可能保持一致。由于船舶航行受通航环境、气象水文等因素影响较大,不同时间段内的船舶航行经验存在较大差异,因此需要尽可能选择相同时间范围内的航行轨迹作为参考,即经验轨迹中同位点 p'_i 与稀疏轨迹采样点 p_i 的时间差值应满足公式 $|t'_i - t_i| < \sigma$,t_i 和 t'_i 为两点 AIS 采样时间,σ 为时间差阈值。

图 1-5 展示了基于多种一致性约束条件从历史 AIS 轨迹中提取经验轨迹的流程。第一步,基于船舶领域模型,以 k 倍船长(k 值由船舶尺寸和类型决定)为半径

计算待插值时刻相邻轨迹点的空间邻域;第二步,基于两个空间邻域对历史 AIS 轨迹进行空间一致性分析,提取满足条件的历史 AIS 轨迹及其相应的同位点;第三步,比较每个历史 AIS 轨迹的同位点与采样点的航向差和时间差,若满足条件,将历史 AIS 轨迹作为经验轨迹输出。

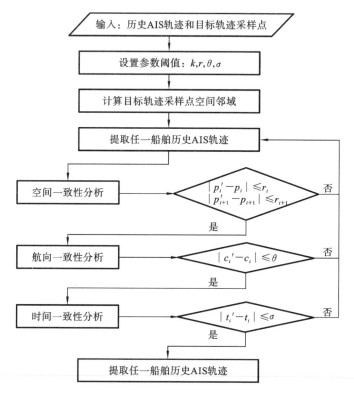

图 1-5　经验轨迹提取流程示意图

2. 经验轨迹概率建模

提取的经验轨迹包含了不同船舶在同一水域的航行经验,本研究采用核密度估计(Kernel Density Estimation,KDE)方法对经验轨迹进行概率密度建模,通过概率密度图量化不同航行经验的热度。概率密度越大的水域,表示其他船舶在该区域的航行热度越高,意味目标船舶经过该区域的可能性越大。

KDE 方法是一种非参数的概率密度估计方法,无需预先假定数据样本的分布模型,而是直接根据数据样本自身的规律去分析数据分布特征。KDE 的计算模型如下,对训练集中的每一个样本 x_i 赋予一个核函数 $K(\cdot)$ 进行统计,进而估计数据整体 X 的概率密度分布:

$$p(X) = \frac{1}{n}\sum_{i=1}^{n}\frac{1}{(h_i)^d}K\left(\frac{x-x_i}{h_i}\right) \quad (1-19)$$

式中：n 表示样本的数量；d 表示数据维度；$K(\cdot)$ 是核函数，满足 $K(x) \geqslant 0$，$\int K(x)\mathrm{d}x = 1$。本研究选择高斯函数作为核函数（均值 $u=0$），因此 KDE 计算模型可变化为

$$\overline{p}(X) = \frac{1}{nh^d(2\pi)^{d/2}}\sum_{i=1}^{n}\exp\left(-\frac{(x-x_i)^{\mathrm{T}}(x-x_i)}{2h^2\sigma^2}\right) \quad (1-20)$$

为了便于对经验轨迹进行概率密度计算与表达，本研究首先采用网格模型对轨迹所处水域进行空间剖分，然后基于"倒排快速索引法"建立每条经验轨迹与水域网格行列编号的映射关系，进而以水域网格为基本单元，采用式(1-20)进行船舶航行经验概率密度计算，获取航行热度分布图。概率密度越高的网格表明船舶航行热度越高，则目标船舶经过的概率越大。

然而，不同船舶的 AIS 轨迹采样频率存在差异性，会导致不同经验轨迹在空间网格的分布密度各不相同。如图 1-6 所示，当船舶速度较小时，相同距离所用时间多，同一个网格存在多个采样点，导致网格的概率密度"虚增"；当船舶速度较大时，相同距离所用时间少，会出现轨迹经过部分网格但缺少采样点的情况，导致网格的

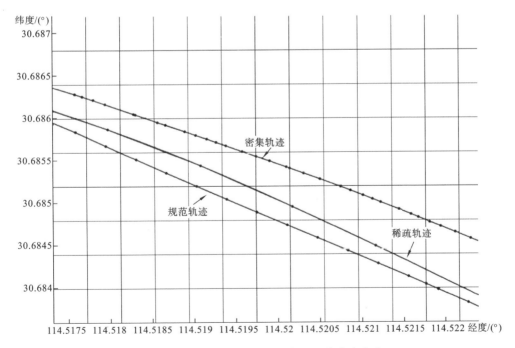

图 1-6　不同采样频率的 AIS 轨迹网格密度分布

概率密度"虚减"。上述两种情况均会造成网格概率密度的统计误差,因此需要进行规范化处理。针对概率密度"虚减"情况,可采用线性插值方法获取经验轨迹映射的连续网格系列,尽可能保持航迹的航行姿态(航速、航向)不产生剧烈变化;针对概率密度"虚高"情况,对每条经验轨迹穿行的网格编号进行时间排序,剔除重复记录,获取实际通行的网格列表。经规范化处理后,保证每条经验轨迹在通行的每个网格中仅有唯一轨迹点。

3. 最优路径估计生成

完成经验轨迹的概率密度生成后,引入最优路径搜索思想对稀疏轨迹的缺失部分进行近似估计。基本过程是以稀疏轨迹前一采样点 p_i 为出发点,沿着船舶运动方向,不断搜索航行热度高的水域网格,直至抵达稀疏轨迹的下一采样点 p_{i+1},搜索的网格序列构成一条栅格化的最优路径,具有最大的航行概率密度。图 1-7 展示了最优路径生成的具体步骤。

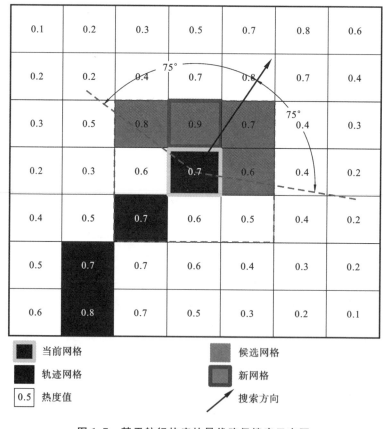

图 1-7 基于航行热度的最优路径搜索示意图

(1) 确定搜索起点。以稀疏轨迹前一采样点 p_i 所在网格单元为起始网格,记为 G_k。

(2) 确定当前网格 G_k 搜索方向,即轨迹走向。将以当前网格 G_k 中心点为圆心、以船舶长度 l 为半径的圆形区域内的所有历史 AIS 数据点的平均航向作为 G_k 的搜索方向 S_k。

(3) 确定候选网格集合 G'_{k+1}。在以 G_k 中心点为圆心、以搜索方向 S_k 正负 75°的扇形内,将与网格 G_k 存在公共边或公共顶点的网格存入 G'_{k+1}。

(4) 在候选网格集合中,选择航行热度相对最大的网格作为新的轨迹网格 G_{k+1}。

(5) 判断新的轨迹网格 G_{k+1} 与稀疏轨迹下一采样点 p_{k+1} 所在网格的距离是否大于阈值 Δd,如果是,则继续重复步骤(2)至(5);否则结束搜索。

4. 轨迹平滑处理

真实的船舶轨迹在二维平面上可表示为一条连续光滑的曲线,由于本研究采用离散网格表达航行热度,搜索生成的最优路径由若干相邻的网格序列组成(图1-8中灰色网格),依次连接网格序列的中心点会形成锯齿形状的粗糙轨迹(图1-8中黑色实线),与船舶真实运动过程可能差别较大(图1-8中灰色虚线)。因此,本研究采用局部平滑法对生成的粗糙轨迹进行处理,以便获得更加光滑的运动曲线。

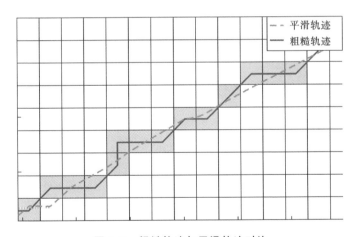

图1-8 粗糙轨迹与平滑轨迹对比

局部平滑法的基本原理是取数据点及 k 个邻近数据点的平均值作为该数据点的平滑值。将粗糙轨迹表示为向量 $Y=\{y_i|i=1,2,\cdots,n\}$,y_i 表示粗糙轨迹的数据点,n 表示数据点个数,经局部平滑后的轨迹为向量 $Y_s=\{sy_i|i=1,2,\cdots,n\}$,平

滑处理计算公式如下：

$$sy_i = \begin{cases} (sy_{i-(k-1)/2} + \cdots + sy_i + \cdots + sy_{i+(k-1)/2})/k, & k\text{ 为奇数} \\ (sy_{i+1-k/2} + \cdots + sy_i + \cdots + sy_{i+k/2})/k, & k\text{ 为偶数} \end{cases} \quad (1\text{-}21)$$

5. 实例验证

为了验证本研究提出算法的有效性,采用长江内河船舶历史 AIS 轨迹数据对算法效果进行测试,并与具有曲线拟合能力的样条轨迹插值方法进行对比试验。试验区域选取长江武汉段具有复杂地形条件的典型航道区域,包括弯曲航道(地理范围为 114.48°E～114.56°E, 30.63°N～30.69°N)、蜿蜒航道(地理范围为 113.78°E～114.07°E, 30.17°N～30.32°N)和分汊航道(地理范围为 114.24°E～114.34°E, 30.53°N～30.6°N)。试验数据为长江武汉段水域 2014 年 1 月份的内河船舶 AIS 数据,通过随机选取若干更新频率快的船舶轨迹进行稀疏抽样,作为待插值轨迹的样本数据。

图 1-9 展示了弯曲航道、蜿蜒航道和分汊航道的试验场景,其中白色五角星表示稀疏轨迹的两个相邻采样点,白色虚线表示稀疏轨迹对应的真实记录,即目标轨迹;灰色实线表示该水域在时间区间内的所有原始轨迹(分别为 317 条、418 条和 1225 条);黑色实线表示满足一致性约束条件的经验轨迹(分别为 126 条、157 条和

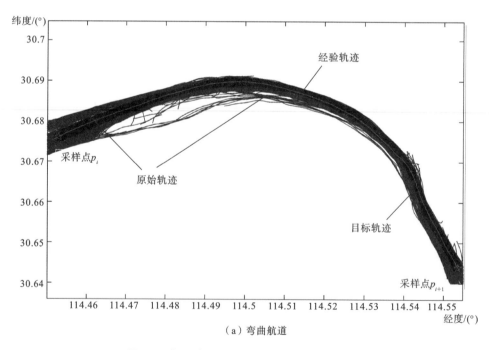

(a) 弯曲航道

图 1-9　长江武汉段试验水域及各种轨迹数据

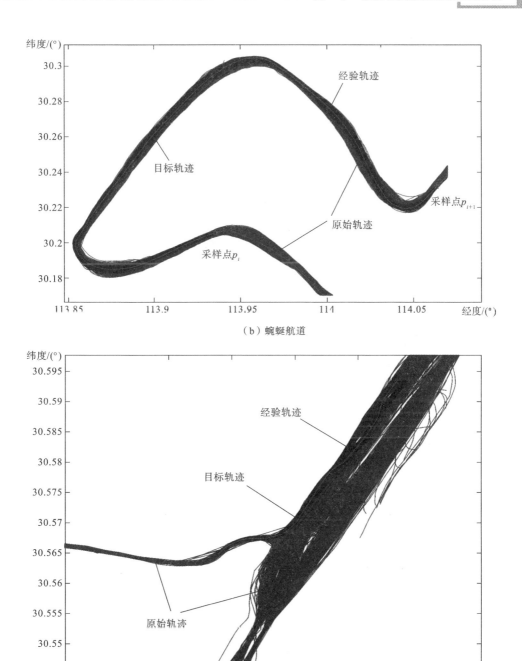

(b)蜿蜒航道

(c)分汊航道

续图 1-9

85条)。从图1-9中可知,满足移动一致性约束的经验轨迹(黑色实线)与目标轨迹(白色虚线)具有相同的运动特征,且呈现高度的聚集趋势。

对提取的经验轨迹进行 KDE 建模,获取了两处水域的航行热度分布图,如图1-10所示。图中颜色越明亮的水域,表示历史船舶航行的概率密度越大。从航迹带颜色分布来看,航迹带中间明亮区域较宽,意味着航行热度集中、绝大多数船舶驾驶员在航路选择时会优先选取该水域,其中亮白色实线表示基于航行热度搜索的估计轨迹。

图1-11展示了本研究方法获取的经验估计轨迹(灰色实线)与目标轨迹(黑色虚线)及样条轨迹(黑色实线)的对比结果。在图1-11(a)所示的弯曲航道水域,经验估计轨迹和样条轨迹均与目标轨迹航行趋势保持一致,但样条轨迹仅在直航段水域与目标轨迹相符,当航道地形出现弯曲变化后,与目标轨迹偏差较大;经验估计轨迹在绝大部分水域与目标轨迹契合一致,出现的最大位置偏差为 25 m,相比于内河船舶尺寸仍然在可接受范围内(本研究暂不考虑船舶尺寸对轨迹估计的影响)。在图1-11(b)所示的蜿蜒航道水域,本研究尝试了三次样条函数对稀疏轨迹进行插值,但会出现穿越周边陆岸的情况,无法获取有效的样条轨迹;而经验估计轨迹较好地估计了船舶在连续弯曲航道中的运动过程,且最大位置偏差控制在 25 m 以内,与目标轨迹具有非常高的相似度。

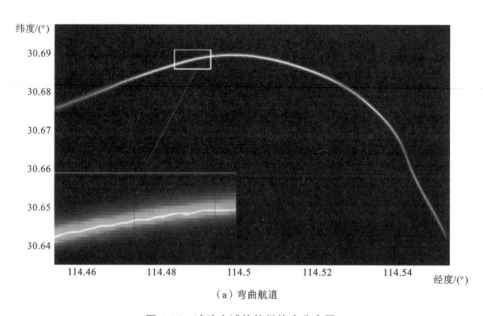

(a)弯曲航道

图1-10 试验水域的航行热度分布图

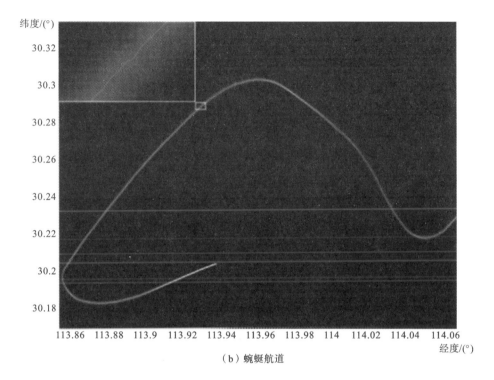

（b）蜿蜒航道

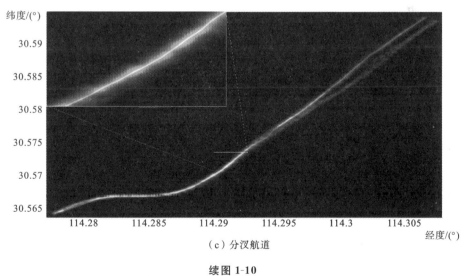

（c）分汊航道

续图 1-10

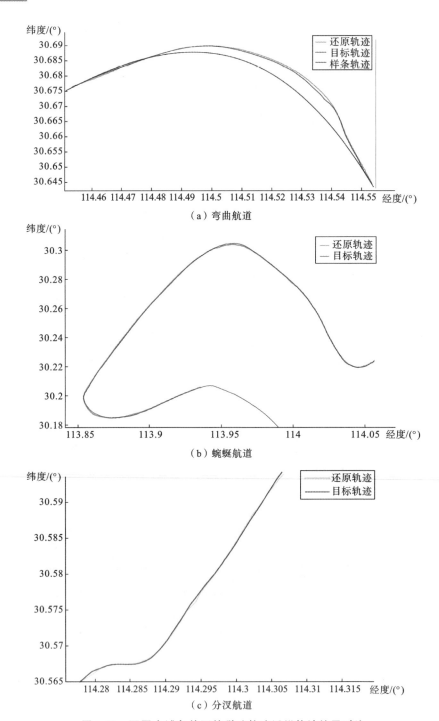

图 1-11 不同水域条件下的稀疏轨迹近似估计结果对比

1.3 本章小结

受传感器系统误差、通航环境因素干扰等方面的影响,原始接收的 AIS 轨迹数据存在大量的噪声点和缺失数据,需要通过预处理获得高质量的轨迹样本用于后续分析挖掘应用。针对轨迹存在噪声点的问题,本章对 AIS 船舶轨迹噪声进行分类,介绍了基于规则模型的噪声点处理方法,并针对不同类型噪声点定义了相应的检测规则集合;针对轨迹存在稀疏性的问题,本章总结了几种常用的船舶轨迹插值方法,重点介绍了基于航向经验的船舶轨迹插值方法,用于解决复杂地形水域中存在长时间轨迹段缺失的轨迹近似还原问题。

第2章

船舶轨迹数据存储管理方法

2.1 概述

随着船载 AIS 系统在全球范围内的广泛应用,可接收的船舶轨迹数据规模日益扩大,如何对海量船舶轨迹数据进行有效存储管理成为船舶轨迹数据深度挖掘应用需要解决的重要难题。船舶轨迹属于典型的时空数据,具有高频、海量、多维的特点,可为船舶航行避碰、海事安全监管、水上应急搜救、交通组织优化等各种海事应用提供数据支持。不同海事业务场景对船舶轨迹数据的字段属性、记录数量、时间范围等要求各不相同,需要设计科学、合理的轨迹存储模型和管理方案,能够准确、高效地为业务应用提供数据。

本研究梳理了现有海事业务场景中对船舶轨迹数据的查询需求,总体而言可以分为点查询和区域查询两大类。点查询是以单个船舶为查询对象,一般以船名或船舶水上移动通信业务标识码(MMSI)为关键字进行轨迹查询,获取特定船舶 AIS 数据的部分或者全部属性信息,其存储模型较为成熟。点查询能够支持轨迹回放、轨迹预测、行为分析等应用。区域查询是以某个区域在某个时间段内的所有船舶为查询对象,一般以空间范围和时间区间为关键字来查询多艘船舶的轨迹数据。与点查询相比,区域查询的搜索复杂度更大,需要构建良好的时空索引方案提高检索效率,区域查询能够支持交通安全监管、交通组织优化、异常分析检测等应用。

为了满足上述数据查询需求,国内外学者先后采用不同类型数据库技术对船舶轨迹进行存储管理,如图2-1所示。早期研究主要采用关系型数据库、空间数据库对时空轨迹数据进行结构化存储,支持轨迹属性查询和时空查询。随着轨迹数据规模的不断增加,存储结构和索引方案越来越复杂,存储成本逐渐增高,轨迹查询性能面临挑战。借助大数据技术的最新发展,部分学者开始采用分布式文件系统、NoSQL数据库对船舶轨迹数据进行非结构化存储,提供海量船舶轨迹的快速写入和属性查询,需要构建复杂时空索引支持高效时空查询。下面具体介绍本研究采用的两种方法。

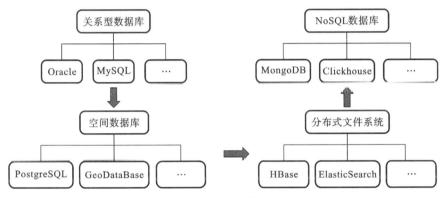

图 2-1　船舶轨迹数据存储发展过程

2.2　常见船舶轨迹数据存储方法

2.2.1　结构化数据库存储

传统的关系型数据库提供了复杂的数据操作功能,对小规模轨迹数据能够提供高效的管理功能,MySQL[5]、Oracle[6,7]、PostgreSQL[8]等数据库先后用于船舶轨迹存储管理,将原始AIS轨迹信息的每个属性作为单独的数据表字段,数据结构如表2-1所示,每条AIS轨迹数据作为数据表的一行记录。一般地,以船舶MMSI和接收时间作为主键,标识每条船舶的轨迹记录。

AIS轨迹是典型的时空数据,具有数据量大、数据维度高、数据构成复杂等特点,针对AIS轨迹数据,经常需要做面向时间和空间的多维查询操作,良好的索引技术

表 2-1　关系型数据库中的轨迹数据结构

属性	类型	说明
MMSI	VARCHAR	船舶海上移动服务标识码
STATUS	INTEGER	船舶状态
ROT	INTEGER	转向率
SOG	INTEGER	对地速度,单位:0.1 节
COG	INTEGER	对地航行,单位:0.1 度
TH	INTEGER	船艏向,单位:0.1 度
LON	INTEGER	经度,单位:1/600000 度
LAT	INTEGER	纬度,单位:1/600000 度
RCVTIME	INTEGER	接收时间,单位:Unix 格式

是高效查询的关键。传统关系型数据库为了提高轨迹数据的查询效率,通常会采用时间分区或范围分区的策略提高数据检索速度,如表 2-2 所示,并通过字段索引实现轨迹点的快速查询,但难以提供高效的区域轨迹数据查询服务。

表 2-2　存储结构对比

数据特点	查询需求	数据表结构	索引结构
时间跨度大,经纬度跨度小	历史轨迹查询	采用时间分区策略,对数据按月/天等进行存储[39]	对 TIME 创建普通索引
时间跨度小,经纬度跨度大	区域轨迹查询	采用范围分区策略,对数据按整型经纬度进行存储[40]	对(LON,LAT)创建组合索引
时间跨度大,经纬度跨度大	时空轨迹查询	在采用时间分区策略的基础上,同时对经纬度构建索引并存储	对(LON,LAT)创建组合索引

因此,本研究基于四叉树网格模型思想,采用不同尺寸大小的网格对地理空间进行剖分,构建全球四叉树金字塔空间索引,建立 AIS 轨迹经纬度坐标与多级网格索引的映射关系,从而实现指定空间区域 AIS 数据的快速定位。四叉树金字塔模型如图 2-2 所示,将原始数据集进行分层组织,每一层数据又分割成小的数据块,这种组织数据结构通常称为四叉树结构或者金字塔数据结构。金字塔层次结构中包含多个数据层,在金字塔数据库的最底层,存储最高分辨率的数据,随着金字塔层数的增加,数据的分辨率依次降低,在金字塔数据库的顶层存储能够满足用户需要的最低分辨率的数据。在进行区域轨迹查询时,根据当前用户选定的区域范围大小,自动计算区域对应的网格索引范围,并提取网格内的 AIS 数据进行返回,大大加快了数据实时查询速度。

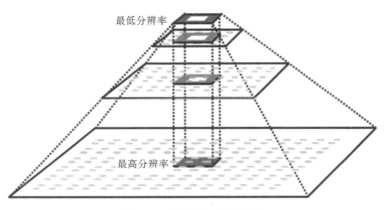

图 2-2　四叉树金字塔模型

根据四叉树金字塔模型结构原理,将全球空间按照四叉树金字塔结构进行划分,如图 2-3 所示,金字塔第 0 层的根结点覆盖全球,具有 1 行×1 列个网格单元;第一层将全球分为 4 个半球,具有 2 行×2 列个子网格单元;第二层将第一层的空间网格再切分为 4 个子网格单元,共有 4 行×4 列个子网格单元构成,每个子网格的覆盖范围为上一层空间网格的一半;依次推算,第 n 层的空间网格将在第 $n+1$ 层切分为 4 个子网格单元进行表示。因此,全球四叉树金字塔能够为 AIS 轨迹数据提供不同空间尺度下的多级索引。

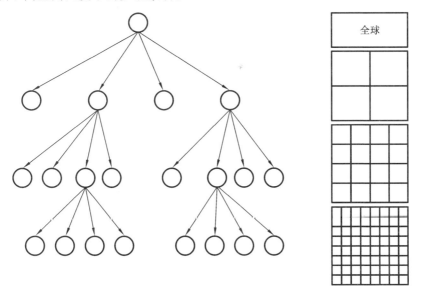

图 2-3　全球四叉树结点逻辑图

在四叉树金字塔空间索引模型中,每个空间网格可看作一个瓦片,每个瓦片具有唯一的网格编码值 Tile_ID=Level_Row_Col_Layer,其中 Tile_ID 表示瓦片编码;Level 指瓦片在四叉树金字塔中的层数;Row 指瓦片在第 Level 层四叉树中的行编号;Col 表示瓦片在第 Level 层四叉树中的列编号;Layer 表示数据集的名称。任意一层的瓦片行、列编号原点在经纬度($-180°,90°$),行编号自西向东递增,列编号自北向南递增。根据以上信息和全球经纬度范围,对于全球范围内任一轨迹点的经纬度坐标(lon,lat),能够很快计算该点在四叉树金字塔空间索引模型第 n 层中的网格索引编号(r,c)。

$$r=\left\lfloor 2^{n-1}\times\left(\frac{\mathrm{lon}}{180}+1\right)\right\rfloor$$

$$c=\left\lceil 2^{n-1}\times\left(1-\frac{\ln\left[\tan\frac{\pi\times\mathrm{lat}}{180}+\sec\frac{\pi\times\mathrm{lat}}{180}\right]}{\pi}\right)\right\rceil \tag{2-1}$$

利用全球四叉树金字塔空间网格索引模型存储 AIS 数据时,会在写入 AIS 数据过程中增加一列网格索引属性,弥补传统轨迹数据存储模型不支持区域查询的缺点。在进行船舶轨迹区域查询时,先计算查询区域的网格索引范围,通过网格索引进行数据过滤,达到快速区域查询的目的。

2.2.2 非结构化数据库存储

随着大数据技术的发展,人们开始考虑利用非结构化数据库(Not Only SQL,NoSQL)进行船舶轨迹数据的存储管理。相比于关系型数据库,非结构化数据库的横向扩展能力强,可联合集群以及云存储技术随时增加数据库的容量,解决数据存储空间不够的难题。目前已经用于存储管理船舶轨迹的非结构化数据库包括 KV 型数据库、文档型数据库以及列式数据库等,这些数据库各有特点,需要结合具体的应用场景进行选择。

1. KV 型数据库

KV 型数据库使用键值对(Key-Value)形式存储轨迹数据。Key 值相当于关系型数据库中的主键,常设定为船舶 MMSI 或区域空间索引 ID(如四叉树空间索引编码值),Value 值用于存储对应的 AIS 轨迹信息,包括发送时间、经纬度坐标、对地航速、对地航向、船艏向等。KV 轨迹存储模型的可用性高、耦合度低,通过更改 Rowkey 值就能支持不同

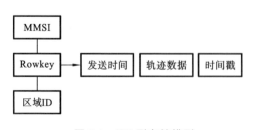

图 2-4　KV 型存储模型

形式的数据查询,如图 2-4 所示,将 Rowkey 值设为船舶 MMSI,可通过 MMSI 查询船舶历史轨迹;将 Rowkey 替换为区域 ID,即可支持区域历史轨迹查询。但该存储模型也存在一些不足,Key-Value 结构导致轨迹数据的写入效率较低,并且只能通过 Rowkey 来查询轨迹数据,查询功能存在较大局限。常用于船舶轨迹的 KV 型数据库有 Cassandra[9]、Redis[10] 等。

2. 文档型数据库

文档型数据库与键值型数据库类似,可看作键值对数据库的升级。其将船舶静态信息和轨迹信息存储在不同集合中。在同一集合中,不同的文档中存储着不同船舶的轨迹数据。常用于存储船舶轨迹数据的文档型数据库为 MongoDB[11-13],其原生系统支持树结构的空间索引 2dsphere。

该模型集合中的每一个文档存储了多个键值对,可以用来存储一个船舶的静态属性或者动态轨迹信息,多个文档集中在一起就形成了主题集合,如图 2-5 所示,集合 1(船舶静态信息)和集合 2(船舶轨迹信息)组成了船舶 AIS 数据库。在船舶静态信息文档中,可采用 DBRef 引用的设计模式,DBRef 对象以 MMSI 作为参数将船舶静态数据与轨迹数据进行关联:

```
{
"MMSI":xxx
"SHIP_NAME":xxx
"SHIP_TYPE":xxx
...
"SHIPDYNA":[DBRef("shipdyna",MMSI["xxx"])]
}
```

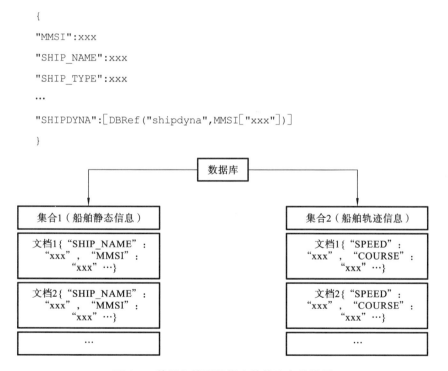

图 2-5　基于文档型数据库的轨迹存储模型

查询图中船名为"vessel"的船舶轨迹数据时,可通过如下命令进行提取:

>db.shipinfo.findOne(｛SHIP_NAME:"vessel"｝).SHIPDYNA[0].fetch　　(2-2)

基于文档型数据库的轨迹存储模型克服了 KV 型数据库无法通过其他属性值来查询船舶轨迹的缺点,支持点查询与时空查询,也支持历史轨迹查询、海上货物运输、船舶排放计算等传统海事应用;其文档式的结构将船舶静态数据与轨迹数据的耦合性降低,使得数据更加有序、直观。但是,这样的结构不利于做复杂的关联查询,例如结合船舶类型的时空查询。

3. 列式数据库

船舶轨迹数据包含多个维度的信息,在部分海事应用中可能仅需要查询部分维度信息,在这种应用场景下,面向列的存储方案会比面向行的存储方案表现出更好的性能。目前,HBase 是常用于存储船舶轨迹数据的列式数据库[14, 15],通常将船舶一天的信息作为一个对象存入数据表中,分时段存储相应的轨迹数据,如表 2-3 所示。该模型以"日期"为行键,以"船舶轨迹"为列簇,以时间为列,每列所对应的值对应该目标列所指时刻的轨迹数据,包括经度、纬度、航速、航向等。与其他类型数据库相比,列式数据库的结构层次分明,能够支持轨迹点的快速查询,且读写效率比 KV 型数据库和文档型数据库要快得多。但类似于 KV 型数据库,列式数据库只有单一的 Rowkey 值索引,不能有效地支持多条件联合查询。

表 2-3　轨迹数据列式存储模型

行键	日期+船舶水上移动通信业务标识码(MMSI)	
列	船舶轨迹	
列簇	T_1	值:经度、纬度、航速、航向等
	T_2	
	T_3	
	⋮	

以上存储方案虽然能实现船舶轨迹数据的高效时空查询,但仍存在一些不足:首先,大部分数据库均不支持原生的地理查询,往往需要设计复杂的空间索引才能满足船舶轨迹数据的时空查询需求;其次,数据库的时空查询能力较弱,大多仅支持圆形或矩形的区域轨迹查询;最后,数据库的压缩效率较低,且由于自身查询机制的特点,无法充分发挥计算资源的性能。因此,它们往往采用分布式集群的方法来实现海量数据的高效读写,这无疑增加了数据管理的成本与难度。

2.3 船舶轨迹数据的 ClickHouse 存储方法

与主流 NoSQL 数据库相比,新型列式数据库 ClickHouse 更适合海量船舶轨迹数据的存储。一方面,ClickHouse 数据库对数据的压缩效率颇高,且其原生支持空间检索函数与空间索引,尤其适合船舶轨迹数据等空间信息的存储;另一方面,其向量化的执行引擎能够充分发挥计算资源的性能。因此,本研究提出了基于 ClickHouse 的船舶轨迹数据存储方案,以解决传统存储方案时空查询能力弱且数据管理成本高的问题。图 2-6 展示了基于 ClickHouse 的船舶轨迹数据存储总体

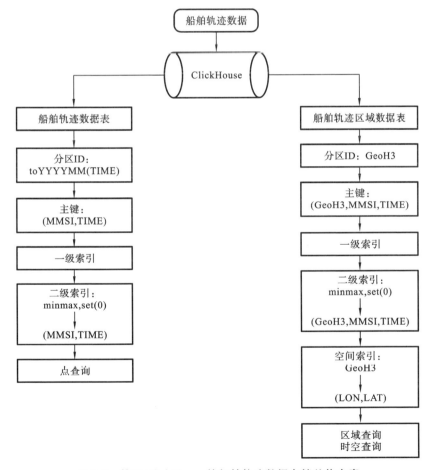

图 2-6　基于 ClickHouse 的船舶轨迹数据存储总体方案

方案,主要包括轨迹数据存储模型、轨迹数据多级索引和轨迹数据查询三个部分,下面将详细介绍。

2.3.1 ClickHouse 轨迹数据存储模型

ClickHouse 支持多种数据表引擎,其中仅 MergeTree 提供了数据分区、一级索引和二级索引等功能[16],因此船舶轨迹表依赖 MergeTree 引擎进行构建。船舶轨迹表主键由船舶 MMSI、时间戳(TIME)和 H3 空间索引编码值(GEOH3)共同组成,如表 2-4 所示。该主键表示每条轨迹数据关联的船舶对象、接收时间及空间位置,能够有效支持轨迹数据的点查询和区域查询。船舶轨迹字段说明如表 2-5 所示。

表 2-4 船舶轨迹表数据结构

MMSI, TIME, GEOH3	LON	LAT	SOG	COG	STATUS	HEADING
(413811702, 1530374400, 591113187852550143)	120.3212	30.2833	5.2	74.2	1	74

表 2-5 船舶轨迹表字段说明

字段	类型	说明
MMSI	UInt32	船舶水上移动通信业务标识码
TIME	UInt32	接收时间
SOG	Float64	对地航速
LON	Float64	经度坐标
LAT	Float64	纬度坐标
COG	Float64	对地航向
HEADING	Float64	船艏向
GEOH3	UInt64	H3 空间索引编码值
STATUS	UInt8	船舶状态

为了减少需要操作的数据,在 ClickHouse 数据库中将数据按照分区目录的形式进行存储,分区标准可以自行设定,如按月、按日或按事件类型等任何一种规则,每个分区都是分开存储。在进行轨迹数据查询时,ClickHouse 可以有效跳过无用的数据文件,只使用最小的分区目录子集,从而大幅提升查询速度。

2.3.2 ClickHouse 轨迹数据多级索引

在船舶轨迹表的主键确定以后,ClickHouse 会自动为数据表生成主键索引

（又称一级索引），一般采用稀疏索引方式实现。稀疏索引与稠密索引对比如图 2-7 所示。在稠密索引中，每一行索引标记都会对应到一行具体的数据记录；而在稀疏索引中，每一行索引标记对应的是一段数据（一般默认为 8192 行），它仅需使用少量的索引标记就能够记录大量数据的区间位置信息，且数据量越大优势越明显。由于稀疏索引占用空间小，所以主键的索引数据常驻内存，取用速度极快。

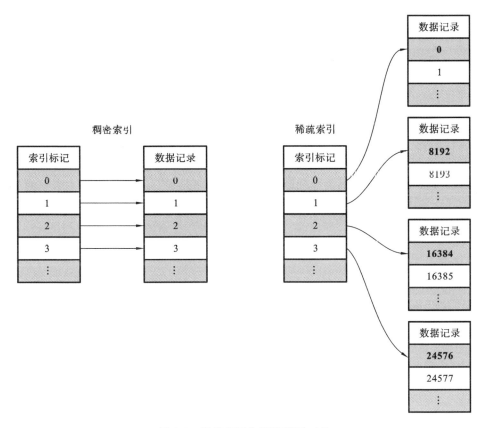

图 2-7　稀疏索引与稠密索引对比

除了一级索引之外，ClickHouse 同样支持二级索引（又称跳数索引），且一张数据表支持同时声明多个二级索引。二级索引可以由数据的聚合信息构建而成，具有多种类型；其中 minmax 和 set 类型能够快速跳过时间区间与区域区间，尤其适用于时空范围查询的优化。

minmax：存储指定表达式的极值，如果表达式是元组，则存储元组中每个元素的极值，这些信息用于跳过数据块，类似主键。

set(max_rows)：存储指定表达式的不重复值，不超过 max_rows 个，0 表示无限制。这些信息用于检查数据块是否满足 WHERE 条件。

在设定完主键后,对船舶轨迹数据表的 MMSI、TIME、GeoH3 字段构建 min-max 以及 set(0)类型跳数索引,以进一步提升数据查询速率。

轨迹属性索引能够提供轨迹属性和点位坐标的快速查询,但不能支持区域轨迹的快速查询。在 ClickHouse 数据库中,原生的 GEO 函数可以用于实现船舶轨迹数据的区域查询,但随着数据规模的增长,GEO 函数的计算时间变长,查询效率显著降低。因此,本研究引入了适用于 ClickHouse 的 H3 地理空间索引模型,该模型为船舶轨迹数据增加六边形分层网格索引。

H3 是一种基于网格的空间索引,与矩形网格索引不同,它的每一个网格都是正六边形。在基于网格的空间索引中,使用的多边形的边数越多,则一个网格越近似圆形,实现空间 K 近邻查询等功能也越方便;构建空间网格索引模型又要求空间能够被网格铺满,不能有缝隙,因此能够作为空间索引的网格形状只有三角形、矩形和六边形。其中六边形因为边数最多,最接近圆,理论上而言在某些场景下是最优的选择。图 2-8 展示了三种网格到其相邻网格的距离,三角形有三类距离,四边形存在两类距离,六边形网格与相邻网格的距离有且仅有一个,这正是使用六边形做空间索引的优越性。

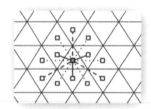 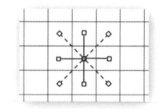 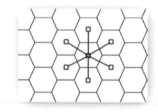

(a)三角形到其相邻三角形的距离　　(b)矩形到其相邻矩形的距离　　(c)六边形到其相邻六边形的距离

图 2-8　三种网格到其相邻网格的距离

在船舶轨迹数据的 H3 网格索引中,每个六边形网格都具有唯一的 UInt64 编码值,该值由经度、纬度、索引分辨率共同确定,利用 ClickHouse 中提供的 GEO 函数可计算出任意船舶轨迹点所在 H3 网格的值,即

$$\text{GEOH3} = \text{geoToH3}(lon, lat, resolution) \tag{2-3}$$

式中:lon 是轨迹点所在的经度值;lat 是轨迹点所在的纬度值;resolution 是网格索引分辨率,范围为[0,15]。在向船舶轨迹区域数据表中写入轨迹数据时,可以利用式(2-3)实时计算出 GEOH3 的值,然后将其作为独立的一列属性插入到每条船舶轨迹记录中。

2.3.3 ClickHouse 轨迹数据查询

ClickHouse 数据库提供原生 GEO 函数进行空间数据查询计算，包括 greatCircleDistance、pointInEllipses、pointInPolygon 等，这些函数可以直接用于空间数据的距离计算。利用 GEO 函数可以实现船舶轨迹数据在地理空间上的圆形、椭圆形以及任意多边形区域查询，如下。

（1）greatCircleDistance(lon,lat,120,28)＜2000，该函数可以查询以坐标 (120E，28N)为圆心，半径 2000 m 圆形区域内的轨迹数据。

（2）pointInEllipses(lon,lat,120,28,3000,2000)＝1，该函数可以查询以坐标 (120E，28N)为圆心，长短轴为 3000 m 和 2000 m 椭圆形区域内的轨迹数据。

（3）pointInPolygon((lon,lat),[(120,26),(120,28)…],…)＝1，该函数可以查询以坐标[(120,26),(120,28)…]为顶点的多边形（或镂空多边形）区域内的轨迹数据。

此外，ClickHouse 还支持对 H3 网格索引进行相关计算与检索，包括网格尺寸、网格编码等，如下。

（1）h3EdgeLengthM(resolution)可以返回指定分辨率下每个 H3 六边形网格的边长，单位为 m，类型为 Float64。

（2）h3kRing(h3index,k)可以返回给定网格 h3index 半径 k 内的所有网格编码值，类型为 Array(UInt64)。

利用上述 GEO 函数和 H3 函数，本研究实现了圆形区域、椭圆形区域以及任意多边形区域的船舶轨迹数据高效时空查询。定义轨迹数据时空查询函数 SpatioTemporalQuery(beginTime，endTime，region)，其中 beginTime 和 endTime 是用户输入的起始时间和结束时间，region 为区域信息，该函数能够根据输入的区域信息字符特征，自动识别查询区域的形状并调用相应的时空查询函数进行处理，并返回符合条件的轨迹数据，实现过程如表 2-6 所示。

在轨迹数据时空查询函数的处理过程中，最重要的步骤是自动解析区域参数，并生成相应的时空查询条件用于后续数据过滤。记用户输入的 region 参数首字符为 A，若 A 等于字符"["，则查询区域判定为多边形，调用多边形区域查询方法，直接传入 region 参数；若 A 等于字符"("，则识别 region 参数中第二个","位置，并从该位置进行字符串分割，若分割后的字符串数组大小为 3，则查询区域判定为椭圆，调用椭圆形区域查询方法，将数组内的字符串作为参数传入；若字符串数组的大小为 2，则查询区域判定为圆形，调用圆形区域查询方法，将数组内的字符串作为参数传入。在 ClickHouse 原生 GEO 函数和 H3 网格计算函数的基础上，三种不同类型轨迹数据区域查询函数的实现过程如下。

表 2-6 轨迹时空范围查询实现伪代码

方法:时空范围查询
输入:开始时间:beginTime;结束时间:endTime;区域信息:region
输出:船舶轨迹数据集合:List<Trajectory> .

#解析 region
if region.startsWith ("[")
  condition ⇐PolygonQuery(region)
end if
else
  ArrayString ⇐segment(region)
  if ArrayString.length()==3
    condition ⇐EllipseQuery(ArrayString[0], ArrayString[1], ArrayString[2])
end if
  else
    condition ⇐CircleQuery(ArrayString[0], ArrayString[1])
  end else
end else
#添加时间范围条件
condition+="and TIME between beginTime and endTime";
#生成 SQL 语句
SQL ⇐"SELECT* FROM region_table WHERE"+condition
#JDBC 连接 ClickHouse,执行 SQL 语句
Trajectorys ⇐JDBC.executeQuery(sql)

retrun Trajectorys;

1. 圆形区域轨迹查询

定义轨迹数据的圆形区域查询函数 CircleQuery(center，radius)，参数说明如表 2-7 所示,用户输入圆形区域的中心点坐标及半径范围,能够返回圆形区域内的轨迹数据。假设查询区域是以坐标(120.42E, 30.25N)为圆心、半径 2000 m 的圆形,如图 2-9 所示,圆形区域轨迹查询的计算步骤如下。

表 2-7 圆形区域查询函数参数说明

参数名	类型	是否为必需字段	描述	示例
center	String	是	圆心位置	(120.24,30.25)
radius	Int	是	区域半径(单位:m)	5000

(1) 计算出指定分辨率下每个 H3 六边形网格的边长 h3EdgeLengthM(3),得到六边形网格的高度 $2\sqrt{3}$h3EdgeLengthM(3)。

(2) 计算圆心坐标所在的 H3 网格编号,作为 h3kRing 函数的参数 h3index 的值,即 h3index=geoToH3(120.42,30.25)。

(3) 计算圆形半径包含六边形网格的个数,并对结果向上取整,作为 h3kRing 函数的参数 k 的值,即 k=ceil(2000/($2\sqrt{3}$h3EdgeLengthM(3))+1,0)。

(4) 以圆心所在网格为中心,通过 h3kRing 函数获取圆形区域覆盖的网格范围,结果如图 2-9(b)所示。

(5) 计算圆形区域覆盖的 H3 网格范围后,调用 greatCircleDistance 函数对网格范围内的轨迹数据进行检索,即 greatCircleDistance(LON,LAT,120.42,30.25)<2000,可大幅减少数据的扫描量,从而提高查询效率。

 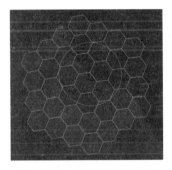

(a)中心点网格　　　　(b)圆形区域覆盖的网格索引

图 2-9　圆形区域的 H3 网格索引范围计算

2. 椭圆形区域轨迹查询

定义轨迹数据的椭圆形区域查询函数 EllipseQuery(center,longAxis,minorAxis),参数说明如表 2-8 所示,用户输入椭圆的圆心、长轴和短轴,能够返回椭圆形区域内的轨迹数据。椭圆形区域查询的实现步骤和圆形区域查询步骤相同,主要包括区域覆盖 H3 网格的计算和 GEO 函数的调用两个过程。

表 2-8　椭圆形区域查询函数参数说明

参数名	类型	是否为必需字段	描述	示例
center	String	是	圆心坐标	(118.25,28.52)
longAxis	Int	是	长轴	3000
minorAxis	Int	是	短轴	2000

（1）椭圆形区域覆盖 H3 网格的计算步骤与圆形区域的相同，将椭圆的长轴参数作为圆形的半径即可。假设椭圆形区域的中心坐标为(118.25E,28.52N)，长、短轴长度为 3000 m 和 2000 m，其覆盖的 H3 网格范围为：h3kRing(geoToH3(118.25,28.52，3)，toInt64(ceil(3000/(2$\sqrt{3}$h3EdgeLengthM(3))+1,0)))。

（2）计算椭圆形区域覆盖的 H3 网格范围后，调用 pointInEllipses 函数，仅对椭圆网格范围内的轨迹数据进行检索，即 pointInEllipses(LON，LAT，118.25，28.52，3000，2000)＝1。

3. 任意多边形区域查询

定义轨迹数据的多边形区域查询函数 PolygonQuery(polygon)，参数说明如表 2-9 所示，用户输入多边形的顶点坐标，能够返回多边形区域内的轨迹数据。任意多边形区域查询函数的实现包含三个过程，分别是最小外接圆的计算、H3 网格的计算和 GEO 函数的调用。

表 2-9　多任意边形区域查询函数参数说明

参数名	类型	是否为必需字段	描述	示例
polygon	String	是	多边形顶点坐标：[(a,b)，(c,d)，(e,f)，…]；每个顶点由一对坐标(a,b)表示。顶点可以按顺时针或逆时针指定。顶点的个数应该大于等于 3	封闭多边形：[(120,26)，(120,28)，(118,28)，…] 镂空多边形：[(120,25)，(120,30)，(121,27)，…]，[(120,26)，(120,29)，(121,28)，…]，…

（1）由于多边形的形状不规则，直接计算其覆盖的 H3 网格范围较为复杂，因此本研究采用多边形的最小外接圆来进行替代计算，如图 2-10 所示，以便加快 H3 网格的计算速度。根据用户输入的 polygon 参数信息，生成一个多边形对象 Polygon，利用 MinimumBoundingCircle 函数求取最小外接圆，并通过 getCentre()和 getRadius()方法获得最小外接圆的圆心和半径。

（2）利用最小外接圆的圆心和半径计算其覆盖的 H3 网格范围，如表 2-9 所示，最小外接圆的圆心坐标为(119E,27N)，半径为 149041 m，其覆盖 H3 网格范围：h3kRing(geoToH3(119,27,3)，toInt64(ceil(149041/(2$\sqrt{3}$h3EdgeLengthM(3))

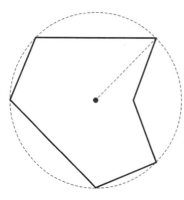

图 2-10　最小外接圆示意图

+1,0)))。

（3）计算出多边形区域覆盖的 H3 网格范围后，调用 pointInPolygon 函数，仅对多边形区域网格范围内的数据进行检索，即 pointInPolygon(LON，LAT，[(120,26),(120,28),…],…)=1。

2.3.4 ClickHouse 轨迹存储性能分析

为验证 ClickHouse 在船舶轨迹数据存储方面的性能，本研究以长江干线为试验水域，收集了 2018 年长江干线 100 亿条船舶轨迹数据，并选取 Oracle 数据库和 SSDB 数据库进行轨迹读写性能的对比试验，总数据量达 1.2T，表 2-10 展示了部分轨迹数据样例。

表 2-10 试验区域船舶轨迹数据示例

时间	船舶水上移动通信业务标识码	纬度	经度	航向	船艏向	船速	状态
1515132374	413021395	24.5334	100.6614	147.3	147.0	0.0	0
1515132395	413831098	25.2805	100.3727	134.3	134.0	4.8	1
1515132403	413021919	26.2215	100.2199	290.7	290.0	4.5	1
1515132404	413371948	27.5670	100.1549	358.3	−0.1	4.5	1
1515132433	413774687	27.8656	100.0333	181.8	181.0	3.0	1

试验使用的硬件服务器配置为 Intel Haswell 中央处理器，工作频率为 2G，内存为 16G；软件操作系统为 64 位 CentOS7.4 系统，数据库配置分别是 ClickHouse 数据库 20.8.3 版本，SSDB 数据库 1.9.3 版本，Oracle 数据库 11g 版本。其中 ClickHouse 数据库按照 2.3.1 节和 2.3.2 节内容保存轨迹数据及其多级索引，Oracle 数据库和 SSD 数据库参照文献[10]进行数据导入和索引构建。

1. 存储性能测试

存储性能测试指标包括数据写入效率以及数据存储空间大小。数据写入效率以写入相同条数的船舶轨迹数据的响应时长作为评价指标。写入响应时长包括数据存储时长和构建空间索引花费的时间。数据所需存储空间分为数据本身占用的空间和空间索引占用的空间。分别选取 100 万、1000 万以及 1 亿条三种数据规模，以写入耗费时间作为评价指标，对比三种存储方案存储海量船舶轨迹数据的性能差异，结果如表 2-11 和图 2-11 所示。

表 2-11　不同数据规模的轨迹写入时长对比

写入条数/万条	ClickHouse/s	Redis＋SSDB/s	Oracle/s
100	5	10	422
1000	196	583	2428
10000	2058	9612	28800

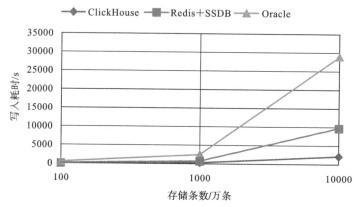

图 2-11　不同数据规模的轨迹写入时长对比

从图 2-11 可以看出，NoSQL 型数据库（ClickHouse、Redis＋SSDB）写入船舶轨迹数据的响应性能明显优于关系型数据库（Oracle），而 ClickHouse 列式数据库的数据写入响应性能又优于 Redis＋SSDB 数据库。随着数据量的增加，数据写入耗费时间的增加越来越快，ClickHouse 数据库的写入时长的斜率最为平缓，Redis＋SSDB 数据库写入时长的斜率次之，Oracle 数据库的写入时长对数据量的增加表现最为敏感。

将 100 亿条轨迹数据全部写入数据库后，对比三种存储方案的数据所占空间大小，结果如表 2-12 和图 2-12 所示。从图中可知，相同数量的船舶轨迹数据在 ClickHouse 数据库中所占存储空间最小，约为原始数据的 1/9。

表 2-12　轨迹数据占用空间对比

	写入数据条数/条	原始数据大小/G	实际所占空间/G	数据压缩比（近似）
ClickHouse			131	9∶1
SSDB	100 亿	1200	413	3∶1
Oracle			1011	1∶1

以存储 1 亿条船舶轨迹数据为例，在 ClickHouse 中创建分辨率为 3 的 H3 空间索引，网格大小约 0.5°，同时在 SSDB 与 Oracle 中也创建大小为 0.5°的空间网格

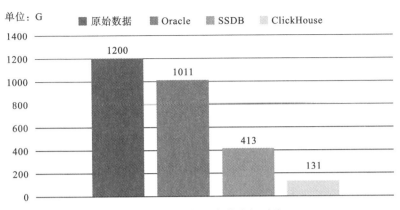

图 2-12　轨迹数据存储空间对比

索引。对比三种数据库创建空间索引所花费的时长以及空间索引所占的存储空间，结果如表 2-13 和图 2-13 所示，ClickHouse 船舶轨迹数据创建空间索引所花费的时长约为 SSDB 的 1/40、Oracle 的 1/75；且 ClickHouse 存储空间索引所占空间约为 SSDB 的 1/140、Oracle 的 1/2129；其大幅节省了创建空间索引所需的时间以及存储空间。

表 2-13　空间索引创建时长及所占空间

数据库	耗费时长/min	存储空间/M	网格大小
ClickHouse	0.67	150.3	0.5°
SSDB	25.2	21002	0.5°
Oracle	50.3	320000	0.5°

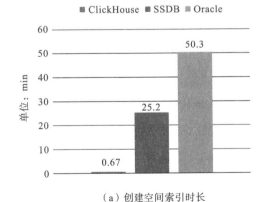

（a）创建空间索引时长　　　　　　　（b）存储空间

图 2-13　创建空间索引时长及存储空间对比

2. 查询性能测试

查询性能测试包括点查询与区域查询两个方面，查询性能以相同查询条件下返回相同数据的响应时间为评价指标。

点查询性能测试是测试指定船舶在不同时间间隔轨迹数据的查询响应效率，在 100 亿条轨迹数据规模下，选取时间跨度为 1 天、30 天和 365 天，以返回前 200 条数据所需时长作为评价指标，取 50 次查询的平均值作为最终值，结果如表 2-14 与图 2-14 所示。随着查询时间间隔的增加，SSDB 和 Oracle 数据库的响应时长成量级增加，而 ClickHouse 数据库仍然是同一量级下的时间增加，查询效率远高于其他数据库。

表 2-14　不同时间尺度查询性能对比

时间间隔/天	数据基数/条	数据命中条数/条	ClickHouse/ms	SSDB/ms	Oracle/ms
1	100 亿	145	22	130	5942
30		4214	45	1259	9124
365		51230	80	8421	20142

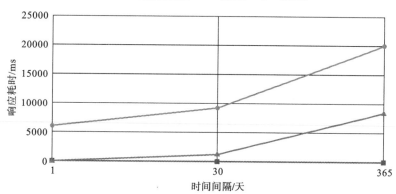

图 2-14　不同尺度时段查询

区域查询性能测试是在时间范围不变的情况下，比较不同大小的空间区域查询轨迹数据的响应效率，以不同大小区域查询返回前 200 条轨迹记录的响应时间作为评价指标，取 50 次查询的平均值作为最终结果。由于 SSDB 与 Oracle 本身不支持空间检索函数，只能依赖空间网格索引进行区域查询，因此 SSDB 与 Oracle 只能支持查询窗口大小在 0.5°×0.5°以上的区域查询，且只支持矩形区域查询；而 ClickHouse 原生支持空间检索函数和空间索引支持任意大小的查询窗口，且支持椭圆、圆形以及任意多边形区域查询。查询时间段设为 2018 年 7 月 1 日 0:00 至

2018 年 7 月 1 日 24:00，不同数据库的区域查询性能对比如表 2-15 所示。

表 2-15　不同数据库的区域查询性能对比

查询窗口大小/(°)	数据基数	数据命中条数	ClickHouse/ms	SSDB/ms	Oracle/ms
0.05×0.05	100 亿	102	12	—	—
0.1×0.1		598	14	—	—
0.5×0.5		15862	25	524	5521
1.0×1.0		85462	48	3640	8210
2.0×2.0		421534	81	10240	40214

可以看出，ClickHouse 和 SSDB 两个数据库的空间区域查询响应性能明显优于 Oracle 数据库。SSDB 数据库总体表现良好，但随着查询窗口的增大以及命中条数的增加，其性能也受到影响，且其空间查询能力相对较弱，不支持椭圆、圆形与任意多边形区域查询，也不支持大小在 0.5°×0.5° 以下的查询窗口。ClickHouse 数据库表现最优秀，在以上的多次查询测试中，其响应时间均在 100 ms 以内，速度极快，且其空间查询能力颇强，不仅支持椭圆、圆形以及任意多边形区域查询，还支持任意大小的查询窗口。

2.4　本章小结

随着船载 AIS 系统的广泛应用，船舶轨迹数据量日益增长，如何设计实现科学、合理的船舶轨迹存储管理方案成为船舶轨迹应用的重要前提。本章总结了船舶轨迹数据的结构化存储管理方法和非结构化存储管理方法，从数据存储结构、分区存储策略、多级索引构建、时空查询实现等方面重点介绍了基于 ClickHouse 的船舶轨迹数据存储管理方法，实现了基于椭圆、圆形、任意多边形的船舶轨迹时空查询服务，以长江干线百亿轨迹数据为试验对象开展船舶轨迹存储性能测试，结果表明本研究存储方案在降低数据存储成本的同时又提高了数据查询效率，为进一步探究基于船舶轨迹数据的海事应用提供了良好的基础。

第3章

水上交通安全态势评估方法

3.1 概 述

随着水上交通运输的不断发展,水上交通事故频发,随之导致的人命伤亡、财产损失和海域环境污染等事故影响逐渐突出。通过科学研究,正确地认识和掌握水上交通安全态势情况,提高水上交通管理水平,减少水上交通事故,保障水上交通安全、环保、高效运行迫在眉睫。

在水上交通态势方面,已有研究侧重于从宏观层面构建水上交通态势评估和预测模型,利用AIS船舶轨迹数据计算态势量化评价指标,进而评估水上交通态势。文元桥等[17]引入"安全模态"概念,融合多种水上交通要素场评价水上交通系统在不同条件下的波动态势;赵嶷飞等[18]采用模糊综合评价方法,基于航路外部限制和自身状态两项指标评估航路交通态势等级;黄亚敏[19]基于"复杂性"视角,利用交通流宏观特征和微观船舶行为特征评估水上交通态势;周梦婕[20]从船舶交通风险识别角度,基于船舶碰撞风险和航行异常风险进行水上交通态势建模和计算;不同于上述文献的"正向"态势评估模式,越来越多研究者采用逆向思维,通过识别水上交通船舶异常行为感知水上交通态势,并提出了一系列检测方法,包括遗传算法[21]、混合高斯模型[22]、核密度估计[22]、支持向量机[23]、概率联想型学习[24]、模糊贝叶斯网络[25]、马尔科夫逻辑网络[26]等。考虑理论模型缺乏可视化显示和指导,部分学者还引入可视化分析[27-29]和交互可视化[30]以供管理者观察船舶交通态势。

综上所述,已有研究成果为水上交通管理部门提供了多种态势感知方法。然而,这些成果主要以静态分析为主,仅通过局部范围船舶交通流验证方法的可行性,忽略了水上交通态势随时间演化的动态特征,以及大规模船舶交通流对算法时效性的挑战。针对这一不足,本研究借助地理信息系统(Geographic Information System,GIS)技术的海量时空数据组织、统计分析与动态可视化,构建了水上交通宏观态势评估原型系统,旨在通过全球大规模 AIS 数据的高效组织,基于动态可视化提供任意区域水上交通态势及其变化的快速感知,辅助管理员进行态势判断。

3.2 水上交通宏观态势评估方法

3.2.1 水上交通宏观态势评估指标

水上交通宏观态势评估可以从两个维度来理解:一种是基于历史的水上交通信息(如船舶动态、海上事故等),采用数据挖掘分析或交通仿真等手段,对水上交通的运行状态和规律进行分析和评估;另一种是基于实时的水上交通信息,对水上交通安全态势进行评估,为船舶交通管理提供参考依据。本研究的宏观态势评估侧重第二种含义的研究,以挖掘表征水上交通状态的水上交通碰撞危险和潜在冲突为目标,选取可以表征这些信息的指标来反映整个水上交通宏观态势,即分析水上交通风险。本研究主要引入了动态密度、动态速度、复杂度因子进行宏观态势计算,并采用动态栅格图展现区域水上交通态势评估结果及其变化。

1. 水上交通动态密度

船舶之间的距离反映了船舶的安全空间,能够表征宏观交通流的聚集程度。水上交通动态密度是指在某一时刻,船舶交通流在研究区域的空间分布规模和特征,用于评价宏观水上交通的安全空间。从宏观上来看,不考虑船舶速度和航向,相对距离小的肯定比相对距离大的船舶管理和驾驶难度大,本研究认为对应的水上交通宏观态势处于较高水平,并随距离减小而非线性增大。动态密度因子对宏观态势影响表示为

$$\mathrm{SA}_{\mathrm{dis}_{ij}}(t) = \lambda \mathrm{e}^{-\alpha \|D_{ij}\|^{\beta}} \tag{3-1}$$

式中:$\mathrm{SA}_{\mathrm{dis}_{ij}}$ 为密度因子态势值;$\alpha > 0, \beta > 0, \lambda > 0$ 均为调节变量,本研究设定船舶距

离因子影响阈值分别为 0.5 海里、1.5 海里、3 海里,并定义距离为 3 海里的密度因子态势值趋近于 0,距离为 1.5 海里的是距离为 3 海里的 5 倍,距离为 0.5 海里的是距离为 1.5 海里的 3 倍,得到调节变量 α、β、λ 分别为 1.13、0.97 和 6.7。

2. 水上交通动态速度

船舶迫近程度是水上交通宏观态势评估的重要因子,船舶迫近是指船舶汇聚和分散的交通趋势及紧迫性。通常认为,当船舶之间处于汇聚趋势,迫近因子会加剧水上交通管理难度,而分散状态反之。在汇聚状态下,迫近时间对整个交通管理效果难度是成反比的,即迫近因子态势值随迫近时间的增大而减小;在分散状态下,迫近时间引起的态势值随迫近时间的减小而减小。速度特征能够反映船舶运动的快慢和趋势,是判断水上交通趋于汇聚或者迫近的有效指标,因而本研究定义迫近因子态势值的计算公式为

$$SA_{pre_{ij}}(t) = \begin{cases} e^{-\varphi T_{ij}}, & R_{ij} < 0 \\ -e^{-\gamma \cdot ET_{ij}}, & R_{ij} > 0 \mid D_{ij} \perp V_{ij} \\ 0, & R_{ij} = 0 (V_{ij} = 0) \end{cases} \quad (3-2)$$

$$T_{ij} = \frac{D_{safe}}{|R_{ij}|} \cdot \left(\frac{|\overline{D}_{ij}|}{D_{safe}}\right)^t, \quad t \geq 1 \quad (3-3)$$

$$ET_{ij} = M \cdot \frac{|\overline{D}_{ij}|}{D_{safe}} \cdot e^{uR_{ij}} \quad (3-4)$$

$$R_{ij} = \frac{d\overline{D}_{ij}}{dt} = \frac{\overline{D}_{ij}\overline{V}_{ij}}{\|\overline{D}_{ij}\|} = \|\overline{v}_{ij}\| \cos(\overline{D}_{ij}, \overline{V}_{ij}) \quad (3-5)$$

式中:T_{ij} 为汇聚态势;D_{safe} 为船舶间距小于安全距离;t 为调节参量,本研究设定迫近时间在 1 海里为 0.5 海里的 3 倍,则 $t = 1.5$;ET_{ij} 表示非汇聚态势,根据会遇阶段划分,本研究设定 $M = 1/3$,μ 为调节参量,取相对速度的分量 5 kn 作为分离速度界定值,在该状态下加速离散的趋势为不考虑该效应的 1/3,则 $u = \ln(1/3)/5$;φ、γ 为调节参量,设船舶在 1 海里之外时,迫近因子的影响趋近于零(相对速度的分量极值取为 5 kn),得 $\varphi = 7.5$,$\gamma = 14$;R_{ij} 表示船舶交通单元之间的汇聚与分离趋势,当 R_{ij} 小于零时,两船相对距离逐渐减小,呈现汇聚态势,反之出现非汇聚态势。

3. 水上交通复杂度

在交通簇内,船舶位置接近、航向航速接近,主要存在由密度引起的交通认知复杂性,而各个交通簇之间的速度和距离有较大的差异,主要存在由交通簇与历史交通流速度场之间的差异引起的认知复杂度。由此可知,区域的水上交通簇宏观复杂度(认知复杂度)不仅与交通簇内部的聚集程度相关,也与交通簇和历史交通流信息的一致程度有关。因此,构建如下水上交通簇宏观复杂度模型:

$$C_{cog} = f(C_{den}, D_{dia}, C_{dia}) = C_{den} \cdot (D_{dia} + C_{dia}) \quad (3-6)$$

式中：C_{den} 为聚集复杂度，是由船舶交通流密度引起的交通流认知复杂度；C_{dia} 为交通簇的速度特征复杂度，是由交通簇运动趋势与区域内交通流的历史趋势不同引起的认知复杂度；D_{dia} 为交通簇的密度特征复杂度，是由交通簇的位置与区域内交通流的历史分布特征不同引起的认知复杂度。区域水上交通流宏观复杂度即为区域内所有交通簇宏观复杂度的集合，即

$$\text{CON} = \{C_{cog1}, C_{cog2}, \cdots, C_{cogn}\} \tag{3-7}$$

3.2.2 水上交通宏观态势评估模型

船舶受到密度因子和迫近因子的共同影响，构建水上交通单元态势模型：

$$\text{SA}_{ij}(t) = \alpha \text{SA}_{\text{dis}_{ij}}(t) + \beta \text{SA}_{\text{pre}_{ij}}(t) \tag{3-8}$$

式中：α、β 为调节变量，反映两因子在态势影响的权重，一般可根据两船之间不同的会遇阶段进行调节。由于本研究侧重宏观层面的影响，不考虑具体会遇，所以密度和迫近因子影响效果接近，极值大小保持一致，因而本研究设定 $\alpha = 10/6.7, \beta = 10$。

考虑到船舶受区域内所有船舶距离因子和迫近因子的共同影响，因而将整个水域内所有船舶对单船的影响进行叠加后取均值，得到船舶的水上交通态势值：

$$S_i(t) = \frac{1}{n-1} \sum_{j=1, j \neq i}^{n} \text{SA}_{ij}(t) = \frac{1}{n-1} \sum_{j=1, j \neq i}^{n} \alpha \text{SA}_{\text{dis}_{ij}}(t) + \beta \text{SA}_{\text{pre}_{ij}}(t) \tag{3-9}$$

式中：n 为区域的船舶数量。

从宏观态势区域分布来看，考虑船舶尺寸的影响，可以将船舶认为是多个点源的集合，对周围的水域产生一定的影响。点源船舶交通复杂度值越大，距离点源越近，周围的风险就越高。基于这种原理，本研究结合二维正态联合概率密度函数原理，建立区域分布复杂度空间分布模型：

$$\text{SA}_{x_i, y_i}(t) = \sum_{j=1}^{m} S_i(t) f(x_i, y_i, X_i, Y_i, d) = \sum_{j=1}^{m} S_i(t) e^{-\frac{(x_i - X_i)^2 + (y_i - Y_i)^2}{d^2}} \tag{3-10}$$

式中：x_i、y_i 分别为船舶 i 横向、纵向扩展带宽；X_i、Y_i 分别为船舶点源 i 位置坐标；x、y 分别为航道区域网格坐标；m 为船舶点源个数。

将水域划分为若干个大小均等的计算网格，通过计算每一网格的复杂度来获取该水域的水上交通态势区域分布，从而反映该水域内交通态势分布的空间不均匀特性。设 S_i、S_j 为该水域内两船舶，结合藤井船舶领域理论，船舶 i、j 在 k 计算网格的态势值 $S_{ij}(k)$ 为

$$S_{ij}(k) = \sum_{t=t_1}^{t_2} \text{SA}_{ij}(t) \tag{3-11}$$

式中：$t_1 = \max(t_1\_i(k), t_1\_j(k))$，$t_1\_i(k)$、$t_2\_i(k)$ 分别为 S_i 船舶进入和离开该水域计算网格 k 的时刻；$t_2 = \min(t_2\_i(k), t_2\_j(k))$，$t_1\_j(k)$、$t_2\_j(k)$ 分别为 S_j 船舶进入

和离开该水域计算网格 k 的时刻。基于水域内所有与该计算网格相关的水上交通单元态势,并考虑水域内整体交通规模的影响,计算网格 k 的态势 $S(k)$ 为

$$S(k) = \sqrt{\Big(\sum_{i=1}^{n-1}\Big(\sum_{i=1}^{n-1}C_{ij}(k)\Big)^2\Big)n} \tag{3-12}$$

3.2.3 水上交通宏观态势可视化

为了更加直观地展现水上交通安全态势的危险程度,本研究综合 AIS 和 GIS 技术构建了区域水上交通态势可视化系统,采用动态栅格图展现区域水上交通态势评估结果及其变化,包括水上交通动态密度场、水上交通动态速度场、水上交通复杂度场。

1. 水上交通动态密度场

水上交通动态密度场展示目标水域在某一时间范围内的船舶聚集程度。系统根据用户输入的时间参数,从 AIS 数据服务器查询视场范围内可航水域的船舶经纬度信息,统计单位水域面积内的船舶数量,经过高斯分布插值后形成实时水上交通密度图,并以 1 min 为周期动态更新统计结果。图 3-1(a)和图 3-1(b)分别展示了长江入海口水域在 2015 年 6 月 1 日 13 时 10 分和 30 分两个时刻的交通流密度统计结果,灰度值越大的区域表示交通流密度越高。对比两图可以发现,在苏通大桥、长兴岛等附近水域,后一时刻船舶聚集程度明显高于前一时刻。基于水上交通流动态密度图,管理者能够重点监控船舶密集区域,感知交通拥塞和交通事故的发生。

(a) 2015年6月1日13时10分 密度场　　(b) 2015年6月1日13时30分 密度场

图 3-1　不同时刻的长江入海口水域交通流密度统计结果

2. 水上交通动态速度场

水上交通动态速度场展示目标水域在某一时间范围内的船舶迫近程度。系统

根据用户输入时间参数,查询视场范围内可航水域的船舶对地航速信息,采用基于反距离加权插值法的空间统计计算获取实时水上交通速度场,即根据目标点与周围已知采样点的距离平方倒数作为权重,对已知采样点速度值的加权平均计算获得目标点的速度值,以 1 min 为周期动态更新计算结果。图 3-2(a)和图 3-2(b)分别展示了苏通大桥水域在 2015 年 6 月 1 日 13 时 25 分的上行船舶交通速度场和下行船舶交通速度场,灰度值越大的区域表示交通速度值越高。借助水上交通动态速度场,管理者能够直观地了解区域水上交通速度分布和异常情况。对比两图可知,苏通大桥水域处存在船舶在长江两岸对向航行,长江沿线航行的上行船舶和下行船舶均在苏通大桥存在减速现象,以避免发生船舶碰撞,这种隐含知识有助于管理者进行水上交通安全监管。

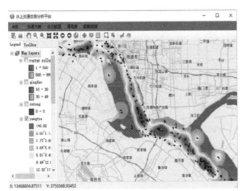 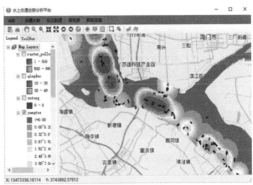

（a）上行船舶交通速度场　　　　　　（b）下行船舶交通速度场

图 3-2　同一时刻的苏通大桥水域上、下行交通速度场

3. 水上交通复杂度场

水上交通复杂度场是以位置相近且行为相似的船舶交通簇为基本研究单元,通过定量计算区域内交通簇的运动趋势和分布特征描述管理人员认知交通的难易程度。宏观上复杂度越高的区域,水上交通态势越复杂。系统根据用户输入时间参数查询视场范围内可航水域的船舶位置、长度、宽度、航速、航向等信息,利用交通流聚类分析获取区域内所有交通簇,依次计算每个交通簇的认知复杂度,通过高斯核密度估计获取区域内的复杂度场。系统采用动态复杂度场展示目标水域在某一时间范围内的交通复杂程度(见图 3-3),并以 1 min 为周期动态更新计算结果。图 3-3 展示了苏通大桥水域在 2015 年 6 月 1 日 13 时 30 分的复杂度场。图中椭圆形区域是苏通大桥对江航行经过路线,同时存在靠泊船舶和航向船舶,该区域交通簇密集分布,且相对航速和航向差异较大,导致宏观复杂度呈现高值。矩形区域是

苏通大桥锚泊区域,虽然该区域内交通簇分布较为密集,但船舶运动趋势相互不冲突,因此呈现较低复杂度。基于交通流复杂度场,管理者能够更加容易地掌握和理解水上交通状态的复杂情况。

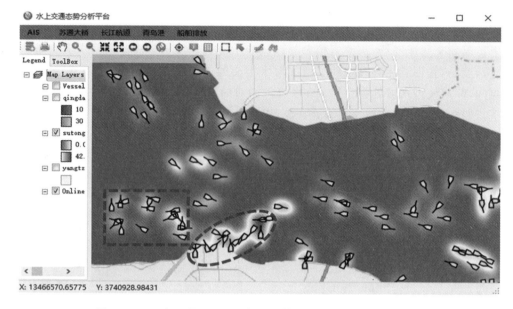

图 3-3　2015 年 6 月 1 日 13 时 30 分苏通大桥水域交通复杂度场

3.3　水上交通微观态势评估方法

3.3.1　水上交通微观态势评估指标

水上交通宏观态势是以宏观交通为研究对象,本节是以微观船舶为研究对象,围绕水域当前时刻下船舶、环境、驾驶员行为等交通系统组成,分别从船舶与通航环境风险关系分析、区域交通密度影响分析、船舶与船舶风险关系评估、驾驶员行为风险评估四个方面构建用于表征水上交通微观态势的要素指标体系。

1. 船舶与通航环境风险关系分析

通过历史数据获取到的船舶冲突区域是一个固定位置和范围的水域,类似于道路交通领域中的事故高发地段,可以看作是繁忙水域特有的通航环境之一。当船舶在接近或远离交通冲突区域时,都将对区域的交通微观态势造成一定的影响,因此,提出一种基于船舶位置和接近率的船舶与冲突区域的风险关系模型。

设交通冲突区域边界方程为 $Ax^2+Bxy+Cy^2+Dx+Ey+F=0$,冲突区域的中心为 (x_0,y_0)。在 t 时刻船舶 i 的轨迹可以表示为 (t,x_i,y_i,c_i,s_i),根据船舶的位置坐标判断船舶是否在椭圆内,将船舶位置坐标 x_i 代入冲突边界方程,则有

$$Ax_i^2+Bx_iy+Cy^2+Dx_i+Ey+F=0 \qquad (3\text{-}13)$$

求解得到 y,若无解,则说明船舶未进入冲突区域;若有解,则判断 y_i 是否在解区间 $[y_{\min},y_{\max}]$ 内,若 $y_i\in[y_{\min},y_{\max}]$,则船舶在冲突区域内,否则,在冲突区域外。

当船舶未进入冲突区域内,借鉴飞机在飞行过程中与空域扇区边界点的风险关系计算模型,船舶 i 在 t 时刻与冲突区域的空间接近关系为 $D_{ip}(t)$。

$$D_{ip}(t)=\begin{cases}\exp\left(\dfrac{D_r-d_{ip}(t)}{D_r}\right), & d_{ip}(t)>D_r \\ 1, & d_{ip}(t)=D_r\end{cases} \qquad (3\text{-}14)$$

式中:$d_{ip}(t)$ 表示 t 时刻下船舶距冲突区域中心点的距离;D_r 为船舶距冲突区域中心的参考距离。D_r 按照船舶与冲突区域的交点距冲突区域中心的距离计算,船舶与冲突区域参考距离计算原理如图 3-4 所示。假设冲突区域是一个椭圆形的水域,时刻 t 下 A 船处在冲突区域外,A 船沿航向 1 继续航行,则船舶航行轨迹所在的直线与椭圆相交,船舶轨迹与冲突区域交点距椭圆中心的距离为 $D_r=D_{r_1}$,若 A 船沿航向 2 继续航行,船舶航行轨迹与冲突区域不相交,则 D_r 为船舶最接近冲突区域的临界点与冲突区域中心的距离 $D_r=D_{r_2}$,其中临界点是与船舶航行轨迹平行的直线和冲突区域的切点。

当船舶与冲突区域的距离越接近冲突区域参考距离时,船舶与冲突区域的接近关系 D_{ip} 越大,当到达冲突区域的参考距离时,两者的接近关系达到 1。船舶与冲突区域的接近关系不仅受距离的影响,船舶接近冲突区域的速度也是船舶与冲突区域接近关系的重要因素。根据船舶接近冲突区域的距离变化率表示船舶接近冲突区域的速度,设 $V_{ip}(t)$ 为时刻 t 下船舶 i 接近冲突区域的变化率,可按下式计算:

$$V_{ip}(t)=\dfrac{d_{ip}(t)-d_{ip}(t-1)}{d_{ip}(t-1)} \qquad (3\text{-}15)$$

式中:$d_{ip}(t-1)$ 为上一时刻船舶距冲突区域中心的距离。$V_{ip}(t)$ 大于 0 表示船舶正在远离冲突区域,小于 0 表示正在接近冲突区域,且 $V_{ip}(t)$ 绝对值越大表明接近或远离冲突区域的速度越快。

根据船舶与冲突区域的接近关系和接近率,若 t 时刻船舶在冲突区域外,则船舶与冲突区域之间的风险态势值 $C_{ip}(t)$ 为

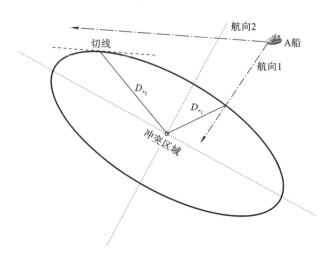

图 3-4 船舶与冲突区域参考距离计算原理

$$C_{ip}(t) = (D_{ip}(t))^{1+V_{ip}(t)} \tag{3-16}$$

值域范围在区间 $(0,1]$。

当船舶进入冲突区域内时,表明船舶进入冲突密集水域,与他船产生交通冲突的可能性更高,因此船舶与冲突区域的态势值进一步增大。根据上文冲突区域的密度分布,本研究将该区域内点的冲突密度值当作船舶航行经过该点时与他船产生冲突的概率,即产生冲突的风险。当船舶 i 进入冲突区域时,设其位置坐标为 (x_i, y_i),根据上文船舶在冲突区域航行时冲突概率随船舶位置变化的模型 $z = f(x, y)$,可以得到船舶在 (x_i, y_i) 处产生冲突的概率为 z_i,则在 t 时刻,若船舶在冲突区域内,则船舶与冲突区域的风险态势值 $C_{ip}(t) = 1 + z_i$。

综上所述,船舶 i 在水域航行时与冲突区域的风险态势值计算公式如下:

$$C_{ip}(t) = \begin{cases} (D_{ip}(t))^{1+V_{ip}(t)}, & d_{ip}(t) > D_r \\ 1 + f(x, y), & d_{ip}(t) \leqslant D_r \end{cases} \tag{3-17}$$

2. 区域交通密度影响分析

本研究借鉴动态密度的概念和模型,建立水域动态密度计算模型。设在 t 时刻下区域内有 n 条船舶,这 n 条船舶的位置信息可以表示为 $\{(x_i, y_i) | i \in n\}$,x_i、y_i 表示船舶 i 在 t 时刻下的经纬度坐标,则 n 条船舶组成的多边形的重心位置为

$$\overline{X} = \frac{1}{n} \sum_{i=1}^{n} x_i$$
$$\overline{Y} = \frac{1}{n} \sum_{i=1}^{n} y_i \tag{3-18}$$

则在 t 时刻下船舶 i 距重心的距离 s_i 可按下式计算：

$$s_i = \sqrt{(x_i - \overline{X})^2 + (y_i - \overline{Y})^2} \tag{3-19}$$

由于动态密度本质是反映区域船舶的聚集程度，因此动态密度的计算仅考虑船舶与区域船舶中心的位置关系，船舶距区域船舶中心的距离越小，则得到的动态密度值越大，说明船舶越密集，风险就越高。船舶的聚集程度反映了水域当前时刻下的危险程度，将船舶的聚集程度（即动态密度）作为影响水域微观态势的一个指标。为量化水域在 t 时刻下船舶的聚集程度，单个船舶 i 相对于区域船舶中心的聚集程度可以表示为

$$c_{\text{den}}(i) = e^{-\alpha s_i} \tag{3-20}$$

那么区域总体的聚集程度，即动态密度 C_{den} 为

$$C_{\text{den}} = \sum_{i=1}^{n} c_{\text{den}}(i) = \sum_{i=1}^{n} e^{-\alpha s_i} \tag{3-21}$$

式中：n 为 t 时刻下水域内的船舶数量；α 为调节变量。由式(3-21)可以看出，区域的动态密度不仅受船舶数量的影响，还与船舶距船舶流的质心的距离有关，不仅可以反映出区域密度的大小，而且其值的大小可以反映出区域船舶的聚集程度。为确定 α 的值，假设区域内仅有 1 艘船舶时，C_{den} 值为 1，当另一条船舶从最很远处即将进入该区域时，区域的动态密度在这一时刻并未发生很大的改变，可以认为几乎相等，因此有

$$C_{\text{den}_1} \approx C_{\text{den}_2} \tag{3-22}$$

根据式(3-22)解方程就可以确定 α 的值。

3. 船舶与船舶风险关系评估

船舶在航行中，对于船舶驾驶员而言，除了通航环境与船舶的分布情况外，他船与本船的航行动态也是判别当前微观态势的重要指标。从交通管理者的角度，当多船形成复杂会遇局面时，识别当前状态下交通簇的风险大小，对于快速组织交通管理至关重要。

对于船舶与船舶之间的风险关系，目前水上交通领域中多是通过 DCPA 和 TCPA 从距离和时间两个维度解释船舶与船舶之间的紧迫程度，而 DCPA 通常用来判断船舶之间发生碰撞与否，对于不发生碰撞的船舶也可能存在潜在的风险。同时，由于 AIS 设备安装位置不同，AIS 数据反映的仅仅是当将两船当作质点时两船 AIS 设备的距离，忽略了船舶尺度的影响，并非两船真实距离，因此，本研究提出一种基于船舶领域的船舶与船舶之间的风险量化模型。

将船舶领域看作一个规则椭圆，引入椭圆距离的概念来反映船舶与船舶之间的位置接近关系，这相当于在船舶周围设置一个"保护区"，如图 3-5 所示。

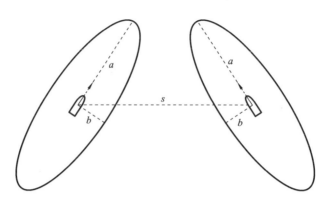

图 3-5 船舶领域"保护区"模型

由于内河水域中船舶大小在通常情况下差异不大,为了模型简化和计算方便,在进行船舶与船舶之间风险建模时,统一将船舶领域设置为相同大小的椭圆。设在 t 时刻下,船舶 i 与船舶 j 的船舶领域椭圆距离为 $E_{i,j}(t)$,可按如下公式计算:

$$E_{i,j}(t)=\sqrt{\frac{(x_i-x_j)^2}{a^2}+\frac{(y_i-y_j)^2}{b^2}} \quad (3\text{-}23)$$

式中:a、b 分别表示船舶领域的长半轴和短半轴长度。

由式(3-23)可知,当 $E_{i,j}(t)$ 小于 1 时,船舶 j 处于船舶 i 的船舶领域内,即船舶 j 侵入船舶 i 的船舶领域;当 $E_{i,j}(t)$ 大于 1、小于 $\sqrt{2}$ 时,船舶 j 可能在船舶 i 的船舶领域内,也可能在船舶 i 的船舶领域外,但距船舶 i 的船舶领域边界很近;当 $E_{i,j}(t)$ 大于 $\sqrt{2}$ 时,船舶 j 在船舶 i 的船舶领域外。总而言之,两船的船舶领域越近,相应的风险也就越高。

单从距离上不能够完全反映船舶之间的接近关系,两船的接近快慢也是衡量船舶之间风险大小的因素。在 t 时刻,船舶 i 与船舶 j 的船舶领域的距离变化率 $V_{i,j}(t)$ 可以反映两船在接近过程中的速率和时间关系,其计算公式如下:

$$V_{i,j}(t)=\frac{E_{i,j}(t)-E_{i,j}(t-1)}{E_{i,j}(t-1)} \quad (3\text{-}24)$$

式中:$E_{i,j}(t-1)$ 为上一时刻船舶 i 与船舶 j 的船舶领域椭圆距离。根据式(3-24)可知,若 $V_{i,j}(t)$ 大于 0,即在 t 时刻,船舶 i 与船舶 j 的空间距离变大,两船航行处于发散状态,如图 3-6(b)所示,相反,则两船处于汇聚状态,如图 3-6(a)所示。同时,$V_{i,j}(t)$ 的绝对值越大,说明两船汇聚或者发散的趋势越明显。

根据船舶之间的距离关系以及距离变化率,船舶 i 与船舶 j 在 t 时刻下的风险 $C_{i,j}(t)$ 计算方法如下:

（a）两船汇聚状态　　　　　　（b）两船发散状态

图 3-6　船舶会遇态势示例

$$C_{i,j}(t) = \begin{cases} \left(\dfrac{1}{E_{i,j}(t)}\right)^{1+V_{i,j}(t)}, & E_{i,j}(t) \geqslant 1 \\ \left(\dfrac{1}{E_{i,j}(t)}\right)^{1-V_{i,j}(t)}, & E_{i,j}(t) < 1 \end{cases} \quad (3-25)$$

由式(3-25)可知,对于船舶距离相同的两个场景的交通态势,空间接近率越大($V_{i,j}(t)$的值越大),即船舶与船舶之间发散程度越大,则对应的态势值越小,空间接近率越小($V_{i,j}(t)$的值越小),即船舶与船舶之间汇聚程度越大,则对应的态势值越大。

4. 驾驶员行为风险评估

通常情况下,驾驶员行为对区域微观态势风险的影响是通过其所驾驶的船舶运动行为体现出来的,一方面当前时刻下船舶行为受上一时刻驾驶员行为的影响,另一方面,驾驶员行为又影响下一时刻船舶行为状态。因此,区域交通微观态势需要考虑驾驶员行为影响下的船舶运动,在分析船舶运动的同时考虑驾驶员行为因素的影响。

目前考虑驾驶员行为因素的态势相关研究较少,陈永[31]综合考虑驾驶员心理、车辆自身特点,结合场论和图论的方法研究了车流的演化机理受驾驶员的影响;李创[32]通过将人为因素分类,应用历史事故数据和综合评价法,对人为因素进行量化,并分析人为因素对水上交通风险的影响,但对实际的应用有较大的局限性。本研究将场的概念引入水上交通领域中,以场论的思想建立船舶运动形成的动能场模型,用驾驶员的行为因子与船舶所形成的动能场的乘积表示其驾驶船舶的行为风险场,用以表征驾驶员行为对区域水域交通微观态势的影响。

设船舶 i 航行至 (x_i, y_i) 处,在区域内任意一点 (x_j, y_j) 处形成的动能场为 E_{vij},驾驶员行为因子为 D_r,则在该点形成的行为风险场强可以表示为

$$E_{ij} = E_{vij} D_r \quad (3-26)$$

由式(3-26)可知,行为风险场受船舶动能场以及驾驶员行为因子共同影响,下面将具体分析船舶动能场和驾驶行为因子建模过程。

1) 动能场

根据物理学中电场和磁场的定义,船舶的动能场可看作是由运动中的船舶产生的特殊属性,每一条运动的船舶都相当于一个场源,在一定范围内能够与之发生

碰撞的他船受到该运动船舶形成的场的影响。因此,动能场所表征的是他船与运动船舶的碰撞风险。对于运动船舶,通常情况下他船越接近该船,此时所受到的场强也越大,故形成的风险就越大,并随着两者距离的逐渐减小,所带来的风险也呈非线性增加,假设风险的增加随船舶距离的减小呈幂函数形式增加;同时,他船受到运动船舶的威胁与两船的相对方位和船舶 i 的速度有关,在同样距离的情况下,两艘船舶对驶所带来的风险高于两船反向航行,并随着两船相对运动速度的增大,航行风险也增大。

基于上述分析,运动船舶 i 航行至 (x_i,y_i) 时在其周围任意位置 (x_j,y_j) 形成的动能场场强可以按下式计算:

$$\overrightarrow{E_{vij}} = \frac{1}{|\overrightarrow{r_{ij}}|^{k_1}} \cdot \exp[k_2 v_i \cos(\theta_i)] \cdot \frac{\overrightarrow{r_{ij}}}{|\overrightarrow{r_{ij}}|} \quad (3-27)$$

式中:x 轴沿船舶 i 的航向方向,y 轴垂直于 x 轴指向船舶右正横方向;k_1、k_2 为待定常数;v_i 是船舶 i 的航速;θ_i 是船舶 i 的航向与两者位置连线的夹角,顺时针方向为正;$\overrightarrow{r_{ij}}$ 表示位置点 j 距船舶 i 的矢量距离,$\overrightarrow{r_{ij}} = (x_i - x_j, y_i - y_j)$;$\overrightarrow{E_{vij}}$ 表征船舶 i 在航行过程中对周围环境产生的潜在风险,其值越大,表示风险越高,同时 $\overrightarrow{E_{vij}}$ 是一个矢量,随着相对方位的不同而不同;$\frac{1}{|\overrightarrow{r_{ij}}|^{k_1}}$ 表示船舶 i 航行时对周围船舶 j 构成的风险程度与两者距离的 k_1 次方呈反比关系;$\exp[k_2 v_i \cos(\theta_i)]$ 是描述船舶 j 在接近船舶 i 过程中的风险随着方位和速度的变化关系,θ_i 为 0,即 $\cos(\theta_i)$ 等于 1 时,表示船舶 j 与船舶 i 相向而行,此时风险最大,θ_i 为 π 时,两船背向而行,风险最小,同样角度下,$\cos(\theta_i)<0$ 时,航速越大,风险越小,$\cos(\theta_i)>0$ 时,航速越大,风险越大。图 3-7 为船舶在航行中动能场示意图。

2) 驾驶员行为因子

驾驶员行为是影响交通微观态势的一个重要因素,通常情况下,驾驶员行为因素可以分为心理-生理因素、感知能力、操纵能力(驾驶技术)三类。因此 D_r 可以表示为

$$D_r = \xi_1 D_{r_1} + \xi_2 D_{r_2} + \xi_3 D_{r_3} \quad (3-28)$$

式中:D_{r_1}、D_{r_2}、D_{r_3} 分别表示心理-生理因素、感知能力和操纵能力;ξ_1、ξ_2、ξ_3 表示三者的权重。

驾驶员行为因子是将三类因素确定为无量纲的常数,值越大表示驾驶员行为风险就越大,文献对三类海船驾驶员行为因素进行量化,如表 3-1 所示。由于驾驶员心理和行为复杂多变,难以针对具体驾驶员对其行为进行量化,因此,假设在水域内航行船舶的驾驶员三类行为表现都是较好,并且三类影响因素具有同等重要

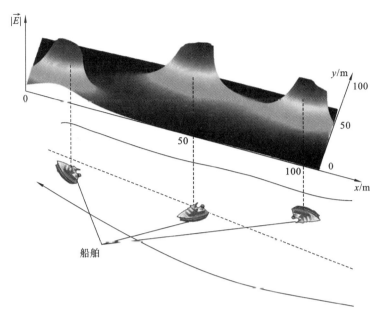

图 3-7 船舶在航行中动能场示意图

性,即 $\xi_1=\xi_2=\xi_3=\dfrac{1}{3}$。$D_{r_1}$、$D_{r_2}$、$D_{r_3}$ 在表 3-1 中较好水平范围内随机取值,则可以确定驾驶员行为因子。

表 3-1 驾驶员行为因子量化值

等级	心理-生理因素	感知能力	操纵能力
好	1	1	1
较好	1~1.648	1.0~1.375	1.0~1.02
较差	1.64~2.457	1.375~1.75	1.02~1.04
差	2.45~3.435	1.75~2.125	1.06~1.08

假设区域内有 n 条船舶,那么 n 条船舶在任意位置 (x_j,y_j) 形成的行为风险场 $\vec{E}_j$ 为每艘船舶行为风险场的矢量叠加,即

$$\vec{E}_j = \sum_{i=1}^{n} \vec{E}_{ij} \tag{3-29}$$

根据式(3-29)可以确定船舶 i 在区域内任意位置 (x_j,y_j) 的行为风险场 $\vec{E}_{ij}$。

3.3.2 水上交通微观态势评估模型

通常情况下交通管理者更关注的是整个区域的交通状况和运行能力,以便更

有效地组织交通管理,本节主要以交通管理者的角度研究区域水上交通微观态势。由于交通态势是各个指标共同作用的结果,根据上文提出的影响区域水上交通态势的指标模型,首先确定各个指标在区域中的量化表达,利用熵权法确定各个指标对态势的影响权重,从而建立水域交通微观态势评估模型。

设单个时刻下,区域内有 n 条船舶,船舶在时刻 t 下的轨迹点可以表示为 $s=\{t,\text{MMSI},x_i,y_i,c_i,v_i|i\in n\}$,其中 MMSI 表示船舶水上移动通信业务标识码,x_i、y_i 表示经纬度坐标,c_i 是对地航向,v_i 是对地航速。设船舶 i 与交通冲突区域的风险关系为 $C_{ip}(t)$,任意两船之间的接近关系为 $C_{i,j}(t)$,船舶 i 在任意一点 j 形成的驾驶员行为风险场为 $\vec{E_{i,j}}$,依据上文中指标的量化模型,4 个指标对水域微观态势的影响分别如下。

1. 船舶与通航环境风险关系总量

t 时刻下,n 条船舶相对于交通冲突区域的风险态势 $C_p(t)$ 为

$$C_p(t) = \sum_{i=1}^{n} C_{ip}(t) \tag{3-30}$$

其中 $C_{ip}(t)$ 按照式(3-17)计算。

2. 动态密度

区域的动态密度按照式(3-21)求取。

3. 船舶与船舶之间风险关系总量

水域内 n 条船舶构成的风险关系总量 $C_s(t)$ 为

$$C_s(t) = \sum_{i=1}^{n}\sum_{j=1}^{n} C_{i,j}(t), \quad i \neq j \tag{3-31}$$

其中 $C_{i,j}(t)$ 按照式(3-25)计算。

4. 行为风险场

每条船舶在区域内航行都受他船形成的行为风险场的影响,设船舶 i 所受船舶 j 的行为风险场为 $\vec{E_{i,j}}$,则船舶 i 受到总的行为风险场 $\vec{E_i}$ 为

$$\vec{E_i} = \sum_{j=1}^{n-1} \vec{E_{i,j}} \tag{3-32}$$

$\vec{E_{i,j}}$ 按照式(3-26)计算,那么在 t 时刻,区域内 n 条船舶所形成的行为风险场的总量 $\vec{E_p}(t)$ 可以表示为

$$\vec{E_p}(t) = \sum_{i=1}^{n} \vec{E_i} \tag{3-33}$$

在计算各指标的值之后,由于各个指标模型不同,在计算过程中最终每个指标的值域也不同,当一个指标取值过大时,往往忽略了另一个取值较小的指标,因此

采用 min-max 标准化方法对各个指标值进行归一化处理,设某个指标值为 x,那么标准化后 x' 可以表示为

$$x' = \frac{x - x_{\min}}{x_{\max} - x_{\min}} \tag{3-34}$$

式中:$x_{\max}$、$x_{\min}$ 为该指标的最大值和最小值,一般通过历史数据统计得到。

对于权重的确定,本研究采用熵权法确定各个指标对态势的影响权重,熵权法的基本思路是采用 min-max 方法将数据进行归一化,然后计算各个指标的信息熵,根据信息熵确定指标的权重,通常情况下指标信息熵越小,则该指标所含的信息量越大,权重也就越大。本研究中共有 4 个指标,设为 X_1,X_2,X_3,X_4,其中 $X_i = \{x_1,x_2,x_3,\cdots,x_n\}$,那么每个指标的信息熵可按如下公式计算:

$$E_i = -\ln(n)^{-1} \sum_{j=1}^{n} p_{ij} \ln p_{ij} \tag{3-35}$$

式中:n 表示每个指标的总数据量;p_{ij} 为

$$p_{ij} = \frac{X_{ij}}{\sum_{j=1}^{n} X_{ij}} \tag{3-36}$$

若 $p_{ij}=0$,则 $\lim_{p_{ij} \to 0} p_{ij} \ln p_{ij} = 0$。根据每个指标的信息熵 E_i,可以确定该指标所占的权重 W_i:

$$W_i = \frac{1 - E_i}{\sum_{i=1}^{n}(1 - E_i)} \tag{3-37}$$

水上交通微观态势是 4 个指标共同作用的结果,综合四个指标,在 t 时刻下,水域的微观交通态势 $C(t)$ 为

$$|C(t)| = \eta_1 C'_{\text{den}}(t) + \eta_2 C'_p(t) + \eta_3 C'_s(t) + \eta_4 |\overrightarrow{E_p(t)}|' \tag{3-38}$$

式中:$C'_{\text{den}}(t)$、$C'_p(t)$、$C'_s(t)$、$|\overrightarrow{E_p(t)}|'$ 为 4 个指标标准化之后的值;$|\overrightarrow{E_p(t)}|'$ 为行为风险场的大小;η_1、η_2、η_3、η_4 为各个指标对水上交通微观态势的影响权重。

3.3.3 水上交通微观态势评估实例

以渡区水域为例,区域内共有 5 条船舶,其位置分布如图 3-8 所示,其中船舶 1、船舶 2 为下行船舶,船舶 3、船舶 5 为上行船舶,船舶 4 为汽渡船,椭圆形区域为渡船与直航船冲突频繁区域。

按照各要素指标的计算模型,分别求取 4 个指标对区域态势的影响,船舶与通航环境风险关系总量。按照式(3-16)分别计算 5 条船与冲突区域的接近关系,船舶与冲突区域接近参数如表 3-2 所示,按照式(3-30)得到在该时刻下船舶与冲突

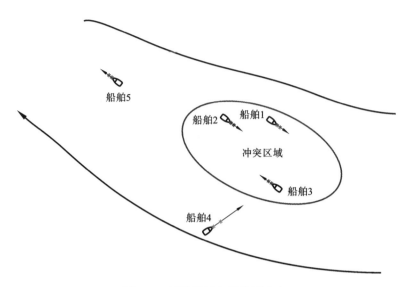

图 3-8 试验区域船舶位置分布

区域对渡区水域交通态势的影响为 $C_p=5.6852$。

表 3-2 船舶与冲突区域接近参数

船舶编号	距冲突中心距离/m	是否在冲突区域内	态势值
船舶 1	128	是	1.5114
船舶 2	152	是	1.7353
船舶 3	136	是	1.7919
船舶 4	317	否	0.4591
船舶 5	539	否	0.1872

区域交通流动态密度按照式(3-21)求得 $C_{den}=4.277$。

船舶与船舶风险关系总量按照式(3-25)计算船舶之间的风险,为更清晰地表达船舶之间的微观交通态势,利用基于网络模型的方法,以每条船舶为节点,以船舶之间的距离为边,以船舶与船舶之间的风险大小为边的权重,得到船舶与船舶之间的风险关系如图 3-9 所示。图中清晰地展示了船舶与船舶之间的风险关系,如汽渡船(船舶 4)与下行船(船舶 2)之间的风险最高,由于下行船 2 和上行船 3 航向不完全平行,空间上相互接近且速度较大,也具有较高的风险,下行船 1 与下行船 2 同向航行,但船舶 1 速度明显大于船舶 2,因此两者风险较小。根据式(3-31),在该时刻下,船舶之间的运动对渡区水域微观态势的影响为 $C_s=2.9168$。

驾驶行为风险场按照式(3-33)计算,5 条船舶形成的行为风险场如图 3-10 所

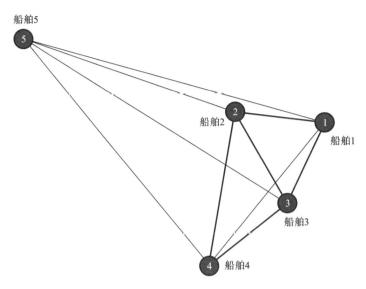

图 3-9　船舶与船舶之间的风险关系

示。每条船舶所受的行为风险大小是其他 4 条船舶行为风险场的矢量叠加,然后将 5 条船舶所受行为风险相加,得到该时刻下渡区水域的行为风险总量为 8.8288。

综合四个指标,根据历史数据将指标进行归一化,利用熵权法确定 4 个指标的权重分别为 0.21、0.18、0.35、0.26,按照式(3-38)将每个指标进行加权,求得该时刻下试验水域的微观交通态势值为 0.4559,态势分布如图 3-11 所示。

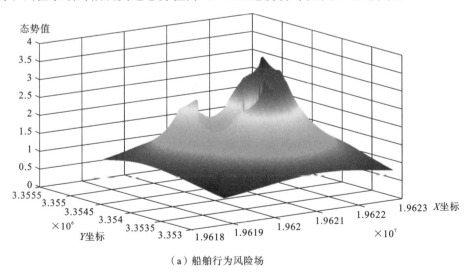

(a)船舶行为风险场

图 3-10　船舶行为风险场及俯视图

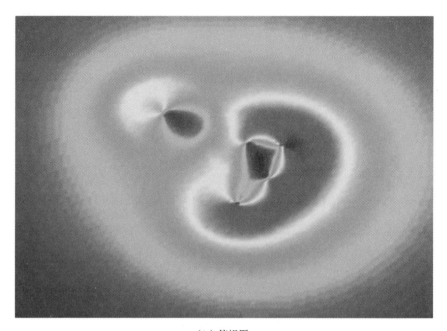

(b) 俯视图

续图 3-10

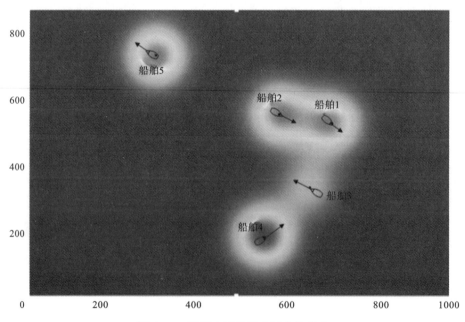

图 3-11 渡区水域微观交通态势分布

由图 3-11 可以看出态势在区域内的整体分布情况,区域内渡船(船舶 4)具有较高的态势;同一方向航行的船舶 1、船舶 2 态势也较高,而分道通航航行的船舶 3 虽然距离船舶 1、船舶 2 较近且与渡船呈交叉会遇态势,但由于其分道通航以及与渡船航速的差异,其态势较低;船舶 5 受船舶 3 的影响态势比船舶 3 的态势值高,这也表明了基于船舶领域的船舶接近关系和行为场模型的正确性。

3.4 本章小结

本章主要介绍了如何利用大规模船舶 AIS 数据对区域水上交通安全态势进行评估,提供监管人员水上交通风险的直观认识。区域水上交通安全态势评估主要包括宏观和微观两个方面。宏观安全态势评估从船舶交通流的整体特征入手,分析了整体交通流的拥挤程度和迫近趋势,提出了水上交通动态密度、水上交通动态速度、水上交通复杂度三个评价因子刻画区域水上交通宏观态势的安全程度。微观安全态势评估以微观船舶为研究对象,围绕水域当前时刻下船舶、环境、驾驶员行为等交通系统组成,分别从船舶与通航环境风险关系、区域交通密度、船舶与船舶风险关系、驾驶员行为四个方面构建用于表征水上交通微观态势的要素指标体系。最后,以内河渡区水域为例,验证了方法模型的有效性。

第4章

水上交通活动模式挖掘方法

4.1 概　　述

　　船舶是水上交通活动的主体对象,识别和理解船舶活动模式对船舶交通管理、水上安全保障、海上风险评估、航线定制优化等智慧应用具有重大意义[33,34]。传统船舶活动模式识别主要通过人工观测识别,耗时长、成本高、监管范围有限、识别难度大,需要依赖海事管理人员背景知识和专业经验[35]。随着水上通航环境日益复杂,船舶数量和类型日益增多,基于人工方式的船舶活动模式识别难以满足复杂水域的水上交通态势感知需求。

　　船舶轨迹数据作为反映船舶与通航环境及其他水上交通对象相互作用、相互影响的时空证据,蕴含丰富的船舶活动模式(即不同类型的船舶运动规律及其时空特征)。采用数据驱动方式从轨迹数据中识别船舶活动模式[36-38],用以辅助或替代人工观测,将会极大地拓展船舶活动模式识别的广度和深度,提高船舶活动模式的可用性与现势性[39-41]。与其他移动对象不同,船舶属于非道路移动源,船舶运动具有较大的自由度,同时还受多方面的因素约束,包括自身属性(操纵性、船舶类型、船舶尺寸等)、通航环境(航道尺度、气象水文条件、交通条件)和驾驶员的操船技艺等。从单条船舶轨迹的角度,船舶运动可能没有任何规律,但从大量船舶轨迹的角度,可以发现某一类船舶运动都符合特定的移动规律,即船舶活动模式。例如,船舶在穿行多孔桥梁时,为防止与桥墩发生碰撞,在距离通航孔一定距离时会动态调整航向和降低航速,使船舶能够安全穿过规定的桥孔,整个过程会保持航速航向不变,做近似匀速直线运动,直至穿越桥孔,然后缓慢加速至恢复正常状态,驶离桥区。从语义描述的角度,所有船舶通过桥梁的活动特征可以描述为计算船与桥梁距离、调整航向、降低航速、保速保向直线航行、穿过桥孔后缓慢加速。

综上所述,如何从大规模船舶轨迹中全面、准确地自动识别各种船舶活动模式,已经成为水上交通运输工程领域所面临的重要问题。本章将重点介绍三种不同形式的船舶轨迹活动模式挖掘方法,分别从轨迹数据的几何特征、语义特征和结构特征等方面识别分析船舶轨迹之间的相似性,进而提取不同类型的船舶活动模式。

4.2 基于轨迹时空聚类的船舶活动模式分析

轨迹聚类是聚类分析方法在时空轨迹数据上的拓展,旨在将具有相似时空移动过程和行为特征的轨迹对象划分为同一类[42]。通过轨迹聚类分析,可以发现移动目标群体的时空移动模式,分析其运动规律,并进一步预测其未来运动趋势。本节重点考虑船舶轨迹数据的几何特征相似性,综合利用船舶位置、航速和航向构建船舶运动的相似性度量模型,利用该模型改进带噪声的基于密度空间聚类算法(Density-based Spatial Clustering of Application with Noise,DBSCAN),从而对船舶轨迹进行时空聚类,获取不同类别的船舶活动模式。

4.2.1 船舶轨迹的运动状态相似性

度量移动对象之间的轨迹相似性是轨迹聚类工作的基础,是判断轨迹隶属于何种运动模式的唯一标准,直接决定最终轨迹聚类效果。如何定义轨迹之间的相似度(距离)是轨迹聚类中一个至关重要的问题。常见的轨迹相似性度量方法有轨迹欧氏距离(Euclidean Distance)、豪斯多夫距离(Hausdroff Distance)、最小外包矩形(Minimum Boundary Rectangle,MBR)、最长公共序列(Longest Common Subsequence,LCS)、动态时间规整(Dynamic Time Warping,DTW)、隐马尔科夫链(Hidden Markov Model,HMM)等。

本研究综合船舶位置(经度 x,纬度 y)、航速 v 和航向 c 构建描述船舶运动的四维状态空间,即 $H=[x,y,v,c]$,每个时刻的船舶运动信息可以表示为四维状态空间的一个点。将原始船舶轨迹数据映射到该状态空间中,形成表示船舶运动状态变化的连续曲线(见图 4-1),船舶轨迹之间的状态相似性可以利用轨迹点在状态空间的距离进行度量。

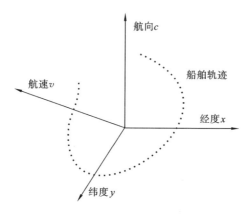

图 4-1 船舶轨迹多维状态空间抽象模型

假设四维状态空间中任意两个船舶在某时刻的状态信息表示为 s_i 和 s_j,则轨迹点之间的空间距离可利用如下公式进行计算:

$$d_{ij}=\sqrt{w_1\times(x_i-x_j)^2+w_2\times(y_i-y_j)^2+w_3\times(v_i-v_j)^2+w_4\times\nabla(c_i-c_j)^2}$$
(4-1)

由于船舶状态空间选取的 4 个特征向量的量纲各不相同,在计算轨迹点相似性之前需要对轨迹数据的多维特征进行归一化处理,通过数学公式变换将原始轨迹的位置、航速、航向等数据特征映射到区间[0,1],从而避免不同维度特征的量纲对计算结果的影响。本研究采用 min-max 方法对轨迹数据多维特征进行归一化处理,见式(3-35),x、y、v、c 均是经归一化处理后的轨迹特征数据;w_1、w_2、w_3、w_4 是各个轨迹特征的权重系数,满足 $w_1+w_2+w_3+w_4=1$,可针对不同水域特点调整各个特征向量的权重;$\nabla(c_i-c_j)$ 是针对航向特征的周期性循环特性设计的算子,具体计算公式如下:

$$\nabla(c_i-c_j)=\begin{cases}360-(c_i-c_j),&c_i-c_j>180\\c_i-c_j,&c_i-c_j<180\end{cases}$$
(4-2)

4.2.2 船舶轨迹的时空密度聚类

DBSCAN 聚类方法是一种简单、有效的基于密度的聚类算法,也是聚类算法中最常用的方法之一,其主要思想是寻找被低密度分割的高密度区域,对噪声不敏感,能够处理任意形状和大小的类簇。船舶轨迹数据是一种典型的海量时空数据,具有对象多、规模大、更新快等特点,直接利用 DBSCAN 算法进行聚类处理的计算复杂度较大,对计算机的存储和计算性能要求较高。因此,本研究考虑用增量式的 DBSCAN 算法进行轨迹时空聚类,先将对象数据集分割成若干个子集,再完成小规模数据子集的时空聚类,然后将剩余数据依次加入到之前的聚类结果中进行二次处理。

DBSCAN 算法将轨迹数据集中的所有轨迹点分为三类:核心点、边界点和噪声点,如图 4-2 所示。判断一个轨迹点属于何种类型由 DBSCAN 算法的参数 Eps 和 MinPts 决定。Eps 是轨迹点的邻域半径,表示形成聚类的空间范围大小;MinPts 是设定的邻域点数量阈值,轨迹点 p 的 Eps 邻域内轨迹点(记为 $N_{Eps(p)}$)数目是否大于阈值 MinPts 决定了轨迹点 p 是核心点还是非核心点(边界点和噪声点)。

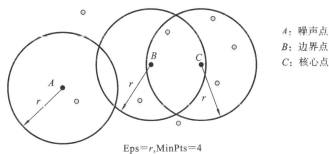

图 4-2 DBSCAN 类型点示意图

- 核心点:如果轨迹点在半径 Eps 邻域内含有超过 MinPts 数目的轨迹点,则为核心点,如图 4-2 中点 C。
- 边界点:如果轨迹点在半径 Eps 邻域内点的数量小于 MinPts,但是落在核心点的邻域内,则为边界点,如图 4-2 中点 B。
- 噪声点:如果轨迹点既不是核心点,也不是边界点,则为噪声点,如图 4-2 中点 A。

在 DBSCAN 算法中,点与点之间的关联关系通过点的密度可达性完成,本研究采用 4.2.1 节的轨迹点相似性度量模型代替传统空间距离计算密度可达性,两个数据点之间的关联关系主要有以下三种。

- 直接密度可达:如果轨迹点 p 是在轨迹点 q 的 Eps 邻域内,且 q 是核心点,那么称 p 从轨迹点 q 出发是直接密度可达的,如图 4-3 所示。

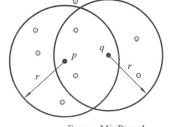

图 4-3 直接密度可达示意图

- 密度可达：如果存在一个轨迹点序列 $p_1, p_2, \cdots, p_n, p_1 = q$ 且 $p_n = p$，p_{i+1} 是从 p_i 关于 Eps 和 MinPts 直接密度可达的，则轨迹点 p 是从轨迹点 q 关于 Eps 和 MinPts 密度可达的，也就是点的密度可达具有传递性，如图 4-4 所示。

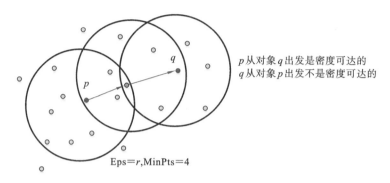

图 4-4 密度可达传递性示意图

- 密度相连：如果轨迹数据集中有这样的一个轨迹点 o，使得轨迹点 p 和 q 是从 o 关于 Eps 和 MinPts 密度可达的，那么轨迹点 p 和 q 是关于 Eps 和 MinPts 密度相连的，如图 4-5 所示。

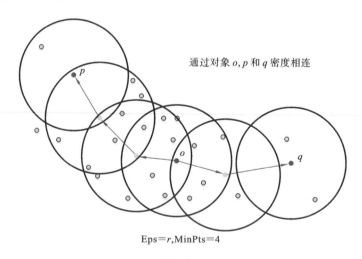

图 4-5 密度相连示意图

DBSCAN 算法通过判断数据集中每个数据点 Eps 邻域的相连关系不断寻找聚类簇，如果一个点 p 的 Eps 邻域内轨迹点数量超过 MinPts，则 p 为核心点，并以此确定新类簇；接着，逐个检测核心点 p 的直接密度可达点，并将检索出来的轨迹点划分为与该核心点同一个类簇，在这个过程中可能导致若干个密度可达的类簇合并。如果所有点都已经被检索并分类,则聚类过程结束。

通过上述步骤完成小规模数据子集的时空聚类后,逐步向已有的聚类结果中插入新的数据点,只需计算新增数据点附近的轨迹点聚类信息,可以快速完成新的轨迹点聚类,而不需要遍历所有的数据对象。在增量式 DBSCAN 算法中,当数据集中增加或者删除一个轨迹点 p 时,点 p 的 Eps 邻域内轨迹点会受到影响,可能改变本身的核心属性(是否核心点);p 在 Eps 和 2Eps 之间邻域内核心点的核心属性不变,但非核心点(边界点和噪声点)的核心属性可能会变,例如一个边界点可能变成一个噪声点,由于其 Eps 邻域内直接密度可达的核心点发生了核心属性变化;隶属于 $N_{2\text{Eps}(p)}$ 的所有轨迹点的核心属性都不会变。因此,增量式 DBSCAN 算法从 Eps 邻域内核心属性发生了改变的核心对象开始,逐个进行聚类处理。

假设轨迹数据集为 D,现向 D 中增加一个数据对象 p,形成新的轨迹数据集 D'。由于 p 的增加,D' 中所有自身核心属性发生变化的核心对象及其 Eps 邻域内的核心对象可看作是种子对象 UpdSeed,种子对象是新轨迹数据集 D' 中的核心对象,但不是原轨迹数据集 D 中的核心对象,即 UpdSeed＝{q 是 $D\cup\{p\}$ 的核心对象且 $q\in N_{\text{Eps}(p)}$;$\exists q:q$ 是 $D\cup\{p\}$ 的核心对象,但不是 D 中的核心对象}。

当向轨迹数据集 D 增加一个新轨迹点时,会造成局部区域的密度增大,可能导致部分对象由边界点变成核心点,从而在对象集 D 中形成新的密度可达或者密度相连关系,进而导致原有聚类簇的融合或者创建新的类簇。一般地,新增加一个轨迹点对象,对原聚类格局的影响可以分为以下四种情况,如图 4-6 所示。

- 噪声:如果 UpdSeed(p)为空,即 p 的增加并没有导致产生新的核心点,那么 p 为噪声点,原有轨迹数据集的聚类结果没有发生任何改变。
- 创建新类簇:如果 UpdSeed(p)中包含不属于任何一个类簇的核心点(即该点原属于噪声点,增加新轨迹点 p 后,变成了核心点),且其密度可达对象中不包含已知类簇中的核心点。
- 归入原有类簇:如果 UpdSeed(p)中包含的核心点在增加轨迹点 p 之前都隶属于同一个类簇,那么新增加的轨迹点 p 将被归入到该类簇中,原有的部分噪声点也可能会被归入到该类簇中。
- 合并为新的类簇:如果 UpdSeed(p)中包含的核心点在增加轨迹点 p 之前隶属于不同的类簇,这些类簇和轨迹点 p 将合并为一个新的类簇。

4.2.3　船舶轨迹的活动模式分析

为验证船舶轨迹时空密度聚类方法的有效性,选取长江与汉江交汇水域作为试验水域,地理范围是 114.27°E～114.325°E,30.51°N～30.6°N,收集了该水域范

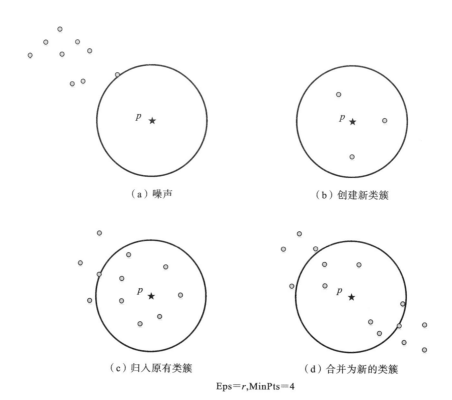

图 4-6 新增数据对象的四种简单案例

围内 268 条船舶从 2014 年 1 月 1 日到 1 月 10 日的 AIS 数据,经过数据预处理后得到有效轨迹点 24968 个,图 4-7 是历史 AIS 轨迹分布。

按照前述船舶轨迹时空聚类方法,对收集的船舶 AIS 轨迹进行时空聚类处理,得到不同类别的轨迹簇,表示了不同类型的船舶活动模式。图 4-8 展示了船舶轨迹的时空聚类结果,共获取 6 类不同的轨迹簇。其中模式 1(mode 1)是沿主航道下行的船舶,模式 2(mode 2)是沿主航道行驶的上行船舶,模式 3(mode 3)是从分叉航道汇入到主航道的船舶上水渡船,模式 4(mode 4)是从主航道汇入到分叉航道的船舶,模式 5(mode 5)是上水滚装渡船,模式 6(mode 6)是下水滚装渡船。需要说明的是,为了可视化效果更加直观,聚类结果中的噪声数据在图中并没有显示出来,对比原始轨迹分布(图 4-7)和聚类后的轨迹(图 4-8)是有差别的。

同一活动模式下的船舶轨迹特征在多个方面存在很强的相似性,对比不同活动模式下的船舶轨迹特征也有助于进一步理解船舶行为,掌握水上交通运行规律,为船舶交通组织与安全监管提供辅助决策,本研究将从船舶属性特征、空间分布特征、移动规律特征等方面对船舶活动模式特征进行分析。

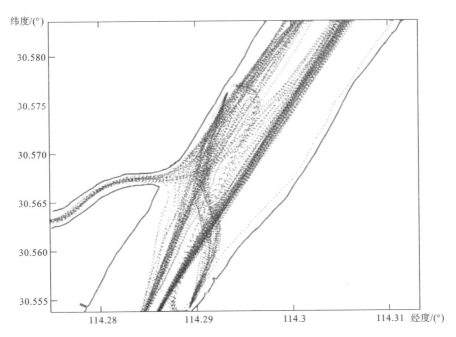

图 4-7　长江干线与汉江交汇水域的历史 AIS 轨迹分布

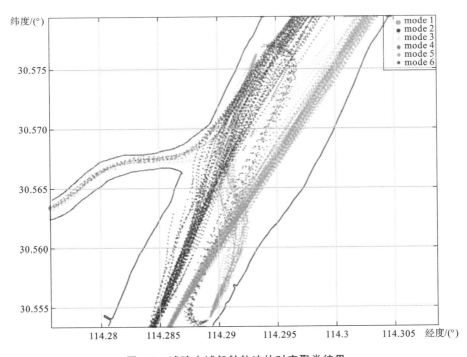

图 4-8　试验水域船舶轨迹的时空聚类结果

1. 船舶属性特征

船舶 AIS 数据不仅记录了船舶连续动态信息,还存储了船舶的基础属性信息,能够为船舶活动模式的属性分析提供数据支撑。如图 4-9 所示,活动模式 1 和活动模式 2 代表了长江干线船舶交通流活动特点,前者是下水船舶,后者是上水船舶。从图 4-9 中可知,两种活动模式的船舶类型分布大致相同,主要类型是货船(干货船和散货船),占 60%~70%;危险品船(散装化学品船和散装化学品船/油船)是第二大类主要船型,占 10%~20%;集装箱船占比 4% 左右,说明集装箱船在内河中游水域的普及程度较低,货物运输主要以件杂货的形式为主。

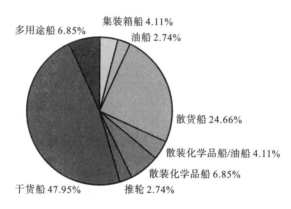

(a) 活动模式1船舶类型分布

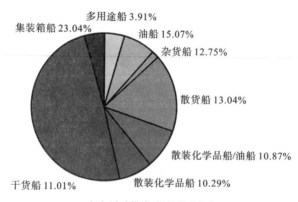

(b) 活动模式2船舶类型分布

图 4-9 活动模式 1 和活动模式 2 的船舶类型分布对比

船舶长度在一定程度上可以反映船舶尺寸大小,图 4-10 展示了长江干线主航道(活动模式 1)与汉江分汊航道(活动模式 3)的船舶长度分布,可以看出两种活动模式下船舶尺寸存在显著差别。长江干线主航道的航道尺度和水深条件更优越,可通行的船舶尺寸范围更大,以大型船舶为主;汉江分汊航道的通航条件有限,以中小型船舶为主。

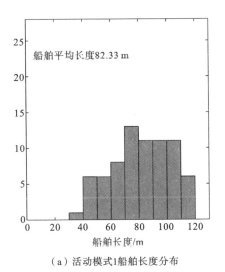
(a) 活动模式1船舶长度分布

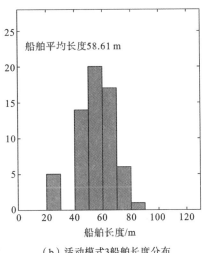
(b) 活动模式3船舶长度分布

图 4-10　长江干线主航道活动模式 1 与汉江分汊航道活动模式 3 的船舶长度分布对比

针对特定船舶活动模式,还可以进一步分析船舶类型和船舶长度的关系。图 4-11 展示了活动模式 1 的主要船舶类型与船舶长度关系,条形图是船长的概率分布直方图,黑色线条是拟合的船长概率密度曲线。货船运输种类繁杂不一,货船数量较多,船舶尺寸分布较均匀,代表船长为 67.5～85 m;不同类型化学品船的尺寸存在明显差别,散装化学品船/油船双用船的尺寸要明显大于散装化学品船,单纯的石油运输船船长整体偏小,代表船舶长度为 50～70 m;集装箱船的代表船舶长度为 90 m 左右,而多用途船舶的代表船长较长,为 110 m 左右。

2. 空间分布特征

船舶活动的空间分布特征是不同活动模式的显著特征之一,能够反映不同水域的船舶航行热度。图 4-12(a)展示了活动模式 1 和活动模式 2 的船舶轨迹空间分布特征,下行船舶(模式 1)轨迹主要集中在航道中心,以便获取最大流速进行航行,上行船舶(模式 2)轨迹大多远离航道中心,以便减少水流阻力和避让过往船舶。图 4-12(b)是以地理网格作为基本单元计算的船舶平均航速分布,受内河水流流速流向的影响,上行船舶逆流航行,受到水流的"冲击力",实际航速低于动力输出速度,而下行船舶顺流航行,受到水流的"助推力",实际航速几乎是上行船速的两倍。图 4-12(c)是采用第 2 章核密度估计方法计算的船舶轨迹空间概率密度(热度),颜色越浅的区域表示船舶轨迹点的密度越高,从图中可以发现在长江与汉江

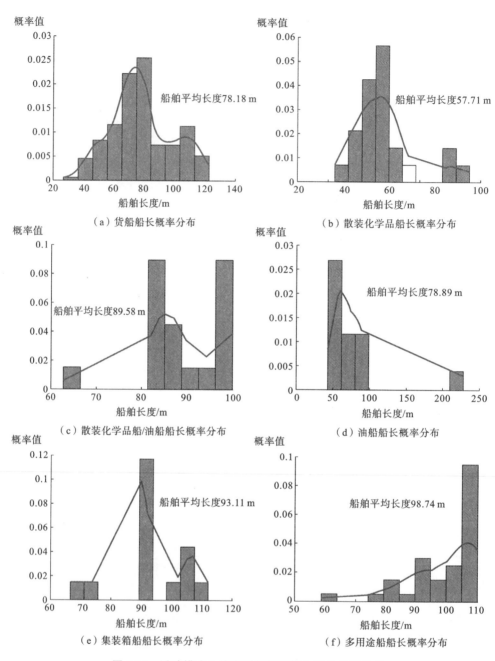

图 4-11 活动模式 1 的主要船舶类型与船舶长度关系

交汇水域附近,上、下行船舶会降低速度避免发生碰撞事故,AIS 采样周期会变长,因而轨迹点密度显著低于其他水域。

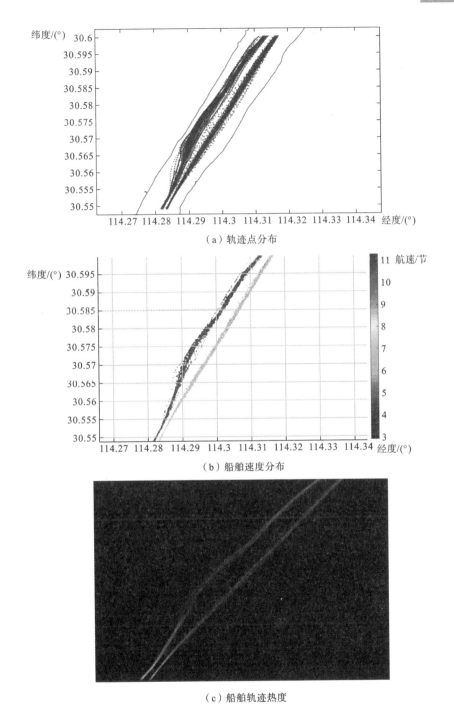

图 4-12 活动模式 1 和活动模式 2 的船舶轨迹空间分布特征

3. 移动规律特征

本研究从四个方面分析特定活动模式下的船舶移动特征,航行时间分布直方图用于分析船舶航行时长,间接反映了特定活动模式下的船舶航行快慢程度;船舶类型饼状图用于分析船舶种类及其数量,反映特定活动模式下的活动对象特点;航速分布图和航向分布图用于分析船舶运动趋势,可以观察船舶的最大航速、平均航速、航行主方向等特征。

如图 4-13 和图 4-14 所示,活动模式 5 和活动模式 6 的产生对象都是内河渡船,速度分布规律相似,大部分时间处于航速峰值,其余速度分布较为均匀且频率较低,但活动模式 5 的航速峰值比活动模式 6 的航速峰值更高。

4.2.4 船舶轨迹的异常模式检测

异常模式检测是水上交通模式分析挖掘的重要内容之一。异常模式检测最常用的方法是采样统计分析模型对船舶轨迹特征进行概率建模,正常航行的船舶轨迹会出现在特征分布的高概率区域,而异常的船舶轨迹会出现在低概率区域。本节将在区域船舶轨迹活动模式分类的基础上,基于概率密度模型构建"正常"船舶活动模式的运动特征分布条件,进而能够识别不符合运动特征分布条件的异常活动模式。异常模式识别是水上交通态势感知的重要内容,能够自动识别与常规运动模式不符的异常船舶轨迹,例如船舶位置偏离主航路、航速航向突然出现大幅变化等,提前预警船舶风险,有助于提高水上交通安全监管和保障能力。

事实上,船舶的航速、航向与船舶当前位置有着紧密关系,因此用船舶的位置概率 $p(x,y)$ 和航速航向的条件概率 $p(v,c|x,y)$ 判断船舶的行为。通过 1.2.3 节的 KDE 方法可以求出 $p(x,y)$ 和 $p(v,c|x,y)$ 的概率密度,利用贝叶斯公式可以获取航速航向的条件概率,即

$$d_{ij} = \frac{p(v,c|x,y)}{p(x,y)} \quad (4-3)$$

图 4-15 是船舶轨迹异常模式检测流程,主要考虑区域位置异常指标 An1 和区域航速航向异常指标 An2 两个指标。区域位置异常指标 An1 是指出船舶偏离主航路,出现在船舶极少出现的位置。采样核密度估计方法获取研究区域的船舶位置概率密度,并计算船舶实时点位的概率值 $p(x,y)$,通过与设定的阈值 Th1 比较,从而进行异常判断,即 An1: $p(x,y)<$Th1。区域航速航向异常指标 An2 条件概率密度由贝叶斯概率计算公式得

$$p(v,c|x,y) = \frac{p(v,c,x,y)}{p(x,y)} \quad (4-4)$$

式中:$p(v,c,x,y)$ 是船舶状态联合概率密度。将该条件概率密度 $p(v,c|x,y)$ 与

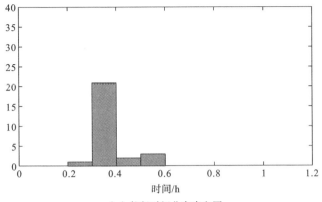

(a) 航行时间分布直方图

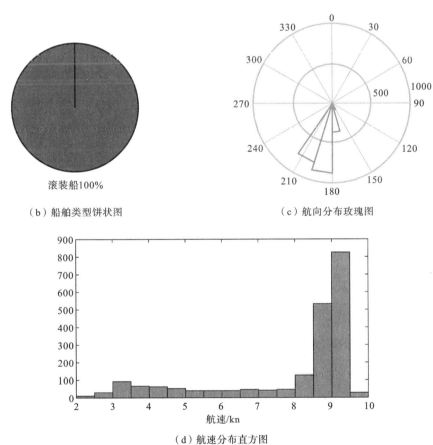

(b) 船舶类型饼状图

(c) 航向分布玫瑰图

(d) 航速分布直方图

图 4-13 活动模式 5 的移动特征统计

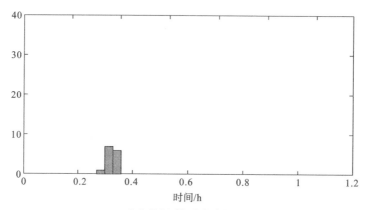

（a）航行时间分布直方图

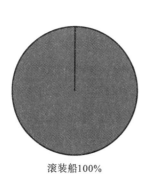

滚装船100%

（b）船舶类型饼状图

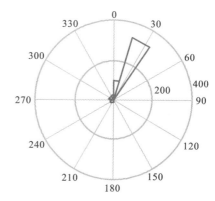

（c）航向分布玫瑰图

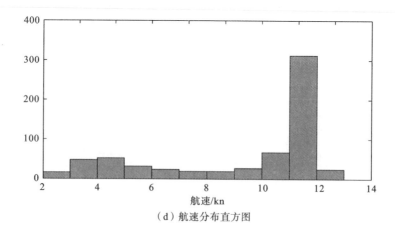

（d）航速分布直方图

图 4-14　活动模式 6 的移动特征统计

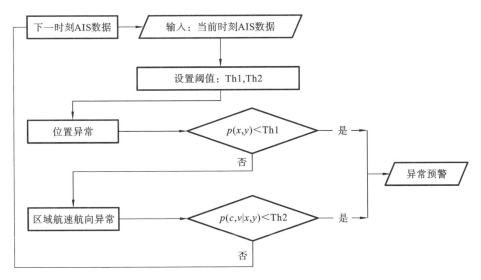

图 4-15 船舶轨迹异常模式检测流程

设定的阈值 Th2 比较以进行异常判断,即 An2:$p(v,c|x,y)<$Th2。

两个阈值的确定需要权衡异常检测的误警率和漏警率,阈值设置过低,容易遗漏部分异常情况;阈值设置过高,容易导致预警系统过度敏感,频繁预警会降低监管人员对异常预警的重视性。考虑水上交通活动的复杂性,本研究采用 95% 的置信水平作为阈值点,即计算每个点的区域位置异常概率和区域航速航向异常概率,将概率值按从大到小排列,处于第 95% 个点所对应的概率值为阈值。

为验证异常模式检测方法的可行性,本节以武汉轮渡 1 号线(中华门—武汉关)的渡船为试验对象开展轨迹异常模式检测,试验收集了"江城 2 号"(编号:413932545)、"江城 3 号"(编号:413932546)和"江城 4 号"(编号:413932547)三艘渡船在 2014 年 1 月的轨迹数据,包含 325456 个轨迹点,空间覆盖范围为 114.26°E~114.32°E、30.51°N~30.58°N,共提取 627 条航次。图 4-16 是中华门—武汉关轮渡一天的航行轨迹,呈现较强的周期性。

1. 渡船轨迹特征分析

受内河水流影响,渡船轨迹空间形状及分布密度可分为两类,即上水轨迹和下水轨迹。渡船下水时,渡船舵效降低,导致船舶的操纵性和控制性能下降,为保障安全行驶,驾驶员通常会控制船舶沿主流行驶,因而下水渡船轨迹主要集中在航道中间且较为顺直;下水渡船在靠离泊时(图中椭圆轨迹部分)通常会发生 180°转向,调整船头对应水流方向,可以相对提高船舶的操纵性,避免靠泊过程发生事故。渡船上水时,渡船顶流航行的操纵性能相对较好,航速、航向的调整空间相对更多,根

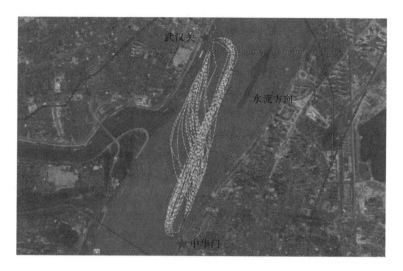

图 4-16　中华门—武汉关轮渡一天的航行轨迹

据内河船舶避碰规则,上水渡船属于让路船,在与他船会遇时被要求主动避让被让路船,所以上水渡船轨迹的空间分布较为分散,航向会发生较大变化。另一方面,渡船具有航程较短、航线固定等特殊性,驾驶员熟悉航线水域的通航环境,且他们的操船策略基本一致,具体表现为渡船航速、航向空间分布的一致性。

图 4-17 和图 4-18 是 2014 年 1 月"江城 1 号"多个航次的航速和航向变化曲线,可以发现渡船上水活动和下水活动的航速、航向差异明显。下水活动航迹的平

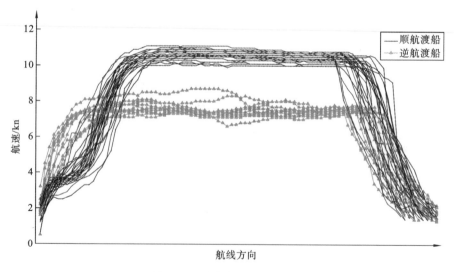

图 4-17　渡船航速变化趋势

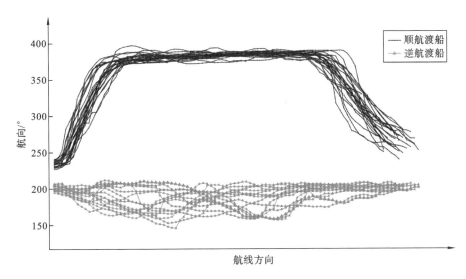

图 4-18 渡船航向变化趋势

均航速远大于上水活动航迹的平均航速;上水活动的渡船在离开码头后航向基本保持不变,下水活动的渡船会频繁发生航向变化。

2. 渡船航行模式分类

根据 4.2.3 节方法对渡船轨迹数据进行活动模式分类,并利用 KDE 方法对渡船活动模式进行概率建模,获取渡船位置、航向和航速等特征的空间分布。

图 4-19 是位置特征空间分布,能够清晰分辨两条不同的轨迹带,且在两岸

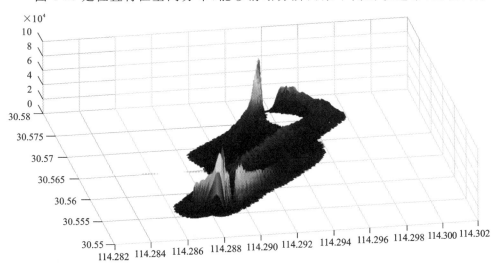

图 4-19 位置特征空间分布

码头的轨迹点密度最高。图 4-20 是渡船航速特征空间分布,下水渡船在航线中间部分基本上保持固定航速(约 10 kn),而上水渡船航速变化频繁。图 4-21 是渡船航向变化率空间分布,航向变化率是相邻 AIS 轨迹点航向差与其时间间隔的比值。渡船上水活动需逆流靠离泊码头,在码头附近位置航向变化较大,中间部分航向基本不变;水渡船整体上航向变化不大,局部小角度航向变化普遍存在。

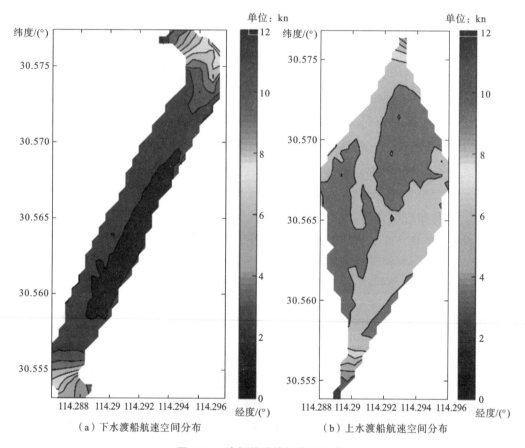

(a)下水渡船航速空间分布　　　　　(b)上水渡船航速空间分布

图 4-20　渡船航速特征空间分布

3. 渡船异常模式检测

查询长江海事局 2014 年 1 月船舶碰撞事故数据可知,2014 年 4 月 18 日 16 时 51 分,"江城 4 号"在武桥水道(长江中游里程 2 km)驶离中华路码头向右侧掉头过程中,与沿南岸上行的货船"安徽 6688"发生碰撞,造成"江城 4 号"右舷

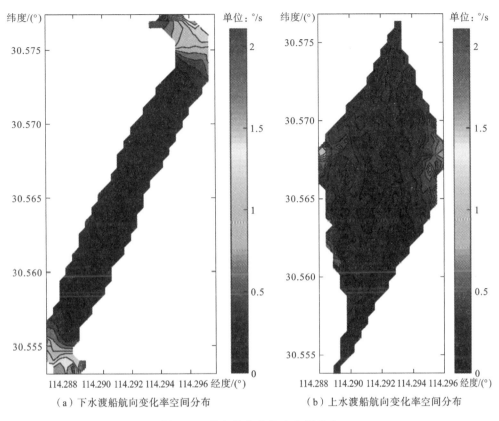

(a) 下水渡船航向变化率空间分布   (b) 上水渡船航向变化率空间分布

图 4-21　渡船航向变化率空间分布

中部窗玻璃部分破损。根据事故发生时间抽取了"江城 4 号"发生碰撞时的 AIS 轨迹数据,然后对轨迹数据的异常模式进行分析。为了量化碰撞时渡船航向状态概率,利用 4.2.3 节异常行为方法计算得到 $p(x,y)=0.1318,p(v,c|x,y)=0.0621$。Th1 设置为 0.1,Th2 设置为 0.08。H_1 不成立,H_2 成立,因此判断渡船活动异常。

图 4-22 展示了"江城 4 号"碰撞事故轨迹速度对比,其中颜色的深浅代表相对速度大小,箭头指的是"江城 4 号"发生碰撞时的轨迹,可以看出此时"江城 4 号"的航行状态与历史活动规律有显著差别,具体表现为渡船位置和速度与历史数据不匹配,其中最主要的异常是渡船的局域速度明显小于历史区域速度,与计算结果一致。

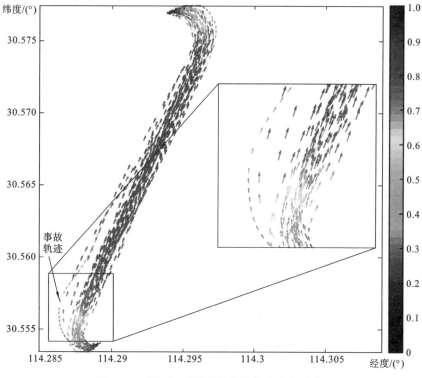

图 4-22 "江城 4 号"碰撞事故轨迹速度对比

4.3 基于轨迹主题建模的船舶活动模式分析

  船舶运动是一个动态、复杂的过程。船舶自身的特殊性(特定船舶类型、尺寸、吃水、载重等)和通航环境的多样性(航道条件、气象条件、水文条件、交通条件的随机组合)决定了船舶运动的复杂性,这种复杂性表现为船舶运动特征具有多样化的解释性,称为船舶运动的语义信息,具体体现在以下方面。

  (1) 同一船舶运动,在不同通航环境下行为语义不同,解释为不同类型的船舶行为。如图 4-23(a)所示,同一船舶分别在航道的靠泊区和航行区长时间停留,前者行为语义表示停泊,后者行为语义可解释为船舶故障。

  (2) 不同船舶运动,在同一通航环境下行为语义相同,解释为同一类型的船舶行为。如图 4-23(b)所示,在同一弯曲航道处,大型货船和小型货船分别以不同航速、航向和路径完成安全转向。

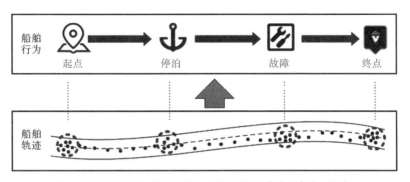

(a) 相同运动特征(静止状态)具有不同语义信息(靠泊、故障)

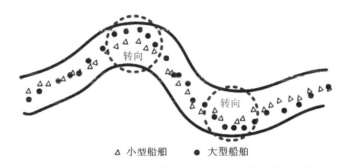

(b) 不同运动特征(差异化位置、速度和方向)具有相同语义信息(转向)

图 4-23 船舶运动过程的语义信息

原始轨迹采用有限几何特征表示,船舶活动的兴趣、意图等语义信息往往被掩盖,船舶从事各种水上活动的运动过程均表现为坐标、航速、航向等底层特征的差异化取值。事实上,受自身特性和通航环境的综合影响,具有相同意图的船舶轨迹可能在航行位置、航速、航向等结构特征上存在较大差异。如图 4-24 所示,长江和汉江固定码头之间的货船运输具有相同的活动意图,但不同航次的货船轨迹仅在靠离泊码头区域具有几何相似性,在其他水域具有完全不同的位置、航速、航向等几何和移动特征。从船舶活动的语义层次来看,这些轨迹的产生实际上源自同一主题的活动意图,即固定码头之间的货物运输,应该属于同一活动模式。

传统船舶活动模式识别方法会依据轨迹几何特征相似性划分为多个不同类型的船舶运动模式,往往忽略了船舶轨迹潜在语义信息的关联性,所挖掘的船舶活动规律往往适于计算机表达却不易于人类认知,需要依赖管理人员的知识背景和专业经验转化为易于理解的水上交通知识。基于上述认识,本研究引入通航环境地理领域知识对原始船舶轨迹进行语义增强,将几何数值表达原始轨迹转化为特征文本描述的语义轨迹,进而采用文本语义分析方法——概率生成模型挖掘船舶轨

图 4-24 相同活动意图的船舶轨迹特征

迹隐含的主题语义信息,作为船舶活动的意图表达,通过船舶意图识别不同船舶之间的活动相关性,为船舶轨迹知识发现提供一种新的方法模型。

4.3.1 船舶轨迹的语义信息增强

采用数值表达的原始船舶轨迹具有数据量大、特征表达有限、行为认知困难等特点,无法清晰、明确地描述各种船舶运动的含义。通航环境蕴含大量反映船舶兴趣或意图的地理语义信息,通过建立船舶轨迹与通航环境的关联匹配,为船舶轨迹增加语义特征描述,能够更加准确刻画船舶运动过程。

船舶轨迹语义信息增强的基本思路是首先识别原始船舶轨迹的关键点(Key Point),包括停留点、转向点等,将原始轨迹分割为"Move""KeyPoint"两种类型;接着,通过空间拓扑关系计算建立轨迹关键点与通航要素的关联匹配,利用通航要素语义信息增强轨迹关键点;然后,根据空间建模理论对轨迹移动段的位置、航速和航向特征进行语义建模,形成轨迹移动段的语义描述;最后,将每个关键点语义信息和移动段语义信息看作一个文本词汇,按时间顺序排列后形成文本形式的语义船舶轨迹表达。

1. 船舶轨迹关键点的语义信息增强

船舶轨迹关键点的语义信息增强技术流程如图 4-25 所示,包括船舶轨迹关键点识别、通航环境地理语义信息提取、关键点地理要素语义匹配三个过程。

1)船舶轨迹关键点识别

由于船舶轨迹采样频率高、数据量大、冗余度高,难以直接进行通航要素地理

第 4 章 水上交通活动模式挖掘方法

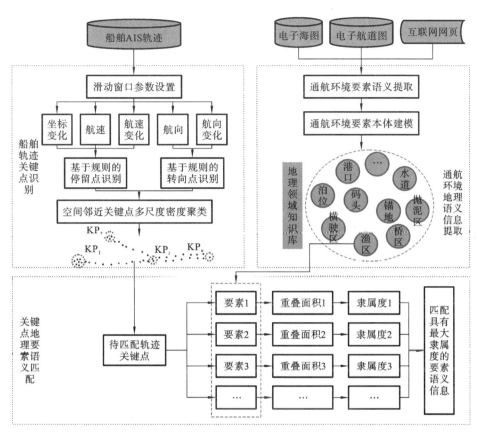

图 4-25 船舶轨迹关键点的语义信息增强技术流程

匹配,因此考虑使用关键点对原始轨迹进行简化处理。船舶轨迹的关键点可分为两类:一是轨迹停留点,停留点是轨迹中体现船舶活动意图最突出的部分,停留时间长短直观反映了船舶对活动区域的兴趣大小;二是轨迹转向点,转向点反映了船舶从事水上活动过程中的关键区域,体现了船舶活动趋势的变化。从定义可知,关键点是船舶轨迹中坐标、航速、航向等特征变化最显著的点,本研究定义了如下关键点组合检测规则,采用滑动窗口方式对连续轨迹点进行分析。

规则 1:若轨迹点实时航速 v_t 小于一定阈值 v_ε,且实时坐标 p_t 与前一时刻坐标 p_{t-1} 空间距离小于阈值 d_ε,则该点可能为停泊点。

规则 2:若轨迹点实时航速 v_t 相对前一时刻航速 v_{t-1} 的变化率超过阈值 α_ε,即 $\frac{|v_t - v_{t-1}|}{v_t} > \alpha$,且轨迹点同时满足规则 1,则该点记为停泊点。

规则 3:若轨迹点实时航向 c_t 相对前一时刻航向 c_{t-1} 的变化值超过阈值 c_ε,即

$|c_t - c_{t-1}| > c_\varepsilon$,则该点记为转向点。

规则 4：在一个滑动窗口检测周期内，若轨迹点的实时速度矢量 $\vec{v_t}$（包括航速和航向）与前 m 个轨迹点的平均速度矢量 $\vec{v_o}$ 的夹角小于给定阈值 σ，即 $\frac{\vec{v_t} \cdot \vec{v_o}}{|\vec{v_t}||\vec{v_o}|} < \sigma$，则该点为噪声点，予以剔除。

提取所有船舶轨迹的关键点后，考虑不同船舶访问同一地点所产生的关键点并不完全一致，直接对不同船舶轨迹的关键点进行通航要素匹配可能造成语义上的差异。因此，还需采用 4.2.2 节 DBSCAN 密度聚类算法对处于同一邻域范围内的关键点集合进行聚类，相近的关键点会被分配到同一个类簇，类簇中心点可作为公共关键点代替原有的关键点集合，类簇的最小凸多边形作为公共关键点的空间覆盖范围。

2）通航环境地理语义信息提取

通航环境地理语义信息是能够反映船舶活动意图或目的的区域语义信息。通过网络爬取、人工识别等方式从电子海图、电子航道图等数据源中获取通航水域的地理要素集合，并建立通航环境地理要素的形式化表达，即

$$\text{GeoFeature} = \{\text{Gname}, \text{Gtype}, \text{Ggeometry}, \text{GInfo}\} \tag{4-5}$$

式中：GeoFeature 表示一个通航环境地理要素对象；Gname 表示要素对象的名称，可以是地名、实体、自定义名称等；Gtype 表示要素对象的类型，可以是港口、码头、锚地、航道等；Ggeometry 表示要素对象的地理覆盖范围，采用点、线、面等几何对象表示；GInfo 表示通航环境要素的描述信息。这些通航环境地理要素代表着不同程度的船舶兴趣度，是进行船舶轨迹语义信息增强的地理领域知识库。

3）关键点地理要素语义匹配

完成船舶轨迹关键点识别后，原始轨迹可以简化为按时间排序的公共关键点序列。针对船舶轨迹的每个公共关键点，根据其空间覆盖范围计算相应的四叉树空间网格索引范围，具体方法见 2.2.1 节内容，并通过空间网格索引查询同一水域内的通航环境地理要素集合，基于空间 9 交模型计算关键点与每个地理要素之间的拓扑关系，主要区分相交关系和邻近关系两类，具体过程如图 4-26 所示。

若关键点与所有地理要素均存在空间邻近关系，依次计算关键点与各地理要素的欧氏距离，根据距离远近评价关键点与地理要素的隶属度，如式（4-6），将关键点匹配至具有最大隶属度的通航要素。

$$P_{i,j} = 1 - \frac{\text{ED}_{i,j}}{\max\{\text{ED}_{i,1}, \text{ED}_{i,2}, \cdots, \text{ED}_{i,n}\}} \tag{4-6}$$

式中：$P_{i,j}$ 表示关键点 i 与要素 j 的隶属度；$\text{ED}_{i,j}$ 表示关键点 i 与要素 j 几何中心的欧氏距离。

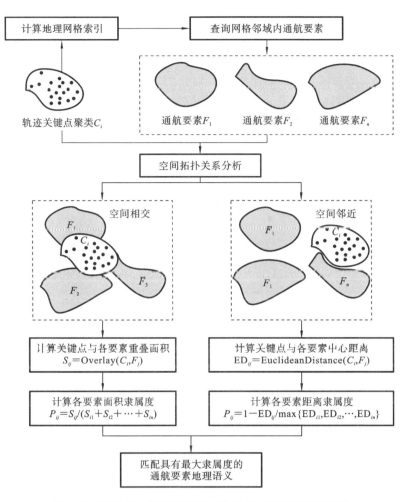

图 4-26　基于最大面积隶属度的关键点地理语义匹配流程

若关键点聚类与多个地理要素存在空间相交关系,通过叠置分析计算关键点与各地理要素的重叠面积,如式(4-7)和式(4-8),根据重叠面积占关键点空间覆盖总面积的比例确定各地理要素的隶属度,最后将关键点匹配至具有最大隶属度的地理要素,并将地理要素的名称、属性、类型等语义信息赋予关键点。

$$S_{i,j} = \text{Area}(C_i.\text{geometry} \cap F_j.\text{geometry}) \tag{4-7}$$

$$P_{i,j} = \frac{S_{i,j}}{\sum_{k=0}^{n} S_{i,k}}, \quad 0 \leqslant j \leqslant n \tag{4-8}$$

式中:$C_i.\text{geometry}$ 和 $F_j.\text{geometry}$ 分别表示关键点 C_i 和地理要素 F_j 的几何特

征;Area(•)是计算几何特征的面积函数;$P_{i,j}$表示关键点聚类C_i隶属通航要素F_j的程度。

2. 船舶轨迹移动段的语义信息增强

利用识别的关键点将原始船舶轨迹划分为若干移动子轨迹段,每个子轨迹段表示船舶在相邻两个关键点之间的移动过程。针对每个移动子轨迹段,对轨迹点的位置、航速和航向特征进行空间语义建模,将数字化表达的移动特征转化为文本化描述的语义特征,建模过程如图4-27所示。

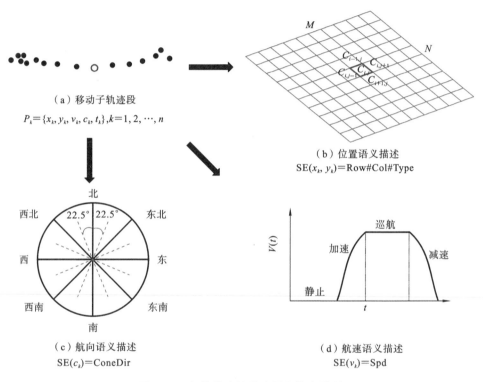

图4-27 船舶轨迹的移动语义信息增强

船舶位置语义:位置特征描述了通航水域中船舶移动的空间位置信息。地理坐标表示的原始轨迹位置表示了空间本身的测量意义,而非船舶移动的含义。不同的船舶移动在经过同一空间时会产生不同的语义信息。例如,渔船和海事巡逻船记录了相同区域的活动轨迹,但前者隐含了捕鱼打捞的作业过程,后者是海上安全监管的巡航路线。为了表征船舶空间移动产生的语义信息,本研究将区域地理编码与船舶类型结合,构建船舶位置的语义描述。船舶轨迹所属的通航水域被划分为一系列互不重叠的、m行×n列大小的网格集合,对于每个网格$C_{i,j}$,Row表示

第 i 行网格的行编码，Col 表示第 j 列网格的列编码，船舶位置特征的语义描述可用行编码、列编码和船舶类型的组合表示，即 $SE(x_k, y_k) = Row \# Col \# Type$，Type 是 AIS 数据中记录的船舶类型。假设船舶轨迹所在水域为 16 km×8 km 的空间区域，划分网格尺寸为 1 km×1 km，轨迹数据来源于 5 种不同船型，则可以产生 16×8×5 种不同的船舶位置语义描述。

船舶航向语义：航向特征描述了通航水域中船舶移动的方向选择信息。数值化的航向角不能提供船舶行驶方向的直观认知，本研究采用锥形方向模型建立船舶航向的语义描述。锥形方向模型将对地航向划分为 4 个主方向和 4 个次方向，主方向以正东（east）、正南（south）、正西（west）、正北（north）为锥形方向主轴，次方向以东南（southeast）、西南（southwest）、西北（northwest）、东北（northeast）为锥形方向主轴，以主轴为中心、两侧±22.5°偏角范围为每个方向的量化范围。每个锥形方向采用相应的方向文本符号进行表示，形成船舶航向的语义描述集合 ConeDir = {east, south, west, north, southeast, southwest, northeast, northwest}。对于任意轨迹点，计算船舶对地航向角所属的锥形方向范围，获取对应的航向语义描述符号，即 $SE(c_k) = ConeDir$。

船舶航速语义：航速特征描述通航水域中船舶移动的快慢信息。一般情况下，当航速小于 1 kn 时，认为船舶处于静止状态；当航速大于 1 kn 时，船舶处于航行状态。然而，单一的航速值不能说明船舶移动速度的快慢，本研究通过评估连续轨迹点的对地航速及其变化量来建立船舶航速的语义描述，包含静止（stationary）、定速巡航（cruise）、加速（acceleration）、减速（deceleration）四种状态。其中三种航行状态主要通过速度变化率进行区分，速度变化率 α 是指船舶当前轨迹点速度 v_t 和上一轨迹点速度 v_{t-1} 的差值绝对值与船舶在该段时间内平均速度 $\bar{v}$ 的比值，即 $\alpha = \frac{|v_t - v_{t-1}|}{\bar{v}}$。当速度变化率小于给定阈值 α_ε 时有两种可能情况：若实时速度小于 1 kn，则认为船舶处于静止状态；反之则认为船舶处于巡航状态。当速度变化率大于给定阈值 α_ε 时，若当前船舶速度是增加的，则认为船舶处于加速状态；若当前船舶速度是减小的，则认为船舶处于减速状态。与船舶航向语义描述类似，本研究定义了若干航行状态符号作为船舶航速的语义描述集合 Spd = {cruise, acceleration, deceleration, stationary}。对于任意轨迹点，计算船舶航速变化率识别对应的航行状态，获取状态符号作为航速语义描述，即 $SE(v_k) = Spd$。

4.3.2 船舶轨迹的主题概率建模

主题模型起源于自然语言处理领域，用于对文本描述的文档集合进行聚类分析，聚类标准是基于文本词汇表达的内容相似度而非词汇相似度进行评价的。该方法认为在底层的词汇集合和上层的文档集合之间存在一个语义特征空间,定义为主题。所谓主题类似于聚类方法的类簇中心,主题的含义表示为一个句子、一个段落或一篇文档的中心思想或核心含义。在主题模型中,每个文档 D_i 可看作是若干主题内容的有限混合,定义为文档-主题分布 $D_i=\{T_1,T_2,\cdots,T_n\}$。每个主题可看作是若干词汇的有限组合,定义为主题-词汇分布 $T_i=\{W_1,W_2,\cdots,W_m\}$。文档-主题和主题-词汇都服从 Dirichlet 分布。文档中频繁出现的词汇会被聚类到同一个主题中,主题的含义取决于词汇表示的含义。对于船舶而言,一条轨迹数据可以看作是由多个活动主题组成的文档,每个活动主题都通过一组船舶移动词汇进行描述,移动词汇实际上是船舶移动过程的各种状态描述,一组状态描述的组合可以反映特定的船舶活动主题。图 4-28 类比了从船舶轨迹中发现活动主题和从文档中学习文本主题的过程,本研究将使用一种广泛使用的主题模型——潜在狄利克雷分配(Latent Dirichlet Allocation,LDA)模型分析经过语义信息增强后的船舶轨迹,并识别船舶轨迹中隐含的活动主题。

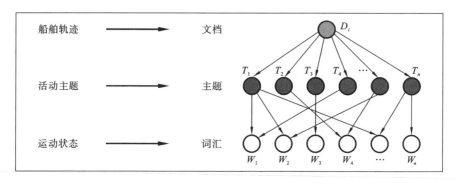

图 4-28 轨迹主题挖掘与文档主题挖掘的类比

1. 船舶轨迹文档生成

船舶轨迹经过语义信息增强后,关键点可以通过关联的地理要素语义信息进行描述,移动段的每个轨迹点可以通过位置语义、航速语义、航向语义的字符组合进行描述,这样数字化的原始轨迹可以转换为一系列文本字符描述的轨迹文档,下面给出轨迹文档的基本概念说明。

轨迹字典是描述船舶运动状态的运动词汇集合。每个运动词汇是船舶位置语义描述字符、速度语义描述字符和航向语义描述字符的综合表达,形式化表示为 mw=Row♯Col♯Type♯ConeDir♯Spd,共计有 $N_p \times N_v \times N_c$ 个运动词汇。其中 N_p 是船舶位置特征的语义描述字符数量,其大小取决于研究区域的大小和空间划分的网格粒度以及船舶类别;N_v 和 N_c 是船舶船速特征和航向特征的语义描述字符数量,其大小随着航速、航向的语义建模方法变化而变化,在本研究中分别是 4 和 8 两个常量。在实际应用中,轨迹字典包含的运动词汇数量取决于应用场景和主题模型表达能力的要求。

轨迹文档是利用运动词汇描述船舶连续运动过程的文本,可表示为一系列运动词汇的组合。船舶轨迹文档的生成可以采用两种方式:一种是以单艘船舶为目标,船舶在不同时间、不同地点产生的运动词汇组合起来描述船舶的连续运动过程,这种轨迹文档有利于发现不同船舶运动过程的相似性和共同活动模式。另一种方式是以单个小区域为目标,所有船舶在区域中的运动过程产生轨迹文档,目标区域可以是用户定义的感兴趣区域,也可以是特定空间划分模型(即网格模型)的基本空间单元,这种方式适合通过船舶活动来发现区域的功能或空间相似性。在本研究中,采用以船舶为目标的方式形成轨迹文档,每个船舶在一段时间范围内的移动过程产生一个轨迹文档。

2. 船舶轨迹主题建模

LDA 主题模型是挖掘文本语义信息的有效手段,能够捕获文档中的多个主题并推断出显著的主题特征。在 LDA 模型中,假设文档满足这样的产生过程:每个文档有若干个主题 z,文档中任意一个主题由文档-主题多项分布 θ 产生,主题中的词汇由主题-词汇分布 ψ 产生,图 4-29 展示了整个产生过程的图模型[43]。图中灰色圆

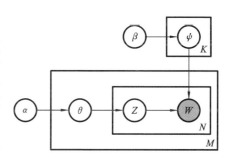

图 4-29 LDA 概率图模型

圈代表可观察变量,白色圆圈是变量,方框代表变量的集合,K 是主题数,N 是文档中的词汇数,M 是待分析的文档集合。α 是每个文档-主题先验分布的超参数,β 是每个主题-词汇分布的超参数,两个参数在生成文档的过程中只采样一次;$\psi(k)$ 是主题 k 的词汇分布,$\theta(i)$ 是文档 i 的主题分布,$w(i,j)$ 表示第 i 个文档中的第 j 个词汇,$z(i,j)$ 表示词汇 $w(i,j)$ 的主题分配。

根据这一假设,在船舶轨迹主题建模过程中,一个船舶轨迹数据集可看作是多种船舶活动产生的轨迹文档集合 M,表示为 $D=\{td_1,td_2,\cdots,td_M\}$。每个轨迹文档 td 表示为一组运动词汇的集合,即 $td=\{mw_1,mw_2,\cdots,mw_N\}$,$mw_k$ 是文档中出现的第 k 个运动词汇。在轨迹文档中,相似的船舶移动过程会产生同一类型的运动词汇,而这类运动词汇在语义层面上反映了某种特定的船舶活动模式,即活动主题。因此,轨迹数据集中任意船舶对象生成轨迹文档的步骤如下:

(1)基于狄利克雷分布计算活动主题的多项式分布 $\theta\sim\text{Dir}(\alpha)$,其中 α 为狄利

克雷先验分布的超参数，θ 为生成活动主题的多项式分布参数。

（2）根据多项式分布参数 θ 生成一个活动主题，即 $z_n \sim \text{Multinomial}(\theta)$。

（3）根据生成的活动主题 z_n，从多项式分布 $p(\text{mw}_n|z_n,\beta)$ 中选择一个运动词汇 mw_n，即满足 $\text{mw}_n \sim p(\text{mw}_n|z_n,\beta)$。

（4）不断重复步骤（2）和步骤（3）生成一个轨迹文档 td。

在上述过程中，每个船舶轨迹文档 td 建模为 k 个活动主题的组合，每个活动主题 z_k 建模为 V 个运动词汇的多项式分布，即 $\beta_k = [\beta_{k1}, \beta_{k2}, \cdots, \beta_{kV}]$，其中 $\beta_{ki} = p(\text{mw}_i|z_k)$ 代表运动词汇 mw_i 在给定活动主题 z_k 中出现的条件概率。船舶轨迹文档的狄利克雷分布的先验参数 β 可以表示成一个 $k \times V$ 的矩阵，参数 α 可以表示为 $\alpha = [\alpha_1, \alpha_2, \cdots, \alpha_k]$，其中 α_k 代表特定活动主题 z_k 的出现概率。对于上述模型的求解及参数估计，本研究采用主题模型中常用的吉布斯采样近似推断方法来解决这个问题，从而可以获取两个概率分布，即轨迹文档-活动主题概率分布和活动主题-运动词汇概率分布。

轨迹文档-活动主题概率分布：一个船舶轨迹文档中可能含有一个或者多个活动主题，每个活动主题在不同程度上对轨迹文档的产生做出贡献，主题对文档的贡献度采用概率 $p(z_k|d_j)$ 表示，一个轨迹文档中所有活动主题的概率总和为 1，即 $(\sum z_k | d_j) = 1$。

活动主题-运动词汇概率分布：每个活动主题实际上是轨迹字典中运动词汇的一个概率分布，记作 $z_k \langle p_{\text{mw}_1}^{z_k}, \cdots, p_{\text{mw}_i}^{z_k}, \cdots, p_{\text{mw}_n}^{z_k} \rangle$，其中 $p_{\text{mw}_i}^{z_k}$ 表示一个运动词汇 mw_i 产生特定活动主题 z_k 的概率。对于特定的活动主题 z_k，设置一个概率阈值 δ，所有概率大于阈值的运动词汇可以作为该主题的代表词汇，用于表达活动主题的中心含义。

4.3.3 船舶轨迹的主题模式分析

为了验证船舶轨迹主题建模方法的可行性，选取了长江武汉段和汉江的交汇水域进行试验验证，试验水域地理范围为 114°15′36″E～114°19′48″E，30°32′49″N～30°36′36″N，如图 4-30 所示，收集了 9422 艘船舶在 2014 年 1 月的轨迹数据和属性数据。

基于 4.3.2 节提出的方法，将整个区域划分为相同大小的网格单元，共计 46×51 个网格，每个网格尺寸为 152.8 m。综合船舶位置、航速和航向的语义信息，该区域共生成 300288 个运动词汇，作为船舶轨迹主题建模的轨迹词典。对每艘船舶，将轨迹点按采样时间排序，经过语义增强处理后转换为轨迹文档，表 4-1 展示了船舶轨迹语义增强后的运动词汇样例。

第4章 水上交通活动模式挖掘方法

图 4-30 船舶轨迹主题建模试验区域

表 4-1 船舶轨迹语义增强后的运动词汇样例

序号	船舶 MMSI 标识码	船舶名称	船舶运动词汇
1	400816773	YANGZIJIANGW LIU686	107682♯214293♯cargo♯northeast♯cruise
2	400816773	YANGZIJIANGW LIU686	107682♯214293♯cargo♯northeast♯cruise
3	400816773	YANGZIJIANGW LIU686	107682♯214294♯cargo♯northeast♯cruise
4	400816773	YANGZIJIANGW LIU686	107682♯214294♯cargo♯northeast♯cruise
5	400816773	YANGZIJIANGW LIU686	107681♯214294♯cargo♯northeast♯cruise
6	413777357	CHONGLUNHUA2005	107684♯214290♯tanker♯south♯cruise
7	413777357	CHONGLUNHUA2005	107685♯214290♯tanker♯south♯cruise
8	413777357	CHONGLUNHUA2005	107686♯214290♯tanker♯southwest♯cruise
9	413777357	CHONGLUNHUA2005	107686♯214289♯tanker♯southwest♯cruise
10	413777357	CHONGLUNHUA2005	107687♯214289♯tanker♯southwest♯cruise
11	413771827	HONGFA1008	107676♯214298♯other♯northeast♯cruise
12	413771827	HONGFA1008	107675♯214298♯other♯northeast♯cruise
13	413771827	HONGFA1008	107674♯214300♯other♯northeast♯cruise
14	413771827	HONGFA1008	107673♯214300♯other♯northeast♯cruise
15	413771827	HONGFA1008	107672♯214300♯other♯northeast♯cruise

完成轨迹文档生成后,采用斯坦福主题建模工具箱构建和训练 LDA 模型,活动主题的数量设置为 10。LDA 训练过程中,采用 CVB0 算法轨迹狄利克雷先验分

91

布的超参数 α 和 β，两个参数经过 100 次迭代后得到优化值。将训练好的 LDA 模型应用于轨迹文档集合，最终输出两个概率分布。

在活动主题-运动词汇概率分布中，每个活动主题均包含一组具有不同出现频率的运动词汇，一个运动词汇在一个主题中出现的次数越多，表示它参与生成该活动主题的贡献度比参与其他主题的贡献度更大。将活动主题平滑阈值设为 0.01，活动主题的含义可以利用超过阈值的代表性运动词汇进行描述，表 4-2 展示了部分活动主题的代表性运动词汇，每个主题的所有代表词都按出现频率排序。

表 4-2 活动主题的代表性运动词汇样例

主题 1（总频数：2383）		主题 6（总频数：2249）	
代表性运动词汇	频数	代表性运动词汇	频数
#107673#214296#cargo#southwest#cruise	59	#107672#214299#cargo#northeast#cruise	82
#107675#214295#cargo#southwest#cruise	54	#107667#214302#cargo#northeast#cruise	76
#107669#214298#cargo#southwest#cruise	50	#107665#214303#cargo#northeast#cruise	67
#107671#214297#cargo#southwest#cruise	49	#107674#214298#cargo#northeast#cruise	59
#107677#214294#cargo#southwest#cruise	45	#107677#214296#cargo#northeast#cruise	58
#107687#214289#cargo#southwest#cruise	43	#107669#214301#cargo#northeast#cruise	56
#107681#214292#cargo#southwest#cruise	42	#107662#214305#cargo#northeast#cruise	56
#107678#214293#cargo#southwest#cruise	42	#107673#214299#tanker#northeast#cruise	50
#107683#214291#cargo#southwest#cruise	41	#107668#214302#cargo#northeast#cruise	49
#107686#214289#cargo#southwest#cruise	41	#107664#214304#tanker#northeast#cruise	49
主题 7（总频数：2433）		主题 9（总频数：315）	
代表性运动词汇	频数	代表性运动词汇	频数
#107671#214297#container#southwest#cruise	71	#107671#214299#other#northeast#cruise	11
#107673#214296#container#southwest#cruise	70	#107676#214288#other#northeast#acceleration	10
#107669#214298#container#southwest#cruise	62	#107669#214300#other#northeast#cruise	10
#107675#214295#container#southwest#cruise	58	#107667#214302#other#northeast#cruise	9
#107666#214300#container#southwest#cruise	49	#107672#214298#other#northeast#cruise	9
#107667#214299#container#southwest#cruise	47	#107676#214289#other#east#cruise	9
#107662#214302#container#southwest#cruise	46	#107676#214291#other#east#cruise	9
#107676#214294#container#southwest#cruise	44	#107670#214300#other#northeast#cruise	8
#107664#214301#container#southwest#cruise	43	#107664#214304#other#northeast#cruise	8
#107663#214301#container#southwest#cruise	42	#107675#214295#other#northeast#cruise	8

在轨迹文档-活动主题概率分布中，每条船舶至少有一种以上的活动主题，每个活动主题对产生船舶轨迹文档的贡献程度各不相同，所有活动主题的概率总和

为 1。表 4-3 展示了几种轨迹文档的主题概率分布,船舶(编号:413777357)的主要活动类型是主题 5,占比达 56.4%,其余活动主要由主题 3 产生。船舶(编号:400816773)的活动共涉及 5 种不同主题,表明其活动类型较为丰富。船舶(编号:413771827)的主要活动类型是主题 3,包含少量的主题 1 和主题 5。

表 4-3 轨迹文档的主题概率分布样例

船舶MMSI标识码	船舶类型	主题 1	主题 2	主题 3	主题 4	主题 5	主题 6	主题 7	主题 8	主题 9	主题 10
413777357	油船	0.001	0.000	0.434	0.000	0.564	0.000	0.000	0.001	0.000	0.000
400816773	货船	0.000	0.065	0.000	0.368	0.000	0.001	0.194	0.000	0.000	0.372
413771827	其他	0.094	0.000	0.835	0.000	0.070	0.000	0.000	0.001	0.000	0.000

为了更好地理解船舶轨迹的主题建模结果,本研究对活动主题进行了空间可视化表达,每个活动主题通过一组代表性运动词汇的符号进行集成展示。图 4-31 展示了 10 个活动主题的空间可视化效果,每个活动主题及其运动词汇通过形状、大小、颜色等视觉元素进行区分。在图 4-31 中,每个主题都分配了特定的颜色,主题中的运动词汇由一个带方向的三角船舶符号表示,符号的尺寸代表船

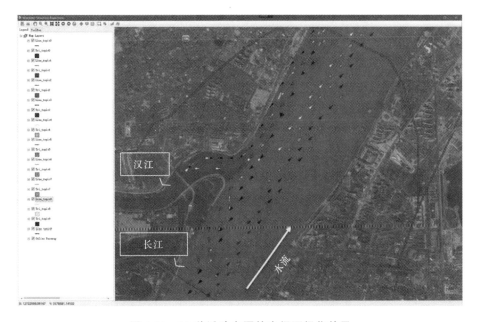

图 4-31 10 种活动主题的空间可视化效果

舶的类型,符号的尾长代表船舶的航速,包括长(加速)、中(巡航)、短(减速)。所有活动主题中的运动词汇分布可以清楚地显示该水域的船舶移动模式和船舶交通动态。

通过活动主题的可视化分析,可以发现长江和汉江交汇水域的四种典型船舶活动模式,如图4-32所示。前两种船舶活动模式是长江干线航道中的完全相反的船舶上行、下行活动。活动主题0表示了沿长江航道上行的活动模式,这类船舶保持航速和航向稳定,大多数船舶沿岸航行。活动主题1和活动主题3揭示了下行船舶更倾向于沿航道中心线航行,这种船舶活动模式的方向与长江水流的方向相似,表明船舶多借助流水的力量航行。另两种船舶活动模式是长江干线和汉江之间的进出活动。活动主题9展示了从长江逆流而上进入汉江的运动过程,可以发现这类主题的运动词汇数量在汉江中较少,这是由于汉江航道边界较窄和水位较低,船舶经常会保持相同的运动状态。活动主题8表示了从汉江下行进入长江的运动过程,当船舶进入长江后会选择沿着航道中心航行以节省能源。

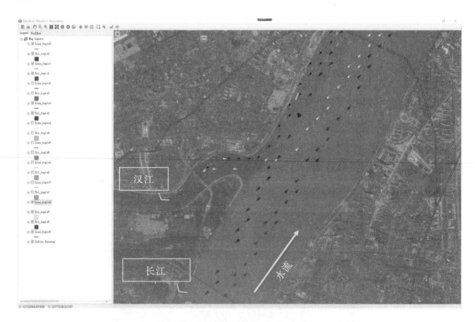

图4-32　长江与汉江交汇水域的四种典型活动模式

针对特定的船舶活动模式,对多个活动主题进行对比分析,可以发现有价值的主题知识。如图4-33所示,活动主题0、活动主题2和活动主题4展示了长江干线上行货船的三种运动过程。活动主题7显示了长江干线上行集装箱船的常见运动。对比两类船舶的活动主题,发现上行集装箱船受航道水深限制,大多靠近航道中心航行,上行货船会选择沿岸航行以减少水流阻力,在沿岸有河段或码头的水域,货船会短暂转向驶入航道中间水域。例如在渡轮码头附近水域,活动主题2和活动主题4的运动词汇出现了明显的航向特征变化。

一个有趣的发现是同一活动模式往往被多个活动主题共享,即活动主题之间具有大量相似的运动词汇。如图4-33所示,活动主题0和活动主题7之间有很多类似于mw_1的运动词汇,这些运动词汇拥有近似一致的位置语义、航速语义和航向语义,仅船舶类型不同,因此可以推理该区域内集装箱船和货船的上行活动过程可能相同。这种现象并不是个例,活动主题2和活动主题4存在较多的共现运动词汇,即同一运动词汇(如mw_2)出现在不同的主题中,当隐藏活动主题2的尾部符号时,可以看见具有粉色尾部的蓝色船舶符号;此外,运动词汇mw_3同时存在于三种活动主题中,分别是主题2、主题4和主题7。

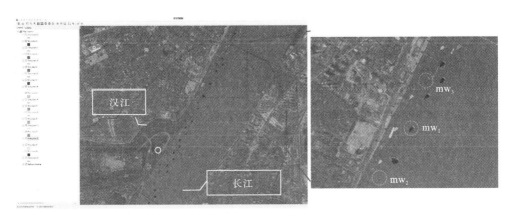

图4-33 上行船舶活动主题的集成可视化

长江干线下行船舶的所有活动主题,包括活动主题1、活动主题3、活动主题5和活动主题6(见图4-34)。四种活动主题的船舶移动过程均表现出借航道中心最大流速航行的特点,因此存在较多运动词汇被多个活动主题共享。例如,主题1、主题3与主题5在多个区域共享相同的运动词汇,为了便于可视化分析,将主题1和主题3的尾部符号进行隐藏,可以发现共享的动作词汇几乎位于航道中心区域。由于主题1和主题3船舶类型相同,推测它们共同代表某种货物运输船舶的航行特征,而主题5表示另一种货物运输船舶的航行特征。

综上所述,相较于基于轨迹几何特征的活动模式分析方法,将主题建模技术应用于船舶轨迹有助于发现不同船舶活动之间的语义相似性,挖掘隐含的船舶活动主题,主题挖掘结果具有更多的语义信息描述,便于人类认知和理解。

图 4-34　下行船舶活动主题的集成可视化

4.4　基于伴随模式挖掘的船舶活动模式分析

时空轨迹的伴随模式是时空轨迹模式的重要组成,表示一组移动对象在给定时间段内经常出现在同一地点或者在多个时间段具有相似的移动过程。时空轨迹的伴随模式在挖掘具有相同或相似运动模式的移动对象群体以及研究该移动对象群体中各移动对象之间的亲近度等方面有着广泛的应用。随着海上运输及作业需求的快速发展,船舶群体协同完成各种海上任务已经成为一种重要的发展趋势,对船舶轨迹数据开展伴随模式挖掘研究,有助于发现具有相同或相似运动规律的船舶群体,例如海上作业的工程船队、捕捞作业的渔船群体、舰船编队等。因此,本研究将基于轨迹时空相似性实现船舶轨迹的伴随模式挖掘,并应用于关联船舶群体的发现。

4.4.1　船舶轨迹多级分段处理

在进行船舶轨迹伴随模式挖掘之前,需要对原始轨迹数据进分段处理,以减少伴随模式挖掘算法的数据量,提高伴随关系识别的精度。轨迹分段是将原始轨迹划分为尽可能简单的轨迹段,同时保证不同轨迹的内部运动特征尽量不相同,高效、准确的轨迹分段是保障轨迹数据挖掘工作质量的基础,对后续的轨迹时空相似性分析具有重要意义。

常用轨迹分段方法主要包括基于时间特征的轨迹分割、基于几何拓扑特征的轨迹分割以及基于语义信息的轨迹分割。基于时间特征的轨迹分段有两种实现方式:一种是计算相邻轨迹点的时间间隔,若时间间隔超过设定阈值则进行分段;另一种是以固定时间区间为分割阈值,对原始轨迹进行等时长轨迹分割,时长阈值的选择直接影响轨迹分段的效果。基于几何拓扑特征的轨迹分段也有两种实现方式:一种是根据轨迹点航向变化值进行轨迹分段,依次遍历轨迹点计算船舶航向累计变化值,当累计航向变化大于设定的角度阈值时进行轨迹分段;另一种是"线简化"方式,利用轨迹压缩算法检测的特征点直接对轨迹进行分段。基于语义信息的轨迹分割方法主要根据移动对象的运动状态识别具有语义信息的关键点(如停留点),然后以关键点对轨迹进行分割。

轨迹分段的目的是尽可能地提高伴随模式挖掘算法的运行效率和准确度,基于时间特征的轨迹分段方法操作简单、易于实现,但容易忽略轨迹点移动的差异性。因此,本研究在轨迹时间特征分段的基础上进一步考虑速度特征影响,设置速度阈值对轨迹进行二级分割,得到多级分割轨迹段,如表 4-4 所示,具体步骤如下。

(1) 设置轨迹分段相关参数,包括船舶 MMSI 编号、轨迹起始时间 T_S 和结束时间 T_e、轨迹简化后的最大点数量 N_{max}。

(2) 获取目标船舶在指定时间范围的轨迹数据,统计轨迹的总点数 N_S,并按采样时间进行序列化处理。

(3) 过滤船舶轨迹中的停留点。处于停留状态的船舶轨迹特征较为一致,很容易被误认为是伴随活动,因此需要从轨迹数据中剔除速度为零且相距较近的轨迹点。

(4) 采用设定时间间隔阈值对原始轨迹进行分割。依次计算相邻轨迹点间的采样时间差,若大于阈值则作为分割点进行轨迹分段。

(5) 若原始轨迹总点数 N_S 大于阈值 N_{max},则对分段轨迹进行等间距抽样简化。具体方法是依次计算分段后的每个子轨迹段 S_k 的轨迹时长 T_k 及其与轨迹总时长的比值,利用式(4-9)计算每个子轨迹段简化后的轨迹点数量 N'_k,然后根据式(4-10)计算等间距抽样间隔 L_k,其中 N_k 为子轨迹段的原轨迹点数量。

$$N_k = N_{max} \times \frac{T_k}{T_e - T_S} \tag{4-9}$$

$$L_k = \left[\frac{n}{N_k}\right] \tag{4-10}$$

(6) 基于速度特征对子轨迹进行二级分割。以子轨迹的第一个点为起始点,依次计算后续轨迹点与起始点之间的距离和时间差,利用位移速度公式计算其理论速度,将理论速度与预设速度阈值进行比较,若理论速度大于预设速度阈值,从该轨迹点的前一点处进行二级轨迹分割。该轨迹点将作为新的起始点,继续重复步骤(5),直到所有子轨迹段起点到其他各点的理论速度均不大于预设速度阈值。

表 4-4 轨迹分段算法实现

算法:轨迹分段
输入:船舶 MMSI 标识码;
startTime 起始时间;
endTime 终止时间;
maxPonitN 分段后的最大轨迹点数
输出:trails 分段轨迹集合
1: **function splitTrails**(mmsi, startTime, endTime, maxPonitN)
2: points ← **SELECT** receive_time, gridid, latitude, longitude, sog **FROM** ais_trails
3: **WHERE** mmsi=mmsi **AND** receive_time > startTime **AND** receive_time < endTime
4: points.**sortByTime**()
5: points ← **removeNeighborSameGridIdPointsBySpeed**(points)
6: trailsByTime ← **splitTrailsByTime**(points)
7: **if** points.length > maxPointN **then**
8: trailsByTime ← **trailsBySample**(trailsByTime, maxPointN)
9: **end if**
10: splitTrails ← [ ]
11: **for each** trail ∈ trailsByTime **do**
12: splitTrails_Speed ← **splitTrailsBySpeed**(trail)
13: splitTrails.push(...splitTrails_Speed)
14: **end for**
15: **return** splitTrails
16: **end function**

综合时间和速度特征进行船舶轨迹多级分段,避免将移动特征差异大的轨迹点划分为同一轨迹段的问题,每个子轨迹段的轨迹点具有相似的运动属性,并减少了船舶长时间处于停留状态被误识别为伴随模式的风险,有助于后续船舶轨迹伴随模式挖掘的效率提升和准确度提高。图 4-35 和图 4-36 展示了船舶轨迹多级分段前后的表达效果对比,原始轨迹记录了船舶(编号 219000125)在 2020 年 8 月 7 日 14 点至 8 月 10 日 14 点的活动过程。对比两图可以发现,分段后的轨迹数据能显著区分不同时期的船舶活动路线和状态,减少了由于船舶长时间停留形成的轨迹团簇(图中长方形框显示的放大区域)对伴随模式挖掘的干扰。

第 4 章 水上交通活动模式挖掘方法

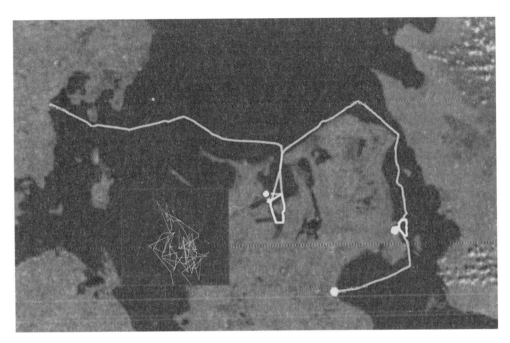

图 4-35 分段前的轨迹表达

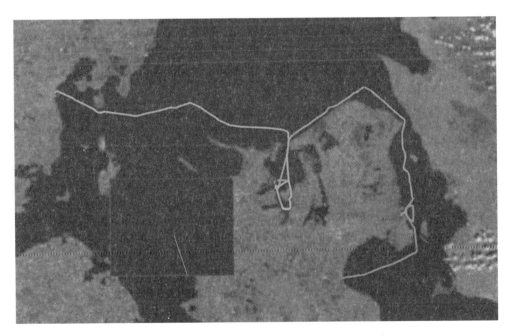

图 4-36 分段后的轨迹表达

4.4.2 轨迹时空相似性度量

伴随模式是指一群移动对象在一起运动并且持续一定时长的现象,反映到轨迹数据就是不同移动对象间具有相同或者相似的移动路线,因而轨迹伴随模式的挖掘可以通过计算不同移动对象轨迹间的相似性进行实现。根据轨迹数据的多维特征,常用的轨迹相似性评价手段包括空间相似性、时间相似性以及文本相似性等[44],本研究重点考虑从空间和时间两个方面度量船舶轨迹的相似性。

1. 空间相似性度量

空间相似性是指轨迹空间形状的相似程度,轨迹空间相似性度量的基础是轨迹表达的基本单元,分为轨迹点和轨迹段两种。基于轨迹点的相似性度量方法主要采用欧氏距离、编辑距离、Fréchet 距离等方法计算轨迹点间的相似性,这类方法会对每个轨迹点进行空间匹配计算,时间复杂度较高,假如两条轨迹的采样点数量分别为 m、n,其算法时间复杂度为 $O(m \times n)$。基于轨迹段的相似性度量方法是以轨迹段为基本单元,相比轨迹点逐一处理的过程降低了数据规模和处理次数,但准确度有所降低。为保证船舶轨迹伴随模式挖掘的准确度,本研究在轨迹点空间相似性度量方法的基础上,利用轨迹四叉树空间索引提高轨迹点空间相似性的计算效率,即同一个格网区域内的轨迹点被认为在空间特征上相似。

2. 时间相似性度量

在轨迹时间相似性度量方面,时间粒度可以用时刻或时间段进行表示。在以时刻表示时间时,计算两个轨迹的采样时刻差值,若时间差值不超过预先设定的时间差阈值,则认为两个轨迹具有时间相似性,反之则不相似。在以时间段表示时间时,计算两个轨迹时间段的重叠时长和合并总时长以及两者的比值,比值越小说明时间相似程度越低,反之则越高。由于伴随模式挖掘需要连续判断一定数量轨迹点之间的时空相似性,因此将基于轨迹点采样时刻作为时间相似性的基准。本研究采用线性索引的思想,为船舶轨迹点增加时间索引以提高计算效率,即利用式(4-11)将轨迹点采样时间除以时间差阈值并向上取整,将某一时刻前后时间范围均映射为同一时间索引编号,进而通过时间索引编号计算两个轨迹点之间的时间相似性。

$$T = \text{Ceil}\left(\frac{t}{m}\right) \tag{4-11}$$

式中:T 为时间索引;t 为轨迹点采集时间戳;m 为时间差阈值。

构建轨迹的时空索引后,原始轨迹点的时空属性可以通过格网索引编号和时间索引编号表示,即 $sp = (G, T)$,其中 G 为空间格网索引编号,T 为时间索引编号。时空索引一方面在保证轨迹点原始特征的基础上减少了数据量,另一方面使得轨迹点间的时空相似性计算变得简单、高效,有助于提高算法效率。

4.4.3 船舶时空伴随模式挖掘

从数学描述的角度,如果船舶时空伴随模式是 m 个移动对象连续伴随运动,并且连续伴随运动超过 k 个连续采样时刻,则称这 m 个对象的轨迹模式为伴随模式。图 4-37 展示了船舶轨迹伴随模式分析流程,主要包括轨迹分段、轨迹时空相似度计算、伴随时长计算等关键环节,主要步骤如下。

(1) 输入目标船舶轨迹参数,对目标船舶轨迹进行分段,并对分段后的子轨迹计算空间索引和时间索引,将原始轨迹转换为带时间索引的网格序列。

(2) 遍历目标子轨迹,根据时空索引范围查询其他船舶轨迹点,并计算轨迹点之间的时空相似性,若其他船舶轨迹点与目标子轨迹点存在相同的空间索引和时间索引,该船舶轨迹点将作为候选伴随轨迹的组成点,并以船舶水上移动通信业务标识码(MMSI)进行标记。

(3) 依次遍历被标记的候选伴随船舶轨迹,将其轨迹点按采样时间顺序排列,并按分段时间间隔分割船舶轨迹,计算分割后的子轨迹航行时长,若大于预先设定的最小伴随持续时长阈值 dur,则将该段子轨迹作为候选伴随子轨迹。

(4) 计算候选伴随子轨迹跨越的网格区间长度,若实际跨越网格数量大于预先设定的最小网格数量阈值 len,说明该时段范围内候选伴随船舶轨迹和目标船舶轨迹存在伴随关系,否则不存在伴随关系。

(5) 将具有伴随关系的船舶轨迹存入伴随对象集合,不断重复步骤(3)~(4),至所有被标记的候选伴随船舶轨迹处理完,将所有伴随关系信息进行输出,包括伴随对象编号、伴随关系起始时间和结束时间等。

船舶轨迹的伴随模式挖掘可以发现共同移动的群体对象,本研究以伴随关系的持续相对时长为度量标准进行关联船舶群体的识别,基本思想是在伴随模式挖掘结果的基础上,计算伴随船舶航行时长占目标船舶航行总时长的百分比,若该百分比超过指定阈值,则认为该船舶为目标船舶的关联群体之一。以丹麦船舶(编号 219000125)在 2020 年 8 月 7 日至 2020 年 8 月 10 日的轨迹为试验数据,轨迹伴随模式挖掘结果如图 4-38 所示,图中白色线段为目标船舶的航行轨迹,黑色线段为伴随船舶的航行轨迹,伴随船舶的伴随时长如图 4-39 所示。

将关联船舶伴随时长阈值设置为 75%,满足阈值要求的伴随对象为船舶 219000126 和船舶 219000092,即船舶 219000092、船舶 219000126 和目标船舶 219000125 可能为关联船舶群体。将三艘船舶轨迹在地图上进行叠加显示,如图 4-40 所示,可以观察到三艘船舶的航行过程基本一致。

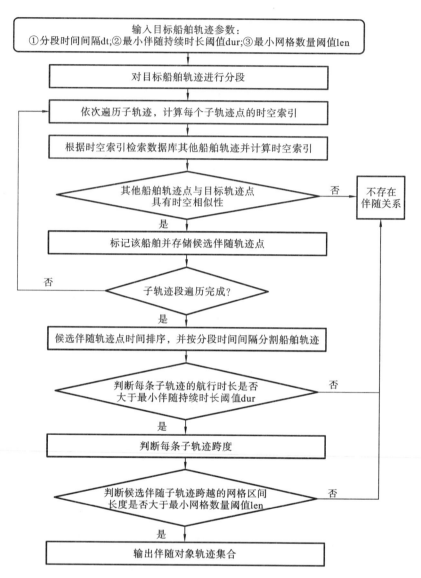

图 4-37 船舶轨迹伴随模式分析流程

由实例可知,本研究提出的伴随模式挖掘方法具有一定的准确性和可行性,能够较为准确地提取具有伴随活动关系的船舶轨迹集合,通过测度伴随时长占船舶活动总时长的比例,进一步分析了具有伴随运动关系的船舶群体之间的亲近程度,从而识别可能存在某种关系的关联船舶群体。

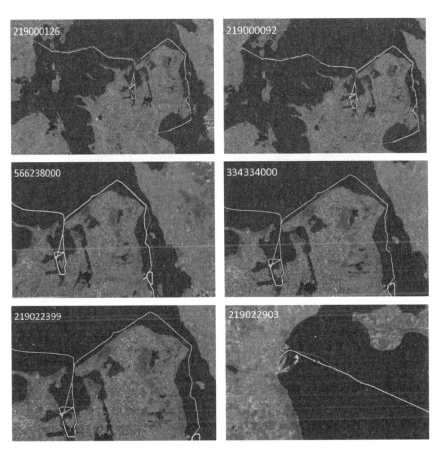

图 4-38 目标船舶(编号 219000125)轨迹及其伴随船舶轨迹

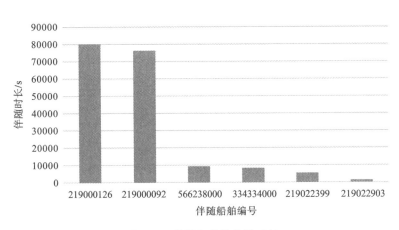

图 4-39 伴随船舶的伴随时长

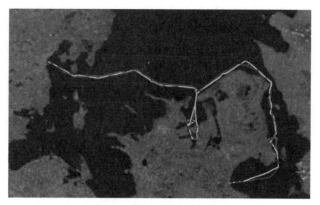

图 4-40　关联船舶群体轨迹

4.5　本章小结

以机器学习、统计建模为代表的船舶轨迹模式分析理论强调基于轨迹结构相似性区分不同类型船舶的活动特征。缺少轨迹隐含船舶移动语义的深度挖掘忽略船舶之间的移动语义相关性,所发现的船舶移动模式可理解性差,不便于管理人员认知理解和直接应用。

从轨迹数据中识别和分析船舶活动模式是船舶轨迹数据挖掘的重要内容,本章介绍了三种不同的实现思路对船舶轨迹进行活动模式分析,包括时空聚类方法、主题建模方法和伴随模式挖掘方法。基于轨迹时空聚类的船舶活动模式分析方法主要从轨迹数据的几何特征层面分析不同船舶活动的相似性,也是最常见的分析方式,能够根据不同船舶轨迹的运动特征数值进行相似性度量,获取不同类别的船舶活动模式,算法实现简单,聚类结果较为准确,但缺少直观的解释,不易于人类理解。基于主题建模的船舶活动模式分析方法主要关注轨迹表征的船舶移动语义相似性,而非轨迹运动特征数值之间的相似性。主题建模方法通过引入通航环境地理要素和空间建模理论来增强船舶轨迹的描述信息,进而利用文本语义分析模型挖掘船舶轨迹隐含的活动主题语义信息,这类方法建模较为复杂,实现难度大,但能够提供可解释的轨迹主题挖掘结果,有助于人类理解。基于伴随时空模式挖掘的船舶活动模式分析方法侧重对连续轨迹数据的结构特征进行相似性度量,从而发现多个移动对象的活动规律以及共同频繁活动的群体对象,这类方法需要的处理对象数量、时间跨度和数据量往往较大,计算复杂度较大,但能够发现其他分析方法难以挖掘的周期性船舶活动规律。

第5章

船舶时空行为知识发现方法

5.1 概 述

　　船舶轨迹是船舶从事各种海上活动并与各种通航要素及其他船舶对象交互作用的综合结果,蕴含着船舶活动过程中的移动参数、运动状态和活动目的。不同意图的船舶活动产生不同时空移动特征的轨迹数据,再加上船舶活动发生时间、航行环境条件、船舶活动机能的差异性,相同意图的船舶活动产生的轨迹特征也可能存在较大差异。寻找船舶特定活动的共性行为特征、规避外在因素的影响是从轨迹数据中识别船舶行为的关键难点。此外,船舶AIS轨迹数据不能直接提供任何具体的行为特征或活动规律,仅能够反映离散化、片段化的运动状态,且存在噪声点多、易缺失、异频采样、密度分布差异性等问题,进一步加大了从轨迹数据中识别和发现船舶行为知识的难度。

　　本研究总结了船舶行为识别领域相关研究成果,在文献[45]的基础上根据船舶活动目的、运行状态等因素对船舶基本行为模式进行了细分。根据船舶主机运转状态和方向改变状态,船舶包含停留模式、直航模式、转弯模式三种基本的行为模式。根据停留方式和位置的不同,停留模式下可以识别船舶的系泊行为和锚泊行为;根据船舶转向次数、频度和范围的不同,直航模式下可以识别船舶的巡航行为,转弯模式下可以识别船舶的转向行为和徘徊行为。船舶基本行为模式框架如图 5-1 所示。

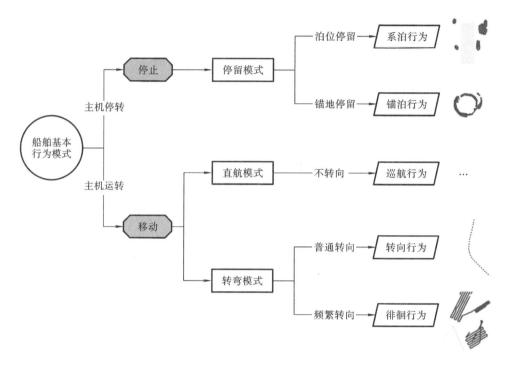

图 5-1 船舶基本行为模式框架

在船舶基本行为模式框架下,本研究从时空建模角度对不同船舶行为的时空特征进行分析,提取了不同船舶行为的显著性时空特征,针对船舶系泊、锚泊、徘徊等典型行为,设计了时空特征驱动的船舶行为智能识别与分类模型,并结合地理空间分析理论对船舶时空行为规律进行挖掘,发现了大量高价值的船舶行为知识。

5.2 船舶停留行为识别与分类方法

下面将详细介绍几种典型船舶行为知识的发现过程,主体内容如图 5-2 所示。

停留点是轨迹中体现船舶活动意图最突出的部分,轨迹停留点反映了船舶活动的目的和兴趣,停留位置分布和时间长短均能表达船舶对停留点的兴趣大小。在海上交通活动中,船舶发生停留行为的原因可能是码头靠泊、锚区或临时停留区锚泊,以及海上作业、碰撞搁浅、机械故障等。基于船舶停留的活动认知,部分学者开始挖掘船舶轨迹的停留行为,并应用于智慧海事建设和海上安全监管。已有研

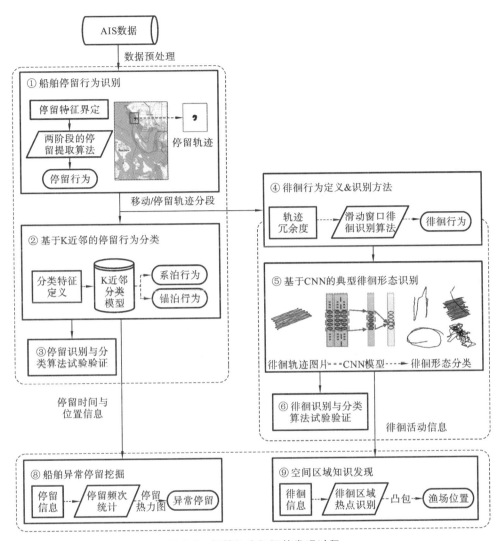

图 5-2 船舶行为知识的发现过程

究提出了多种基于轨迹数据的停留行为识别方法,大致可以分为集成地理背景信息的方法、基于密度聚类的方法和基于轨迹特征的方法。为了解决电子海图中码头空间数据自动更新问题,丁兆颖等[46]采用自优化参数的 DBSCAN 密度聚类方法识别船舶停泊区域,并结合岸基结构物等地理背景空间数据识别码头位置。叶仁道等[47]引入了 Spark 分布式计算框架提高 DBSCAN 算法性能,实现了大数据量下的全球船舶停泊点挖掘。郑海林等[48]以上海外高桥为试验区域,进一步结合船舶历史轨迹特征对船舶异常停留行为进行判定。上述研究采用 DBSCAN 密度聚类算法,依赖大量高精度位置数据,聚类效率和结果受数据规模影响较大,难以将同一空间位置的多次船舶停留进行区分。针对 AIS 数据具有精度低、漂移性、稀疏性的特点,郑振涛等[49]提出了一种基于多约束条件的船舶停留轨迹提取方法,通过设立多个阈值挖掘港口停留区域,算法结果受阈值设置影响,且容易混淆船舶停留前的减速阶段和停留后的初始加速阶段。

综上所述,已有研究能够从轨迹数据中挖掘船舶的停留行为,但分析结果依赖于算法阈值的设置。更重要的是,缺少船舶轨迹停留行为的自动分类方法,难以直接判定船舶的码头靠泊和锚地锚泊。针对这一问题,本研究提出了一种特征驱动的船舶轨迹停留行为识别与分类方法[50],综合利用轨迹特征条件过滤算法和离群点检测算法从原始轨迹中提取高质量的船舶停留点集合,实现了基于停留时空特征的船舶停留分类方法。

5.2.1 多特征约束的船舶停留行为识别

根据轨迹"停留-移动"概念模型,船舶轨迹数据可以分为船舶停留点集合以及船舶在不同停留位置之间的移动点集合。从地理空间视角来看,船舶停留点集合实际上是船舶在无动力状态下长时间滞留于一个相对狭小水域范围的轨迹。根据这一特性,本研究首先利用时间和距离条件对船舶轨迹点的"停留"特征进行判定,提取满足条件的候选停留轨迹段;接着,考虑船舶停留前后的低速运动干扰,应用孤立森林算法过滤候选停留轨迹段中的离群点,得到高聚集性的船舶停留轨迹点集合,流程如图 5-3 所示。

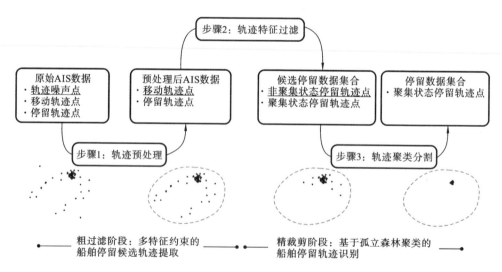

图 5-3　船舶停留行为识别流程

船舶轨迹可表示为一组按时间排序的离散轨迹点,即 $S=\{p_0,p_1,\cdots,p_n\}$,每个轨迹采样点 p_i 表示船舶在某一时刻的运动状态,记为 $p_i=(x_i,y_i,v_i,c_i,t_i),0\leqslant i\leqslant n$,其中 t 表示轨迹点的采样时刻;x 和 y 表示采样时刻的船舶瞬时位置,一般为经纬度坐标;v 表示采样时刻的船舶对地航速,c 表示采样时刻的船舶对地航向。原始船舶 AIS 轨迹存在大量噪声点、漂移点等异常数据,采用 1.1 节提出的规则检测方法对异常数据进行过滤,去除经纬度超出正常范围、船舶 MMSI 标识码为 0 的异常点。完成异常点过滤后,设置连续轨迹点停留判定的最短时间条件 T_{eps}、最小距离条件 D_{eps}、最少点数量条件 N_{eps},从原始轨迹中提取船舶停留候选轨迹段,具体步骤如下。

(1) 依据采样时间对原始船舶轨迹 S 排序,将第一个轨迹点 p_0 加入候选停留点集合 C,作为停留起始点 p_{start}。

(2) 依次遍历后续点 $p_k(k>0)$,计算后续点 p_k 与起始点 p_{start} 之间的距离 d_k。

(3) 若两点距离 d_k 小于最小距离条件 D_{eps},则将点 p_k 加入候选停留点集合 C,继续遍历下一点 p_{k+1};否则结束遍历,标记当前点为 p_{ex},将 p_{ex} 的前一点 p_{ex-1} 作为最后一个加入候选停留点集合 S 的点,并记为结束点 p_{end}。

(4) 对候选停留点集合 C 进行时间条件和点数量条件判断,若集合 C 中的轨迹点个数 N_c 超过点数量条件 N_{eps},且其起始点与结束点的时间差 T_c 大于最短时间条件 T_{eps},则保留此段候选停留点集合作为船舶的一次独立停留。

(5) 清空候选停留点集合 C,以 p_{ex} 作为新的停留起始点,回到步骤(1)开始新一轮遍历。

(6) 直到遍历完所有输入的船舶轨迹点,将所有符合条件的候选停留轨迹段整合成船舶停留候选轨迹集合 S_p。

该方法的优势在于能够利用轨迹点时空上的聚集性和连续性有效区分船舶在同一位置不同时段的多次停留行为。图 5-4 展示了一条船舶在不同时段重复停留于同一位置的运动轨迹及分离示意图,原始轨迹记录的船舶航行过程为 $p_1\rightarrow p_2\rightarrow p_3\rightarrow p_4$。船舶从 p_1 驶向 p_2(箭头 1 方向)和从 p_3 驶向 p_4(箭头 2 方向)均在同一区域停留,而且产生了大量密集停留轨迹点,如图 5-4(a)所示。若采用传统基于密度聚类的船舶停留提取方法(如 DBSCAN),当数据处理时间粒度划分较细时,轨迹点的空间密度往往难以满足聚类的阈值要求,导致聚类效果较差;当数据处理时间粒度划分较粗时,很难区分同一位置的多次停留行为。

本研究提出的船舶停留候选轨迹提取策略同时考虑了轨迹点的空间聚集性和时间连续性,能够有效分离船舶在不同时段内的停留轨迹。如图 5-4(b)所示,该方法从轨迹 1 中的 p_1 点开始遍历,中间会产生多组候选停留点集合 C,但均不满足步骤(4)的判断条件。只有当轨迹 1 中停留区域密集轨迹点前的某邻近点被选

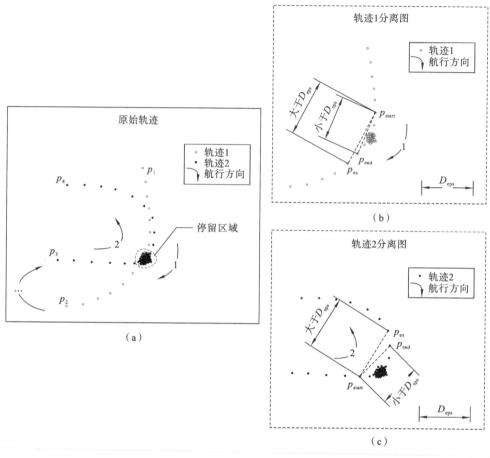

图 5-4 一条船舶在不同时段重复停留于同一位置的运动轨迹及分离示意图

为起始点 p_{start} 时,该起始点与后续停留区域中的轨迹点一直能够满足步骤(3)和(4)的判断条件,直到停留区外某个距离超过阈值的轨迹点 p_{ex} 结束遍历,将 p_{ex} 的前一点标记为结束点 p_{end},p_{start} 到 p_{end} 之间的所有轨迹点形成船舶的一次停留。然后,从轨迹点 p_{ex} 开始新一轮遍历,期间又会产生多组候选停留集合 C,直到轨迹 2 中停留区域密集轨迹点前的某邻近点成为起始点 p_{start} 时,才会又出现满足步骤(4)判断条件的新一组船舶停留轨迹段,并被视为第二次停留。

采用多特征约束方式提取的船舶停留候选轨迹段包含了船舶从低速状态到完全停止过程的轨迹点以及从完全静止状态开始加速过程的轨迹点,从轨迹点空间形态的角度来看,在大量聚集程度高的点群附近存在一些离散的离群点(见图 5-3 步骤 3),这些离群点会影响后续船舶停留行为分类。因此,本研究首先过滤掉船舶停留候选轨迹中速度大于1节的点,然后采用孤立森林算法对船舶停留候选轨迹的少量离群点进行处理,获取高聚集性的船舶停留轨迹点。

孤立森林(Isolation Forest,iForest)算法是一种适用于连续数据的无监督异常检测算法。这种算法将异常定义为"易被孤立的点",即远离高密集群的点,所以它与其他异常检测算法通过距离、密度等量化指标刻画数据间的疏离程度不同,孤立森林算法对样本点的孤立检测异常值,算法速度更快、占用运算资源更少[51]。孤立森林算法基本原理是假设用一个随机超平面来切割数据,这样数据空间被一分为二,成为两个子数据空间,然后再用另一个随机超平面继续切割这两个子数据空间,如此循环,直到每个数据都被分隔到一个子空间成为孤立数据,其中聚集状态的数据如图5-5的x_i(需要多次切割才能被分开),离群的数据如图5-5的x_o(会较早的被孤立),而最早被孤立的那部分数据将会被视为异常数据。算法过程可以

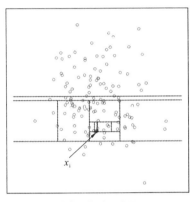

(a) x_i的孤立过程

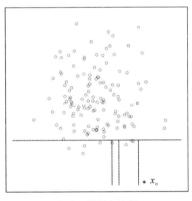

(b) x_o的孤立过程

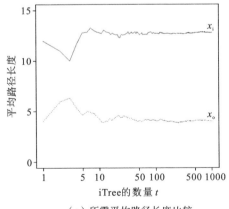

(c) 所需平均路径长度比较

图5-5 孤立森林算法孤立过程示意

概括为训练阶段和检测阶段。

训练阶段:从训练集中采样并构建出 t 棵孤立树(Isolation Tree,iTree),即使用一种二叉树结构来实现算法,具体步骤如下:

(1) 从训练数据中随机选择大小为 Ψ 的子样本,放入树的根节点。

(2) 随机指定一个维度 q,在当前节点数据中随机产生一个切割点 p(切割点产生于当前节点数据中指定维度的最大值和最小值之间)。

(3) 以此切割点生成一个超平面,将当前节点数据空间划分为两个子空间,把指定维度小于 p 的数据放在左子节点,把大于或等于 p 的数据放在右子节点。

(4) 递归步骤(2)和步骤(3),不断构造新的子节点,直到达到终止条件:子节点中只含有一个样本或 iTree 到达限定高度。

(5) 循环上述 4 个步骤,最后生成 t 个 iTree,训练过程结束。

检测阶段:将预测数据放入每一颗 iTree 并计算路径长度。对于待检测数据 x,令其遍历每一棵 iTree,计算 x 最终落在每个树的第几层,得出 x 在每棵树的高度平均值 $h(x)$。获得每个测试数据的高度平均值后,需要指定一个阈值判断数据是否异常。显然异常数据的 $h(x)$ 会明显短于正常数据。

此过程中需要设定异常指标 c,用于表示数据集中异常数据所占的期望比例,在拟合时用于定义决策函数的阈值。本研究根据候选停留集合 S_p 的轨迹点数量 N_c 分段定义异常指标 c 的取值,即

$$c = \begin{cases} 0.25, & N_{stay} > 1000 \\ 0.21, & 1000 \geqslant N_{stay} > 800 \\ 0.18, & 800 \geqslant N_{stay} > 200 \\ 0.15, & 200 \geqslant N_{stay} > 40 \end{cases} \quad (5-1)$$

5.2.2 船舶停留行为的 K 邻近分类模型

船舶采取不同的停留方式,受外部环境因素影响,船舶轨迹呈现的时空特征会有所不同。当船舶抛锚停留时,受外部环境风流和水流的影响,船舶会在锚的牵引作用下做持续圆周运动,活动轨迹多是弧形或者环形,而且轨迹点数量相对稀疏,分布范围较大[52]。当船舶靠泊停留时,由于缆绳的牵引固定作用,外部环境对船舶状态影响较小,船舶能够在同一位置附近保持相对静止,活动轨迹密集分布在很小的区域且运动幅度很小。根据上述两种停留行为的船舶轨迹时空特征差异,本研究定义了三个显著时空特征以用于区分不同类型的船舶停留。

1. 轨迹点的重复率(Rep Rate)

当船舶出现停留行为后,随着时间的积累,大量的轨迹点将会在较小的停留区

域不断聚集,造成该区域轨迹点密度超常,会出现大量经纬度完全相同的轨迹点(即轨迹点重复),这些存在重复的轨迹点在所有轨迹点中所占比率被视为轨迹点的重复率。定义轨迹点的重复率旨在反映一组轨迹点的聚集程度,重复率越高表示轨迹点的聚集程度越高。比较靠泊行为与锚泊行为,显然受到更多运动约束的靠泊停留轨迹的聚集程度应该高于锚泊轨迹的聚集程度。假设轨迹点的重复率为 r_p,原始轨迹点的数目为 N_o,存在重复轨迹点的数目为 N_r,计算公式如下:

$$r_p = \frac{N_r}{N_o} \quad (o \geqslant r) \tag{5-2}$$

2. 相邻点的平均距离(Mean Dis)

相邻点之间的距离与 AIS 数据发送时间间隔有关,还与受外部环境影响的船舶漂移情况有关。定义相邻轨迹点之间的平均距离旨在反映一组轨迹点的分布程度,相邻点间的平均距离越大表示船舶漂移越大,属于锚泊停留的可能性越大;反之,则属于靠泊停留的可能性越高。假设一段船舶停留候选轨迹的总点数为 n,两点之间的距离表示为 $\mathrm{Dis}(P_i, P_{i+1})$,则相邻轨迹点之间的距离的平均值 d_p 计算公式为

$$d_p = \frac{\sum_{i=1}^{n-1} \mathrm{Dis}(P_i, P_{i+1})}{n-1}, \quad i = 1, 2, \cdots, n-1 \tag{5-3}$$

3. 最远点对距离(Max Dis)

最远点对距离旨在反映一组轨迹点的偏离程度,作为衡量轨迹点空间分布的极值变量。最远点对距离越大表示该组轨迹点偏离聚集中心的程度越大,属于船舶锚泊停留的可能性越大;反之,则属于船舶靠泊停留的可能性越大。最远点对距离 $d_{\max}$ 的计算公式如下:

$$d_{\max} = \max\{\mathrm{Dis}(P_i, P_j)\}, \quad i \neq j, \quad i,j = 1,2,\cdots,n \tag{5-4}$$

在上述三个显著时空特征基础上,本研究利用 K 近邻(K-Nearest Neighbor, KNN)算法对船舶停留候选轨迹进行分类。K 近邻算法是一种监督式机器学习分类算法,基本思路是先利用一部分标记结果的样本数据进行学习,并计算无标签数据与有标签数据之间的距离,按距离排序找出其中距离最小的 K 个样本,这 K 个样本被称为最近邻居,然后根据 K 个样本的类别判断待分类数据(无标签数据)的类别,这是一种"多数表决"的算法[53]。本研究构建船舶停留候选轨迹 K 近邻分类模型的过程如下。

(1)提取研究区域的船舶停留轨迹,随机挑选 N 段停留轨迹作为样本,并标记其停留的类别,计算这 N 段停留样本的三个显著特征 r_p、d_p 和 $d_{\max}$。

(2)采用 min-max 数据标准化算法对 N 段停留样本的特征进行处理,去除特

征之间的量纲差异。

(3) 通过停留特征之间的欧氏距离,评价不同停留轨迹段之间的特征差异,即

$$D_{ij} = \text{Sqrt}((r_p^i - r_p^j)^2 + (d_p^i - d_p^j)^2 + (d_{\max}^i - d_{\max}^j)^2) \tag{5-5}$$

(4) 选择 70% 的样本作为训练集对 KNN 分类模型进行训练,剩下 30% 的样本作为测试集,直到 KNN 分类模型正确率达到 98% 以上,保存训练好的模型。

5.2.3 船舶停留行为识别与分类案例

本研究采用的船舶轨迹数据是 2017 年 1 月太平洋沿岸的 AIS 数据,数据范围覆盖美国和加拿大西海岸水域,选取了三个海域作为船舶停留行为识别及分类的试验区域,包括区域 1 夏威夷附近海域、区域 2 旧金山附近海域和区域 3 温哥华附近海域,如图 5-6 所示。区域 1 夏威夷附近海域经纬度范围是北纬 18°~24°、西经 154°~162°,区域 2 旧金山附近海域经纬度范围是北纬 37.2°~38.2°、西经 121.8°~122.6°,区域 3 温哥华附近海域经纬度范围是北纬 47°~51°、西经 121°~126°。三个区域内的船舶数量及其 AIS 轨迹总数如表 5-1 所示,轨迹数据经过噪声过滤、异常剔除、轨迹档案匹配等预处理后,主要保留了船舶 MMSI 编码、时间、经度、纬度、对地航速、对地航向、船舶类型、船舶长度等属性。

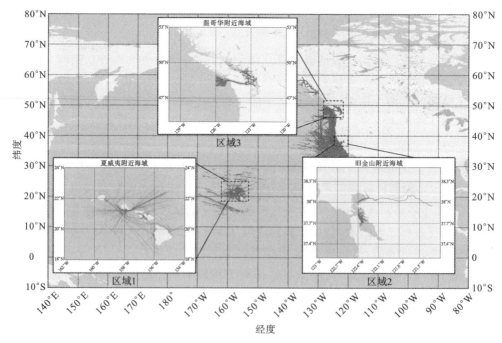

图 5-6 试验区域地理范围及轨迹数据可视化

表 5-1　试验区域船舶数量及其 AIS 轨迹总数

数据属性	区域 1(夏威夷附近海域)	区域 2(旧金山附近海域)	区域 3(温哥华附近海域)
总轨迹数	316831	845358	2672613
船舶数目	77	326	460
时间范围	2017 年 1 月	2017 年 1 月	2017 年 1 月

本研究提出方法涉及的主要参数包括最短时间条件 T_{eps}、最小距离条件 D_{eps}、最少点数量条件 N_{eps}、孤立森林算法异常指标 c。考虑船舶自身长度属性及船舶锚泊活动特点,将最小距离条件 D_{eps} 设为 1.5 倍船长[54],最短时间条件 T_{eps} 设为 2 h,由于船舶在锚泊或靠泊或移动速度小于 3 节时 AIS 更新频率为每次 3 min,根据 2 h 最短停留时间将最少点数量条件 N_{eps} 设为 40。针对孤立森林算法,为了提高聚类效果,根据轨迹点的数量设定不同的异常指标 c,分级设置条件参考式(5-1)。

参数选择完成后,本研究选择了样例船舶(MMSI:366994450)进行了船舶停留轨迹段的提取试验。图 5-7(a)是包含 1681 个采样点的原始船舶轨迹,经过多条

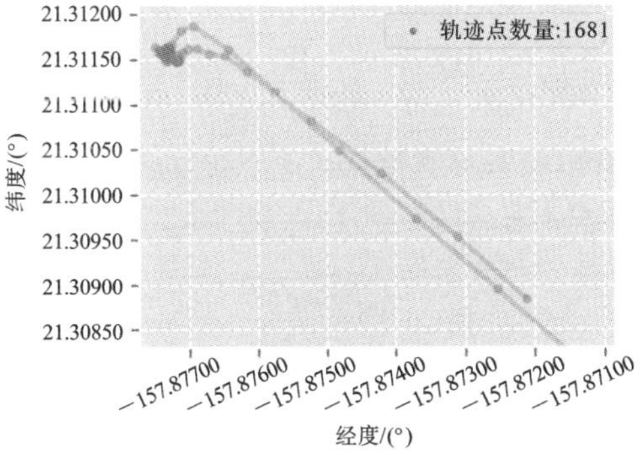

(a) 原始船舶轨迹

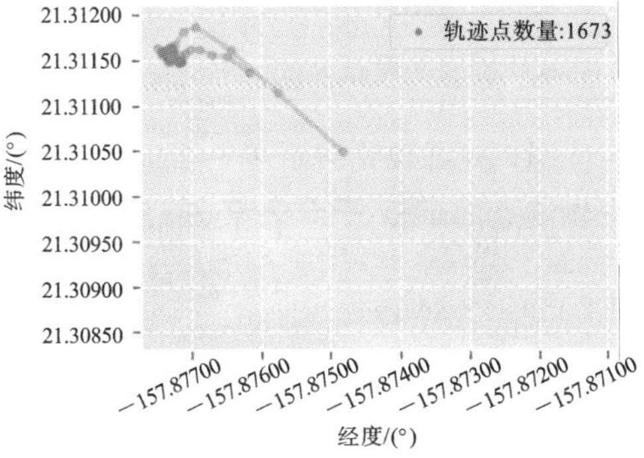

(b) 初步提取后的粗糙停留轨迹

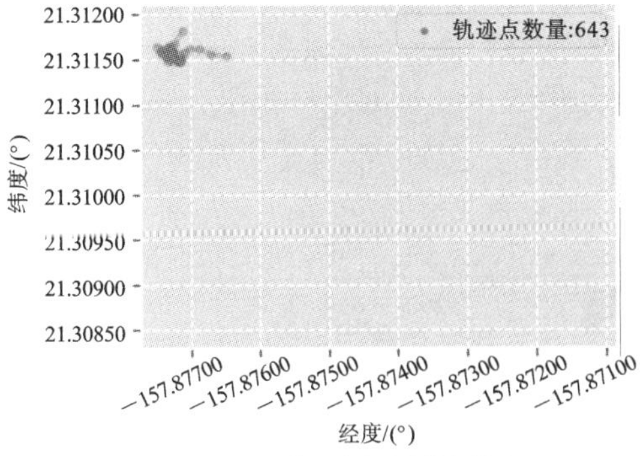

(c) 筛选速度后的停留轨迹

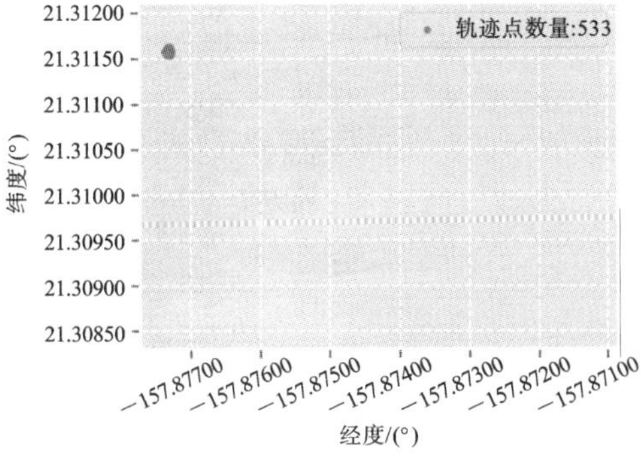

(d) 孤立森林算法优化后的聚集停留轨迹

图 5-7　船舶停留轨迹提取效果

件约束过滤的船舶停留候选轨迹如图 5-7(b)所示,考虑到锚泊停留轨迹段的提取,设置的最小距离条件 D_{eps} 对于靠泊停留轨迹相对较大,因此有一部分进出停留区域的轨迹点被保留下来。通过第二阶段的速度过滤和基于 iForest 的离群点处理,得到高聚集性的船舶停留轨迹集合,共包含 533 个轨迹点,如图 5-7(d)所示,提取结果符合实际船舶停留活动。

在完成船舶停留轨迹提取试验后,本研究在试验区域 1 随机标记了其中的 125 段停留轨迹数据作为样本。根据 5.2.2 节定义的特征公式计算这些停留轨迹段的三个显著特征,从而将每段停留轨迹数据抽象表示为特征向量,整理为包括船舶 MMSI 标识码、轨迹点重复率、邻近点平均距离、最远点对距离、组别等属性的特征数据。利用样本特征数据与样本标签训练得到船舶停留 KNN 分类模型,再利用此模型对三个试验区域的船舶轨迹数据进行处理,结果如表 5-2 所示。

表 5-2 船舶停留 KNN 分类结果

试验位置	停留次数	标记为锚泊	标记为靠泊
区域 1(夏威夷附近海域)	349	121	228
区域 2(旧金山附近海域)	1914	1300	614
区域 3(温哥华附近海域)	3512	1903	1609

图 5-8 可视化展示了三个区域船舶停留轨迹的显著特征及 KNN 分类结果,其中轨迹点的重复率(Rep Rate)为 x 轴、最远点对距离(Max Dis)为 y 轴、相邻点的

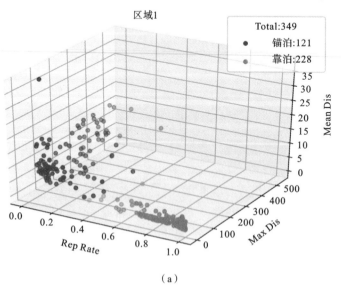

(a)

图 5-8 三个区域船舶停留轨迹的显著特征及分类结果

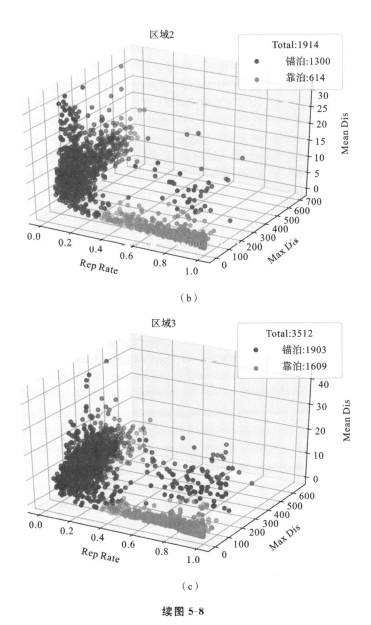

续图 5-8

平均距离（Mean Dis）为 z 轴，黑色点表示被 KNN 分类器标记为锚泊的轨迹点、灰色点表示被 KNN 分类器标记为靠泊的轨迹点。从图中不同颜色点的分布情况可知，本研究定义的三项显著特征具备较强的船舶停留区分性，灰色的靠泊数据主要聚集在 x 轴远端、y 轴近端、z 轴近端，特点是点重复率高、最远点对距离间距小和相邻轨迹点间距小，体现了靠泊时船舶轨迹数据呈现的范围小、聚集性高的特点；

而黑色的锚泊数据显示出低重复率、最远轨迹点间距较大和相邻轨迹点间距较大等符合船舶锚泊停留的特点。

为进一步验证分类算法的正确性,本研究通过 Python 将停留轨迹行为分类结果进行了地图可视化,结合地理背景数据和专家经验进行验证。在电子地图上,KNN 分类标记为靠泊的船舶轨迹数据用红色点(见图 5-9 中指示)表示,标记为锚

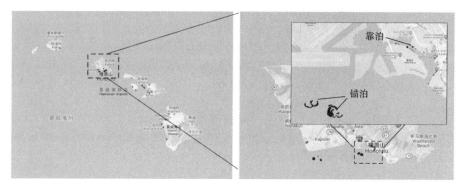

(a)区域1

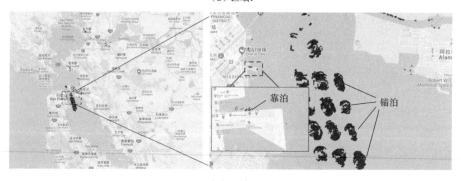

(b)区域2

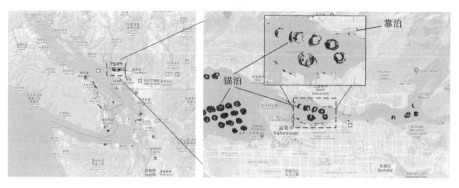

(c)区域3

图 5-9　三个区域的船舶轨迹停留分类结果

泊的船舶轨迹数据用蓝色点(见图 5-9 指示)表示,三个区域的船舶轨迹停留分类结果如图 5-9 所示。

为了验证分类正确率并保证客观性,本研究邀请了 3 组试验人员对每个区域的停留簇进行人工分类验证,各组人员通过匹配停留轨迹与电子海图上的锚地、泊位位置信息标记真实停留类别,再对比 K 近邻分类结果标签并记录正确分类结果和错误分类结果,最后取每组人员标记的平均值作为算法分类正误的参考值。船舶停留行为人工分类验证结果如表 5-3 所示,A 组发现区域 1 有 4 处分类标记错误,区域 2 有 19 处分类标记错误,区域 3 有 39 处分类标记错误;B 组发现区域 1 有 4 处分类标记错误,区域 2 有 21 处分类标记错误,区域 3 有 43 处分类标记错误;C 组发现区域 1 有 4 处分类标记错误,区域 2 有 20 处分类标记错误,区域 3 有 50 处分类标记错误。从表 5-3 中可知,本研究方法对船舶停留识别分类的正确率在 98% 以上,充分证明了本研究停留行为分类方法的有效性。

表 5-3　船舶停留行为人工分类验证结果

试验位置	停留次数	人工验证错误个数				识别正确率
		A 组	B 组	C 组	平均	
区域 1	349	4	4	4	4	98.85%
区域 2	1914	19	21	20	20	98.95%
区域 3	3512	39	43	50	44	98.75%

5.3　船舶徘徊行为识别与分类方法

完成船舶停留行为识别,以停留点作为分割点,可以将原始轨迹划分为一系列子轨迹段进行移动模式行为分析。在分析移动轨迹段的运动特征过程中,本研究发现了一种转弯模式下的局部船舶活动,即船舶在一定范围内频繁改变航向形成的往返运动,称为徘徊行为。

图 5-10 展示了不同类型船舶的徘徊活动,船舶的徘徊行为表达了船舶对所徘徊区域或区域内某个对象存在浓厚兴趣的活动意图。船舶徘徊行为已引起部分学者的注意,Patino 等[55]从图像分析的角度识别了船舶的徘徊行为,将徘徊行为作为识别海盗船袭击目标船舶的关键行为,即海盗艇攻击目标前在目标周边区域进

行长时间徘徊侦察的活动。本研究结合船舶操纵特点和轨迹特征提出了轨迹冗余度概念[56]进行船舶徘徊行为描述和识别,设计了多时间尺度滑动窗口的船舶徘徊行为检测方法,构建了基于卷积神经网络(Convolutional Neural Network,CNN)的典型徘徊形态分类模型,能够自动识别船舶徘徊行为形态类别。

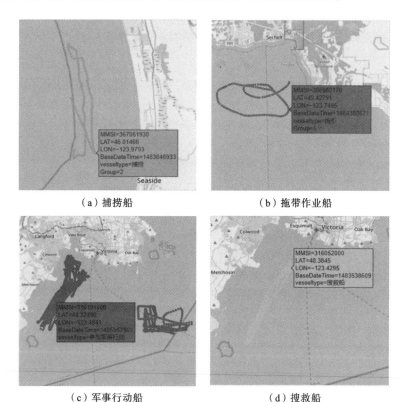

(a)捕捞船　　　　　　　(b)拖带作业船

(c)军事行动船　　　　　(d)搜救船

图 5-10　不同类型船舶的徘徊活动

5.3.1　船舶徘徊行为时空特征建模

目前学术界对移动目标徘徊行为的定义尚未形成统一界定。在行人徘徊方面,早期研究主要通过目标滞留时间的长短[57,58]对徘徊进行识别,近年来主要通过目标移动特征识别徘徊行为,包括轨迹曲率变化[59]、轨迹网格重复率[60]、轨迹分量曲线[61]等;文献[62]进一步总结了行人不同场景下的徘徊行为特征,包括单次滞留时间、滞留频次、小范围内的往复运动等。在车辆徘徊方面,文献[63]利用目标移动的累计方向变化特征检测车辆徘徊,即质心累计转动角度超过一定阈值的曲线运动。在飞机徘徊方面,文献[64]同样利用目标移动的连续方向变化特征检测徘徊行为,即水平面连续改变飞行方向大于360°的曲线运动。文献[65]考虑目标移动的方向变化组合特征检测徘徊行为,将飞机运动方向映射为不同的方向象限字符,通过飞机连续运动的方向象限字符序列特征识别"8"字形飞机徘徊行为。综上可总结出徘徊行为的典型特征包括活动范围受限(围绕在兴趣对象附近活动)、持续方向变化(方向变化频繁导致的累计转动角度大)。

与行人、车辆、飞机等对象相比,水上活动的船舶在灵活性、便捷度和响应能力等方面存在局限,船舶徘徊活动具有如下特点:①船舶属于欠驱动对象,活动转向的速度和幅度受限,船舶徘徊所需的空间范围远大于行人与车辆徘徊的平面空间范围,且受船舶尺寸影响动态变化;②受风、浪、流等通航环境因素影响,停泊状态下的船舶轨迹也会出现小范围的往复运动特征,在一定程度上会干扰徘徊识别。按照停留、直航、转弯的船舶活动模式分类,在受限范围内往返回旋的船舶徘徊行为可划分至船舶转弯模式下,定义为一种持续频繁转向的特殊转弯模式,如图5-11所示。

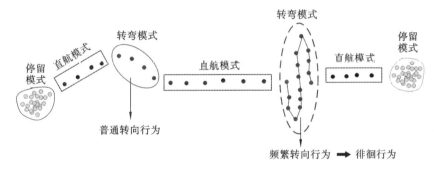

图5-11 船舶基本运动模式分类

为了更好地理解船舶徘徊行为特征,本研究对不同航行模式下船舶轨迹的航向变化特征进行了分析。如图5-12所示,直航模式下船舶航向会稳定在某固定角度,较少发生航向变化;在转弯模式下,发生转向行为的船舶轨迹会存在两个主要航行方向以及少量的中间过渡航向,航向分布仍然相对集中;发生徘徊行为的船舶轨迹无集中航向分布,不固定的航向几乎离散分布于所有角度。通过观察可发现船舶的频繁航向变化产生了更密集的轨迹,即航向变化频率与轨迹密集程度成正比关系。根据此特点,本研究定义轨迹冗余度的概念,用于描述轨迹密集程度和船舶航向变化频率。设船舶轨迹最小外接矩形的周长为P(作为船舶活动空间范围参考值)、船舶轨迹长度为D,船舶轨迹冗余度用ψ表示,其计算公式为

$$\psi = \frac{D}{P} \tag{5-6}$$

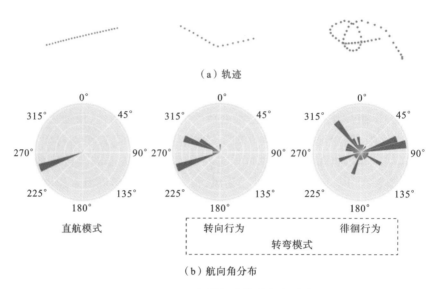

图 5-12　不同船舶行为的航向角分布

在一定的空间范围内，船舶的转向变化越频繁，对应轨迹所产生的轨迹冗余度 ψ 越大；反之，则船舶航向越稳定，对应轨迹所产生的 ψ 越小，因此轨迹冗余度可作为徘徊行为检测的重要指标。图 5-13 展示了相同空间范围内（周长均为 P）不同活动轨迹的轨迹冗余度。由图 5-13 可见，当船舶航行几乎没有航向改变（情况①）时，D 会远小于 P，ψ 小于 1；当船舶有持续航向变化（情况②）时，D 会趋近于 P，ψ 会趋近于 1；当船舶在局部空间内持续反复变向（情况③）时，D 会超过 P，ψ 大于 1。因此，当船舶转向变化越频繁时，产生的轨迹长度 D 越大，导致轨迹冗余度 ψ 越大，发生徘徊行为的可能性越大。通过咨询多名资深船长可知，船舶在普通航行中很少出现情况②中超过 360°的转向操作，所以情况②中的轨迹状态（$D \approx P$，$\psi \approx 1$）可视为徘徊行为的临界状态。虽然船舶普通航行中可能存在这种状态，但为了尽可能提高船舶徘徊行为的识全率，本研究规定船舶徘徊检测的最小轨迹冗余度为 1。

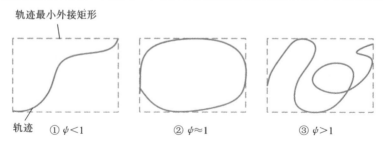

图 5-13　不同活动轨迹的轨迹冗余度

5.3.2 船舶徘徊行为多尺度检测模型

图 5-14 展示了本章的船舶徘徊行为多尺度检测流程,包括移动轨迹提取与分割、轨迹点网格映射和基于多时间尺度滑动窗口的徘徊行为检测 3 个步骤。

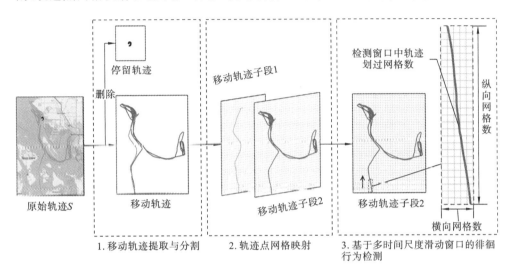

图 5-14 船舶徘徊行为多尺度检测流程

1. 移动轨迹提取与分割

船舶原始轨迹 S 包含移动轨迹段 S_m 和停留轨迹段 S_p,由于徘徊行为检测主要分析船舶移动过程中的轨迹特征,因此首先需要从原始轨迹中分割和提取移动轨迹。移动轨迹提取与分割的过程是预先识别原始轨迹的停留段,再依据停留段将原始轨迹分割为连续停留段之间的移动段。传统基于速度阈值或基于密度聚类的轨迹停留段提取方法大多受参数阈值和轨迹密度的影响,提取结果误差较大,且忽略了船舶停留的时间特征,无法区分同一位置不同时段的停留。本节使用 5.2 节提出的船舶停留行为识别方法检测和过滤原始轨迹的停留轨迹段 S_p,并利用停留轨迹段将原始轨迹分割为一系列连续的移动轨迹段 S_m,如图 5-15 所示,$p_i(0 \leqslant i \leqslant k)$ 表示船舶轨迹点。

2. 轨迹点网格映射

船舶移动轨迹采用矢量对象进行表达,即按时间排序的离散时空点序列,考虑到矢量对象的空间形态特征计算比较复杂,本文采用四叉树空间网格划分模型[66],将矢量形式的轨迹点映射为网格单元对象,即使用网格坐标替代轨迹点原来的经纬度坐标,记为 $g = \{r, c, z\}$,z 为层级,r 为列编号,c 为行编号。确定层级 z

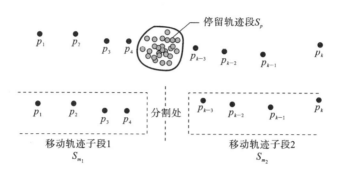

图 5-15 移动轨迹段分割

的大小后,通过网格化式(5-7)和式(5-8)将轨迹点的经度坐标 x 和纬度坐标 y 转换为网格单元的列坐标 r 和行坐标 c:

$$r = \frac{(x+180)}{360} \times 2^z \tag{5-7}$$

$$c = 2^{z-1} - \frac{\ln\left[\tan\left(\frac{\pi y}{180}\right) + \sec\left(\frac{\pi y}{180}\right)\right] \cdot 2^{z-1}}{\pi} \tag{5-8}$$

3. 基于多时间尺度滑动窗口的徘徊行为检测

在完成上述处理后,考虑到船舶徘徊行为在空间范围和时间跨度内动态变化,本节设计了基于多时间尺度滑动窗口的船舶徘徊行为检测方法,以实现检测不同时间跨度的船舶徘徊行为。以下介绍本算法相关概念。

移动轨迹段 S_m:每条移动轨迹段 S_m 由 n 个连续的轨迹点组成,记为 $S_m = \{p_1, p_2, \cdots, p_n\}$,每个轨迹点 $p_i(0 \leqslant i \leqslant n)$ 属性包括 MMSI 标识码、采集时间 t、经纬度坐标 (x, y) 及对应网格坐标 (r, c, z),记为 $p_i = \{MMSI, t, x, y, r, c, z\}$。

滑动检测窗口:设时间跨度为 T,该时间尺度下滑动检测窗口中的轨迹记为 $S_k = \{p_1, p_2, \cdots, p_k\}$,满足 $p_k t - p_1 t = T$。

轨迹最小外接矩形的边界网格数 G_n:轨迹网格映射处理后,G_n 为船舶活动空间范围的参考值,等价于原始轨迹的最小外接矩形周长 P,采用轨迹外接矩形所占横向网格数、纵向网格数的和的 2 倍计算。

轨迹划过网格数 G_m:轨迹网格映射处理后,G_m 等价于船舶轨迹长度 D。

由于船舶轨迹离散采样产生的稀疏性,轨迹点网格映射过程中会产生采样点网格和无采样点网格,如图 5-16 中②③所示,轨迹点 p_i 和 p_j 所在网格 g_i 与 g_j 之间缺失的中间网格即是无采样点网格。对于无采样点网络,一般办法是采用插值法计算采样点之间的中间点,再统计中间点的映射网格数量,计算过程复杂且计算量大。考虑船舶徘徊行为检测方法只需要统计轨迹划过网格的总数,不需要具体的中间网格位置信息,本研究利用轨迹网格映射的连续性设计了轨迹划过网格数的快速计算方法,见式(5-9),可根据已知轨迹采样点的映射网格位置快速估计连接相邻采样点映射网格所需的最少中间网格数。图 5-16 展示了网格快速统计的 3 种典型情况,计算结果与实际相符。情况①是相邻轨迹点映射网格相连,中间网格数量 $G_{ij}=0$;情况②是相邻轨迹点映射网格同列,中间网格数量 $G_{ij}=4$;情况③是相邻轨迹点映射网格不同行且不同列,中间网格数量 $G_{ij}=3$。

$$G_{ij}=\max(|x_i-x_j|,|y_i-y_j|)-1 \tag{5-9}$$

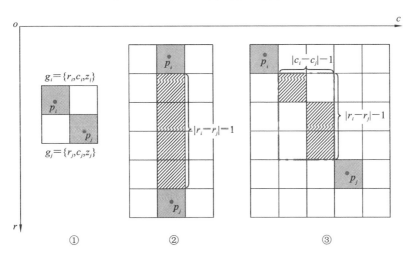

图 5-16　轨迹点之间的中间网格计算示意图

对特定时间尺度滑动窗口中的移动轨迹段 S_m 依次计算相邻轨迹点之间的中间网格数量 G_{ij},累加后得到轨迹划过的无采样点网格数 G_s,见式(5-10)。加上原轨迹点映射的网格数 G_o,得到轨迹划过的最终网格数 G_m,见式(5-11)。

$$G_s = \sum_{i=1}^{n}[\max(|x_i-x_{i+1}|,|y_i-y_{i+1}|)-1] \tag{5-10}$$

$$G_m = G_o + G_s \tag{5-11}$$

根据上述概念定义及计算方法,基于多时间尺度滑动窗口的徘徊行为检测过程如下。

(1) 阈值设置。定义 n 个滑动检测窗口的时间尺度阈值 $T_1,T_2,\cdots,T_n$ 和最小轨迹冗余度阈值 ψ_0。

(2) 生成检测任务。采用不同时间尺度的滑动窗口,为移动轨迹段 S_m 生成多个徘徊行为检测任务,进行并行计算。

(3) 计算轨迹特征值。在每个检测任务中,统计移动轨迹段 S_m 的外接矩形边

界网格数 G_n（等价于周长 P）和轨迹划过网格数 G_m（等价于轨迹长度 D），得到当前检测窗口中轨迹冗余度 ψ，即

$$\psi = \frac{G_m}{G_n} \tag{5-12}$$

（4）判断徘徊行为。如果 $\psi \geqslant \psi_0$，将 S_m 的轨迹点加入徘徊轨迹集合 S'。

（5）融合检测结果。由于不同时间尺度滑动窗口的检测结果可能存在结果重叠，需对徘徊轨迹点集合 S' 进行去重处理，处理结果按时间排序，并依据相邻轨迹点的时间间隔进行徘徊轨迹分割，时间间隔阈值设置为 AIS 数据的最大更新时间——3 分钟[67]。

5.3.3 船舶徘徊轨迹形态分类模型

将识别的船舶徘徊行为结果进行地图可视化，发现不同水域、不同船型的船舶徘徊轨迹在空间形态上存在显著差异。对大量的徘徊行为结果分析轨迹形态的差异性和共同性，本研究总结了四种发生频率高、形态差异显著的船舶徘徊轨迹形态，包括无序折线形态、套索形态、密集往复形态、复杂线团形态。如图 5-17 所示，

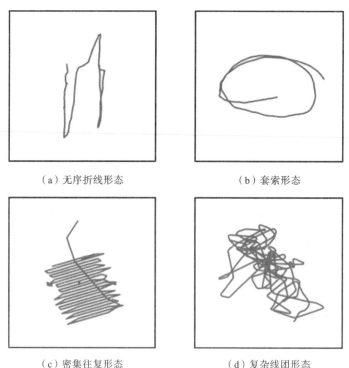

(a) 无序折线形态　　　　　　　(b) 套索形态

(c) 密集往复形态　　　　　　　(d) 复杂线团形态

图 5-17　四种典型的船舶徘徊形态

无序折线形态徘徊轨迹呈折线状,多处弯折,弯折位置无规律,弯折处曲率半径小;套索形态徘徊轨迹像一条形成套圈的绳,主体部分呈封闭或者接近封闭的圆或者椭圆,弯折处为光滑曲线;密集往复形态徘徊轨迹十分密集,呈现为弹簧状或者压缩弹簧状,弯折位置和角度较为规律;复杂线团形态徘徊轨迹无规律,杂乱无序如线团一般。

四种徘徊形态虽然人工辨识度高,但受船舶属性、活动环境、操纵习惯等因素影响,同一形态的徘徊轨迹可能在空间范围、时间跨度、航向变化幅度与频次等方面都存在较大差异,难以直接利用数值特征进行定量计算和形态分类。因此,本研究利用图像处理领域的深度学习技术,将船舶徘徊轨迹转换为图像样本,设计了基于卷积神经网络(CNN)的船舶徘徊轨迹形态分类模型,称为CNN-LSC。如图5-18所示,借助CNN的多尺度特征学习能力,提取四种典型徘徊形态的图像特征集合,实现船舶徘徊形态的自动分类。

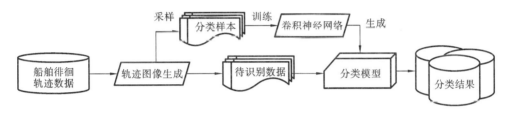

图5-18 采用卷积神经网络的徘徊轨迹形态分类流程

1. 轨迹图像生成

一次独立的船舶徘徊轨迹将生成一张轨迹图像,作为CNN-LSC模型的一个输入单元。考虑图像样本尺寸和神经网络模型计算代价的平衡,单次徘徊轨迹的采样尺寸设定为120×120像素,采用jpg格式灰度图片。图像中每个元素使用0~255的灰度值标识船舶轨迹的空间密度。不同空间范围的徘徊轨迹映射到同样像素的图片上轨迹的空间分辨率可能会存在差异,但本研究关注的徘徊形态差异、空间分辨率差异不会影响徘徊形态分类算法的有效性。为了提高形态分类模型的精度和训练过程中的收敛速度,使用min-max标准化方法对样本图像的像素进行归一化处理,将像素值范围从[0,255]缩放到[0,1]。

2. CNN-LSC卷积神经网络模型构建

CNN-LSC模型同样由输入层、中间层、输出层组成,中间层的输入和输出会被激活函数或最终卷积层屏蔽,主要包括卷积层、池化层、全连接层与输出层。

1) 卷积层(Convolutions)

卷积神经网络的输入层为二维图像的所有像素值。卷积神经网络的核心思想是利用多层卷积层对图像逐层提取更高层次的特征,期间特征不断地以特征图的形式作为输入传递到下一个卷积层。本研究中设定卷积核尺寸为 3×3,步长为 1 (卷积核每次移动步幅为 1),假设第 l 层的第 j 个特征图为 X_j^l(输入层可视为原始特征图 X_1^1),X_j^l 的卷积操作计算公式如下:

$$X_j^l = f\Big(\sum_{i=1}^{d} X_i^{l-1} * \omega_{ij}^l + b_j^l\Big) \tag{5-13}$$

$$f(x) = \max(0, x) \tag{5-14}$$

式中:i 表示第 i 个输入单元;j 表示第 j 个隐含层;ω_{ij}^l 表示第 i 个输入层与第 j 个隐层的权重;b_j^l 为第 j 个隐层的偏置变量;d 为对应的滤波器个数;$f(\cdot)$ 为激活函数,其作用是对特征值进行映射。本研究使用能避免梯度弥散问题的线性修正单元(Rectified Linear Unit,ReLU)激活函数,ReLU 激活函数特有的单边抑制性会将小于 0 的像素值全抑制为 0,将大于 0 的像素值直接输出,见式(5-14)。

2) 池化层(Pooling)

池化层将对卷积层提取的轨迹图像形态特征进行缩减,在减少模型计算量的同时能够提高模型的泛化能力,每个卷积层后对应一个池化层。本研究使用最大池化方法从特征图的局部区域子块中选取最大像素值作为池化结果,池化窗口尺寸设置为 2×2,步长为 2。假设池化后的特征图为 X_j^{l+1},池化操作计算公式为

$$X_j^l = f(\beta_j^l D(X_j^{l-1}) + b_j^l) \tag{5-15}$$

式中:β_j^l 为池化层的权重参数;$D(X_j^{l-1})$ 表示最大池化函数。

3) 全连接层与输出层

卷积层和池化层输出的高维特征通过全连接层整合,最后输入到输出层分类计算损失值,用于衡量模型分类估计值与真实值之间的误差值,越趋近于 0 表示模型对于当前测试数据的分类效果越好。

本研究设置 2 个全连接层,神经元数量分别设为 256 和 64,激活函数选用线性修正单元。为避免模型出现过拟合现象,每个全连接层后都使用了丢弃(Dropout)方法。在训练过程中会以概率 p 随机丢弃神经元[68],每轮训练会断开不同的神经元连接,并在一个新的网络拓扑结构上进行,从而使模型更易优化到最佳效果。根据划分的 4 类船舶徘徊形态类型,输出层设置了 4 个节点,输出层负责把输出项的值都压缩至 0~1 区间内,4 种徘徊形态的分类输出总概率和为 1,各个输出节点概率的计算公式为

$$P_k = \frac{\exp\big(\sum_{i=1}^{m} w_{ik} X_i\big)}{\sum_{l=1}^{q} \exp\big(\sum_{i=1}^{m} w_{il} X_i\big)} \tag{5-16}$$

式中:q 为输出节点数量(类别个数);m 为上层全连接层的节点个数;P_k 为第 k 个

节点的输出(即样本属于类别 k 的概率);w_{ik} 是上层第 i 个节点与第 k 个输出节点之间的权重[69]。

为了训练 CNN-LCS,使其产生更准确的预测值,引入交叉熵损失函数 L 来计算模型误差,即

$$L = -\sum_k y_k \lg P_k \tag{5-17}$$

式中:y_k 为指示变量(分类正确是 1,否则是 0);P_k 表示输出是类别 k 的概率。本研究使用自适应矩估计方法求解 L 的最小值,进而更新优化参数。

在 CCN-LCS 模型的训练中,相关参数的设置分别为:训练轮数为 500 次,学习率设置为 0.0001,丢弃概率 p 设置为 0.4,批量尺寸预设为 32。输入的船舶徘徊轨迹样本图像训练与验证集中包含无序折线形态 1185 张、套索形态 1190 张、密集往复形态 1050 张、复杂线团形态 1105 张。采用 5 折交叉验证方法,即将原数据集划分为等比例的 5 份,取其中 1 份作为验证集,其余为训练集,如此训练 5 次,每次训练 500 轮。另预留了一部分轨迹图片作为测试集以测试模型的泛化能力。为了找到 CNN-LSC 模型的最佳结构,本研究在相同超参数下测试了 9 种不同 CNN 结构在同一数据集上的性能表现,如表 5-4 所示。卷积层后是两个全连接层(节点数分别是 256、64)和一个 Softmax 输出层(节点数是 4)。

表 5-4 不同 CNN 模型结构的准确率比较

CNN 结构	卷积层数	卷积层各层节点数	准确率/(%)
A	2	32-32	97.42
B	2	32-64	97.72
C	3	32-32-64	98.38
D	3	32-64-64	98.75
E	4	32-32-32-64	99.12
F	4	32-32-64-64	98.78
G	4	32-64-64-64	98.65
H	5	32-32-32-64-64	96.32
I	5	32-32-32-64-128	97.94

根据表 5-4 可以发现结构 E 为最佳模型结构,在验证集上准确率达到 99.1%,此结构由 4 个卷积层组成,各节点数分别是 32、32、32、64。基于此结构,本节又测试了不同批量尺寸对模型训练结果的影响,结果如表 5-5 所示。显然当批量尺寸

设置为 32 时,CNN 模型准确率最高。所以最终确定的 CNN-LSC 模型结构如图 5-19 所示,此结构的 5 折交叉验证过程如图 5-20 所示。

表 5-5 不同批尺寸下的模型准确率

CNN 结构	批尺寸	准确率/(%)
E	16	99.04
	32	99.12
	64	98.68

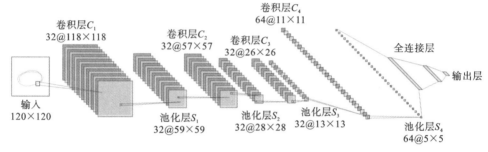

图 5-19 CNN-LSC 模型结构

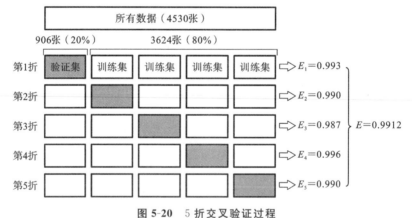

图 5-20 5 折交叉验证过程

5.3.4 船舶徘徊行为识别与形态分类案例

本节以北太平洋东部胡安·德富卡海峡附近海域为试验区域,地理范围是北纬 45°~50° 和西经 126°~122°,数据来自美国国家海洋和大气管理局以及美国海洋能源管理局的公开历史 AIS 数据集(数据地址为 https://marinecadastre.gov)。试验中使用了该区域 2017 年整年的 AIS 数据,包括 10667 艘不同的船舶,经过预处理后的数据容量为 17.76 GB,数据详细情况如表 5-6 所示。

表 5-6　船舶徘徊行为识别与形态分类试验数据

数据地点	胡安·德富卡海峡附近
地理范围	45°～50°N,122°～126°W
时间范围	2017-01-01 ～ 2018-01-01
数据容量	17.76 GB
船舶数量	10667 条
轨迹点数	339201460 个

在徘徊行为检测与典型徘徊形态识别试验过程中,相关算法参数经过反复验证得到以下最优组合,轨迹网格映射层级 z 设为 16 级,滑动窗口的时间尺度 T 分别设置为 1 h,2 h,3 h,5 h,8 h,12 h,16 h,24 h,徘徊行为检测的最低轨迹冗余度 ϕ_0 设置为 1。

采用 5.3.2 节算法从原始轨迹数据中识别的船舶徘徊轨迹点共 897389 条,来自 952 艘不同船舶,图 5-21 分别展示了研究区域船舶原始轨迹、徘徊船舶类型分

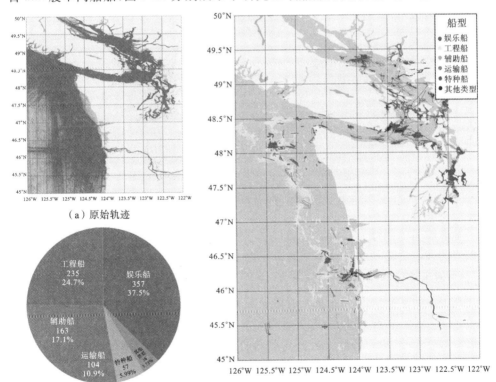

(a) 原始轨迹

(b) 徘徊船舶类型分布

(c) 徘徊行为结果

图 5-21　研究区域船舶原始轨迹、徘徊船舶类型分布及徘徊行为结果

布及徘徊行为结果。通过互联网航运信息服务网站补全船舶档案后对徘徊轨迹的船舶类型进行统计,徘徊行为发生最多的前三类船型如图5-22所示。发现共有6类船舶出现过徘徊行为,包括娱乐船(357艘)、工程船(235艘)、辅助船(163艘)、运输船(104艘)、特种船(57艘)和其他类型(36艘)。娱乐船包括游艇和帆船,功能为观光、娱乐和体育;工程船包括捕捞船、搜救船、挖泥船等,为专门从事特定水上作业的船舶;辅助船也称为服务船,可为大型船舶或其他船舶提供支持服务,包括拖轮、引航船等;运输船包括普通货船、油船、客运船等,提供人员和货物运输;特种船主要包括各种执行特殊任务的船舶类型,如执法艇、军事活动船舶等。

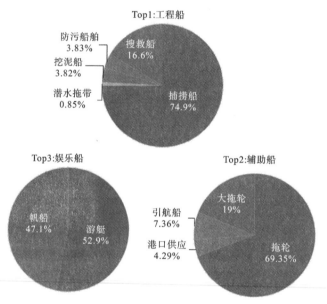

图5-22 徘徊行为发生最多的前三类船型

考虑船舶徘徊行为的活动意图可能与船舶类型和功能相关,本研究对不同船舶类型的徘徊活动意图进行了总结和分类。

1. 娱乐活动徘徊轨迹

娱乐活动徘徊轨迹是各种休闲和旅游船舶往返旅游线路的活动结果,如游艇观光、帆船表演、竞赛活动等,此类活动并没有固定的活动模式,有很强的随机性和主观性,如图5-23(a)所示,几种娱乐船舶的徘徊轨迹形态并无特殊规律。

2. 捕捞活动徘徊轨迹

捕捞活动徘徊轨迹主要是渔船的捕鱼作业活动结果,虽然实际的捕捞轨迹会随着捕捞方式的不同而变化,但所有渔船作业具有活动自由度高、转弯曲率半径小等特点,产生的徘徊轨迹多为简单折线,如图5-23(b)所示。

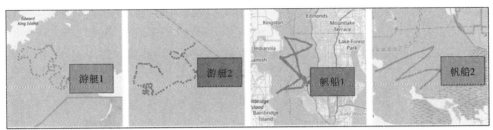

(a) 娱乐活动徘徊轨迹

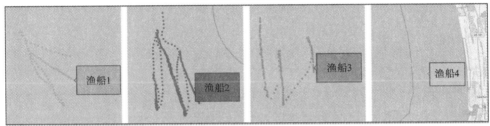

(b) 捕捞活动徘徊轨迹

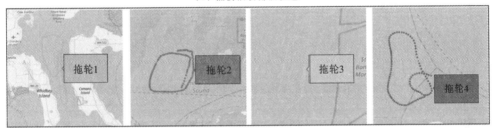

(c) 助航活动徘徊轨迹

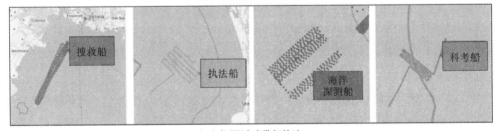

(d) 探测活动徘徊轨迹

图 5-23 不同船舶徘徊行为

3. 助航活动徘徊轨迹

助航活动徘徊轨迹多是拖轮、拖船等辅助大型船舶调整姿势进行靠离泊的运动结果,徘徊轨迹似乎围绕某个中心运动,呈现为近似椭圆形状,如图 5-23(c)所示。

4. 探测活动徘徊轨迹

探测活动徘徊轨迹主要是搜救船、执法船、海洋探测船等船舶进行海上搜救和测量作业的活动结果,包括搜救船在发生事故水域搜寻遇难船只或者人员,执法船进行巡逻执法,海洋探测船从事水声测量或监视活动,科考船进行海底地形测量活动等,此类徘徊轨迹在空间特征上具有较强的周期性[70],如图 5-23(d)所示。

为了验证本文徘徊行为检测算法的有效性与准确性,随机选取了 30 艘船舶在 2017 年 1~6 月的活动轨迹进行徘徊行为检测,并与人工检验结果进行对比验证,如表 5-7 所示,徘徊行为检测算法的平均识全率是 83.53%,平均识准率为 96.5%。

表 5-7 船舶徘徊行为识别的正确率

船舶编号	船舶类型	徘徊行为识别次数									
		1月		2月		3月		4月		5月		6月	
		算法识别	人工验证	算法识别	人工验证	算法识别	人工验证	算法识别	人工验证	算法识别	人工验证	算法识别	人工验证
316001749	搜救船	1	3	1	7	6	7	10	15	12	14	13	16
316002054	其他	5	5	4	4	0	0	0	1	5	7	8	10
316002977	客船	0	0	0	0	8	10	10	12	4	8	6	9
316005448	渔船	3	2	3	5	4	4	0	2	3	7	5	5
316005496	拖船	1	3	4	7	6	6	5	7	9	6	8	10
316011982	引航船	22	38	35	53	40	45	38	49	20	26	16	20
316013431	引航船	68	85	62	65	82	92	55	76	50	60	23	28
316014836	拖船	11	10	18	26	30	29	27	30	18	20	0	11
316018365	娱乐船	0	0	0	0	2	2	4	4	8	8	7	4
316018437	疏浚船	17	15	18	15	15	15	6	6	11	11	15	15
316021988	客船	0	0	1	2	1	1	0	0	48	48	50	50
316023437	其他	9	3	3	5	5	5	8	9	13	11	13	13
316024578	搜救船	8	11	13	18	5	8	3	7	10	11	6	6
316028702	拖船	12	9	15	15	12	13	7	11	11	14	18	22
338210641	游艇	1	1	0	0	6	6	13	12	18	18	21	21
366425240	渔船	3	3	12	15	1	1	0	1	20	13	14	15

续表

船舶编号	船舶类型	徘徊行为识别次数										
		1月		2月		3月		4月		5月		6月	
		算法识别	人工验证	算法识别	人工验证	算法识别	人工验证	算法识别	人工验证	算法识别	人工验证	算法识别	人工验证
366824910	引航船	49	59	47	54	40	48	52	65	35	40	27	32
366825190	引航船	39	49	39	51	33	45	42	45	46	52	45	52
367012280	客船	1	1	0	0	1	1	8	7	11	11	26	20
367046890	渔船	2	3	6	9	1	6	3	8	5	12	6	6
367122360	客船	6	0	8	9	5	5	10	13	22	25	25	34
367155110	渔船	8	7	7	12	2	2	6	6	0	2	10	8
367171980	渔船	15	13	15	18	3	4	1	1	23	23	8	8
367442780	客船	0	0	6	11	3	4	3	6	5	7	12	14
367531260	渔船	6	6	10	16	9	8	6	6	6	6	1	2
367569450	渔船	12	8	9	11	3	5	3	4	2	4	0	0
367599920	渔船	10	8	12	15	4	6	2	5	4	4	0	0
369083000	引航船	17	15	28	18	17	15	20	8	11	11	6	6
369493414	搜救船	0	0	5	5	9	9	7	5	5	5	4	4
369970099	军事船	0	0	0	3	6	10	3	3	11	11	8	8
识全率/(%)		82.91		78.63		86.17		78.92		87.70		86.86	
识准率/(%)		91.60		97.22		99.27		95.79		97.58		97.55	
平均识全率/(%)		83.53											
平均识准率/(%)		96.50											

为了进一步评估徘徊行为检测算法的有效性,将本文方法与基于质心累计转动角度的车辆轨迹徘徊检测方法[63]进行了对比试验,结果如表5-8所示。本文方

法在识全率和识准率两个方面都具有明显优势,原因是船舶 AIS 数据存在较多轨迹点漂移、缺失的情况,基于质心累计转动角度的轨迹徘徊检测算法会经常漏检小范围内的徘徊活动,以及将大范围正常航行的稀疏轨迹误检为徘徊活动。

表 5-8 本文方法与其他方法的性能对比

指标	月份	本文方法	质心累计转动角度检测方法
识全率/(%)	1	82.91	74.23
	2	78.63	64.74
	3	86.17	69.42
	4	78.92	63.93
	5	87.7	70.5
	6	86.86	88.2
平均识全率/(%)	—	83.53	71.84
识准率/(%)	1	91.6	61.35
	2	97.22	86.54
	3	99.27	76.7
	4	95.79	82.2
	5	97.58	81.82
	6	97.55	77.06
平均识准率/(%)	—	96.5	77.61

为了验证典型徘徊形态分类模型在新数据上的泛化性,本研究对试验区域中预留的徘徊轨迹样本数据进行了形态识别,该数据共包括 352 次徘徊行为,共生成 352 张图片。为排除其他非典型徘徊形态对检测结果的影响,本文设定只有输出节点概率超过 95% 时被判定为有效分类结果。表 5-9 为部分船舶徘徊行为检测及形态识别结果,并与人工验证结果进行了对比,船舶徘徊形态分类准确率统计结果如表 5-10 所示。结果表明基于 CNN-LSC 模型的徘徊形态平均识别准确率达到了 85.1%,其中对密集往复徘徊形态的单类识别准确率最高,达到了 88.1%。另外此模型对 4 类典型徘徊形态的识别覆盖率达到了 80.7%,证明 4 类典型徘徊形态在众多徘徊形态中具有代表性。

表 5-9 部分船舶徘徊行为检测及形态识别结果

船舶MMSI标识码	船舶类型	徘徊行为识别次数		徘徊形态识别次数									
				无序折线形态		套索形态		密集往复形态		复杂线团形态		其他形态	
		算法识别	人工验证	算法识别	人工验证	算法识别	人工验证	算法识别	人工验证	算法识别	人工验证	算法识别	人工验证
366264360	捕捞船	3	3	2	3	0	0	1	0	0	0	0	0
366425240	捕捞船	4	4	4	4	0	0	0	0	0	0	0	0
366468000	捕捞船	3	5	2	4	1	1	0	0	0	0	0	0
366712000	捕捞船	4	4	3	3	0	0	0	0	0	0	1	0
367046890	捕捞船	5	5	5	5	0	0	0	0	0	0	0	0
367450580	捕捞船	8	10	8	10	0	0	0	0	0	0	0	0
316160000	军事船	9	11	0	1	3	4	0	1	3	3	3	2
369970099	军事船	10	10	0	0	0	0	10	10	0	0	0	0
316023817	帆船	2	2	0	0	0	0	0	0	2	2	0	0
316147000	货船	9	8	4	5	3	2	0	0	0	0	2	1
316018437	疏浚作业	3	3	0	0	0	0	3	3	0	0	0	0
368926289	疏浚作业	15	18	0	0	0	0	15	15	0	2	0	1
316001290	搜救船	9	10	2	3	0	0	6	7	0	0	1	0
316003669	拖引	3	5	1	2	2	3	0	0	0	0	0	0
316013431	引航船	40	41	1	2	35	35	0	0	0	0	4	4
366825190	引航船	15	12	0	0	7	6	0	0	0	0	8	6
316018365	娱乐船	6	8	1	1	0	0	0	0	5	6	0	1
369403412	搜救船	7	7	0	0	1	1	0	0	6	6	0	0
316014646	拖船	4	4	0	0	4	4	0	0	0	0	0	0
316028702	拖船	8	12	0	0	5	7	3	3	0	0	0	2
366999629	执法艇	4	5	1	1	0	0	2	2	0	0	1	2
合计		171	186	34	44	61	63	40	41	16	19	20	19

表 5-10　船舶徘徊形态分类准确率统计结果

评价指标	无序折线形态		套索形态		密集往复形态		复杂线团形态		其他形态
发生次数	总数	错误数	总数	错误数	总数	错误数	总数	错误数	总数
	79	12	115	19	42	5	48	10	68
形态识别准确率/(%)	84.8		83.5		88.1		79.2		—
平均识别准确率/(%)	83.9								—
识别覆盖率/(%)	80.7								

5.4　船舶停留行为知识发现

从海量轨迹数据中挖掘船舶的停留活动并准确区分锚泊行为和靠泊行为,对海事部门监管船舶、船公司了解船舶状况以及港口规划均有重要意义。利用船舶停留行为识别与分类方法计算结果,可以在微观层次进一步挖掘船舶的异常停留活动,在宏观层面可以结合其他海事数据分析港口船舶的通航情况,掌握不同季节、不同时段的热点锚地和码头,辅助进行港口规划布局和交通组织优化;利用船舶徘徊行为识别与分类方法计算结果,可以结合其他航运数据和船舶档案数据在微观层次识别不同类型船舶徘徊行为的活动意图,在宏观层面可以掌握不同船舶徘徊活动的热点区域、频繁时段等信息,辅助进行海上安全监管和空间资源规划利用等。本小节在前两节试验结果的基础上,围绕船舶停留行为和徘徊行为知识发现展开了进一步的应用探索,包括船舶异常停留知识发现和船舶徘徊行为知识发现两方面,以展示本章方法的实用价值。

5.4.1　船舶异常停留知识发现

船舶停留位置是船舶活动过程中的关键节点,停留发生位置、停留发生时间、停留持续时间与船舶停留意图有关,通过分析船舶停留行为不仅能够反映船舶的出行规律和活动兴趣,还可以进一步挖掘船舶的异常行为。船舶的异常停留可能是船舶自身发生故障或者遭遇意外事件导致的,如船机故障、碰撞搁浅、临时停止避让、躲避极端天气等,也可能是船舶进行违法活动,如在偏僻位置停留、从事偷渡、走私交易等违法活动,这些异常停留活动发生的位置往往会偏离历史船舶活动区域,即王臻睿等[71]描述的船舶位置异常,所以异常停留活动的共性特征是停留地点位置偏僻且偏离大多数船舶的活动规律。

在 5.2.3 节停留挖掘与分类的试验结果中,始终有部分停留轨迹无法被正确分类,这类停留轨迹的分类特征在 K 近邻分类模型特征空间中形成了区别于常规靠泊行为和锚泊行为的新停留类簇。新类簇既不像靠泊行为特征具备高聚集性、小波动性,也不同于锚泊行为特征具备大覆盖范围、低聚集性。经过数据验证分析,发现新类簇表示的停留轨迹同时具备两种常规停留行为的特性,例如岸边区域没有系缆的船舶,或者在开阔水域通过浮筒、装卸平台等方式固定了船身,使得停留轨迹既具有靠泊行为的特点,又具有锚泊行为的特点。显然,这一类停留行为可以被视为非常规停留行为,可能属于异常停留行为。异常停留识别问题一直是船舶安全监管领域关注的重点问题,但由于异常停留事件发生时,船员操纵的不确定性、发生位置的隐蔽性、环境的复杂性等因素导致传统异常停留检测方法准确度不高,本节将尝试通过停留频次统计的方法挖掘可能的异常停留行为。

北美西海岸温哥华港和旧金山港附近水域是船舶异常停留挖掘的试验区域,两个港口水域码头众多、船舶活动频繁,出现异常停留行为的概率较高。其中温哥华港(港口代码 CAVCR)是加拿大最大的港口,年货物吞吐量接近 8000 万吨,每年进出船只超过 10000 艘,拥有 28 座码头,包括散货码头 19 座、杂货码头 4 座、集装箱码头 3 座、客轮码头 2 座,锚泊处 26 个。旧金山港(港口代码 USSFO)是美国太平洋沿岸仅次于洛杉矶的第二大港,港湾面积约 1126 km^2,属于天然深水港,港区平均水深 30 m,港区有 50 个码头,年吞吐量接近 7000 万吨,每年往来船只超过 8000 艘。试验区域范围和试验数据如表 5-11 所示。

表 5-11 试验区域范围和试验数据

数据地点	温哥华港附近水域	旧金山港附近水域
地理范围	49.2°N~49.4°N; 122.99°W~123.31°W	37.71°N~37.87°N; 122.26°W~122.58°W
时间范围	2017-01-01 ~ 2017-02-01	2017-01-01 ~ 2017-02-01
停留船舶数/艘	182	264
停留总次数/次	1466	843
靠泊次数/次	351	637
锚泊次数/次	1115	206

试验区域停留挖掘结果可视化如图 5-24 所示,温哥华港附近水域出现停留船舶 182 艘,总计停留次数 1466 次,靠泊次数 351 次,锚泊次数 1115 次;旧金山港附近水域出现停留船舶 264 艘,总计停留次数 843 次,靠泊次数 637 次,锚泊次数 206 次;图中白色点为航行轨迹,黑色点为锚泊轨迹,灰色点为靠泊轨迹(见图中标识)。

船舶异常停留挖掘的基本思路是对研究区域进行空间网格划分,将出现船舶

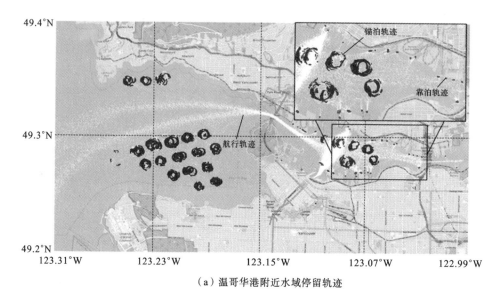

(a)温哥华港附近水域停留轨迹

(b)旧金山港附近水域停留轨迹

图 5-24 试验区域停留挖掘结果可视化

停留行为的网格标记为停留区域,统计每个停留区域的船舶停留次数和船舶停留数量,进而生成船舶停留空间密度分布,根据密度阈值识别异常停留区域及相应的停留船舶信息,具体流程如下。

(1) 设置网格尺寸为 d,将研究水域划分为一系列 $d×d$ 大小的网格集合。

(2) 将试验区域所有船舶停留行为轨迹及其停留时间信息进行网格映射,具有停留数据的网格定义为停留区域,得到停留区域集合。

(3) 统计停留区域集合内每个停留区域船舶出现次数 p 和船舶停留频次 c,计算停留区域特征值 pc,$pc = p + c$。

(4) 采用 1.2.3 节 KDE 方法对每个停留区域的特征值生成停留特征密度图(见图 5-25),可以观察到试验区域中的停留热点和冷点,其中冷点区域是总停留

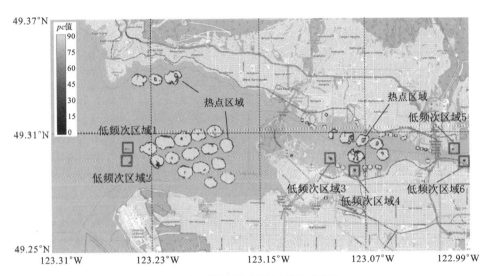

(a) 温哥华港附近水域停留密度图

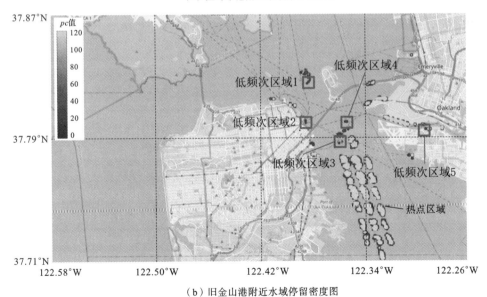

(b) 旧金山港附近水域停留密度图

图 5-25 基于停留频次的船舶停留特征密度

次数少、停留船舶数量少的低频次区域，这些区域发生的停留行为可能存在异常事件。

(5) 设置停留区域特征的异常检测阈值 p' 和 c'，将 p 和 c 小于异常检测阈值的停留区域标记为"疑似异常"停留区域。

试验过程中网格尺寸 d、船舶出现次数 p 和船舶停留频次 c 的阈值设定对异常检测结果影响较大，对试验水域的参数阈值进行多轮测试，得到异常挖掘结果较为稳定后的最佳阈值组合是 $d=50$ m、$p=2$、$c=6$，两个港口水域的船舶停留密度估计结果如图 5-25 所示，可以观察到 pc 值大于 80 以上的高频次停留热点区域，以及 11 处疑似异常的低频次停留冷点区域。

通过阈值组合筛选出的"疑似异常"停留信息如表 5-12 所示。在温哥华港附近水域共发现 6 艘可能存在异常停留的船舶，包括 4 艘货船、1 艘油轮和 1 艘集装箱船；共计 8 次停留行为，含 4 次靠泊和 4 次锚泊，停留时长从几十分钟到几十小时。在旧金山港附近水域发现 8 艘船舶出现"疑似异常"停留，包括 2 艘客轮、2 艘货船、2 艘危险货轮、1 艘地效应船、1 艘高速船；共计发生 8 次停留行为，含 3 次靠泊和 5 次锚泊。

表 5-12 试验水域船舶异常停留信息

异常停留船舶 MMSI 标识码	温哥华港附近水域异常停留信息						
	船舶类型	停留发生时间	停留结束时间	停留时长 /h	停留类型	停留地点	停留频次
249620000	货船	2017-01-17 15:58:55	2017-01-19 22:38:01	54.6	靠泊	123.07°W, 49.29°N	4
351467000	货船	2017-01-05 14:18:59	2017-01-05 16:14:07	1.9	锚泊	123.10°W, 49.29°N	3
357777000	货船	2017-01-09 12:09:57	2017-01-11 13:25:51	49.2	靠泊	123.01°W, 49.30°N	5
565482000	集装箱船	2017-01-27 07:13:52	2017-01-27 07:40:53	0.4	锚泊	123.09°W, 49.30°N	3
		2017-01-31 11:24:32	2017-01-31 18:51:35	7.5	锚泊	123.25°W, 49.29°N	1
566739000	油轮	2017-01-08 04:01:24	2017-01-11 19:07:54	87.1	靠泊	123.00°W, 49.29°N	6
		2017-01-22 04:00:33	2017-01-24 12:18:41	56.3	锚泊	123.00°W, 49.29°N	6

续表

异常停留船舶 MMSI 标识码	温哥华港附近水域异常停留信息						
	船舶类型	停留发生时间	停留结束时间	停留时长/h	停留类型	停留地点	停留频次
636012707	货船	2017-01-03 17:04:06	2017-01-03 18:41:11	1.6	锚泊	123.25°W,49.30°N	2

异常停留船舶 MMSI 标识码	旧金山港附近水域异常停留信息						
	船舶类型	停留发生时间	停留结束时间	停留时长/h	停留类型	停留地点	停留频次
354212000	货船	2017-01-13 12:46:07	2017-01-13 15:40:06	2.9	锚泊	122.36°W,37.79°N	3
366970020	高速船	2017-01-01 01:22:49	2017-01-01 03:19:37	1.9	靠泊	122.39°W,37.80°N	2
367338290	客轮	2017-01-09 14:53:41	2017-01-12 16:03:08	73.2	靠泊	122.29°W,37.79°N	5
367436230	客轮	2017-01-20 19:38:11	2017-01-22 23:58:11	52.3	靠泊	122.29°W,37.79°N	5
368680000	货船	2017-01-08 13:38:08	2017-01-09 02:21:51	12.7	锚泊	122.36°W,37.79°N	3
372221000	地效应船	2017-01-01 05:29:22	2017-01-01 15:32:40	10.1	锚泊	122.35°W,37.79°N	4
538003993	危险货轮	2017-01-13 16:06:57	2017-01-13 19:16:01	3.2	锚泊	122.39°W,37.82°N	1
636013692	危险货轮	2017-01-11 15:13:02	2017-01-11 19:57:18	4.7	锚泊	122.39°W,37.82°N	1

5.4.2 船舶徘徊行为知识发现

世界范围内海产品需求量的持续增长、捕捞船舶和从业人员的数量增加以及捕捞模式的工业化发展,致使海洋渔业资源过度捕捞的问题日益严重,对海洋生态的可持续发展造成了严重的威胁。目前许多国家和地区的近海渔业资源都面临着持续衰退、无鱼可捞的困境[72]，随之产生的是非法、无报告、无管制的捕捞活动盛行，许多渔民因近海渔业锐减和就业及经济的双重压力,选择冒险进入深海、公海或争议海域作业,甚至出现跨境捕捞作业引发国际纠纷的情况。因此探究和发展自动化、智能化的渔船监管平台和渔业资源挖掘方法是当今世界各国捕捞业坚持可持续发展的必由之路。分析渔场的时空分布规律、获取渔场历史变动规律甚至预测未来的渔场位置、变动趋势,对渔业管理部门制定捕捞计划和维护海洋可持续发展具有重要意义。在此基础上所产生的渔情预报和有效的捕捞路线推荐可显著提高捕捞效率、提高渔民收益。

经过与渔船捕鱼日志记录的对比验证,发现船舶捕鱼作业过程的时间和地点与渔船徘徊行为检测结果十分吻合,因此本节拟在渔船徘徊行为识别结果基础上,尝试挖掘可能的渔场位置并分析渔船位置的季节变化特点。从5.3.4节试验结果中单独抽取渔船轨迹和徘徊结果,按不同季节统计了渔船徘徊信息,包括渔船数量、徘徊次数、徘徊轨迹点数等,结果如表5-13所示。将第1季度（3～5月）、第2季度（6～8月）、第3季度（9～11月）和第4季度（12～2月）的渔船徘徊轨迹分别用不同颜色进行空间可视化,如图5-26所示,从结果中可以发现第1、2季度渔船的数量较多,徘徊活动非常频繁；第3、4季度的渔船数量相对较少,发生徘徊活动的频次相对较低。此外,四个季度渔船徘徊活动聚集地点有所差异,第4季度船舶徘徊地点多聚集在纬度较低、靠近海岸的水域,第2季度船舶徘徊地点多聚集在纬度较高、离岸更远的水域。第1、2季度渔船徘徊活动的频率增加可能暗示鱼群的季节性洄游、繁衍模式和成长周期,徘徊轨迹聚集位置的季节性变化可能与渔场位置变换有所关联,如海水表面温度以及不同季节的海上风浪均会影响鱼群活跃位置和渔船出航频率。

表 5-13 渔船徘徊信息统计结果

季度	渔船数/艘	原轨迹点数	徘徊渔船数/艘	徘徊次数/次	徘徊轨迹点数
第1季度	125	98250	74	234	47118
第2季度	150	150210	82	520	97119
第3季度	78	48520	51	164	26764
第4季度	80	45220	58	219	35987

根据5.3.4节试验区域徘徊行为分析结果,可以发现渔船产生的徘徊轨迹形态大多属于简单折线类型,如图5-17(a)所示。此类徘徊轨迹形态的弯折处曲率半径小,符合多数渔船吨位较小、活动自由、转向操纵响应快的特点。拖网、刺网、延绳钓等渔船的作业过程均可以概括为巡航、搜索、捕捞三个步骤[73],其中搜索和捕

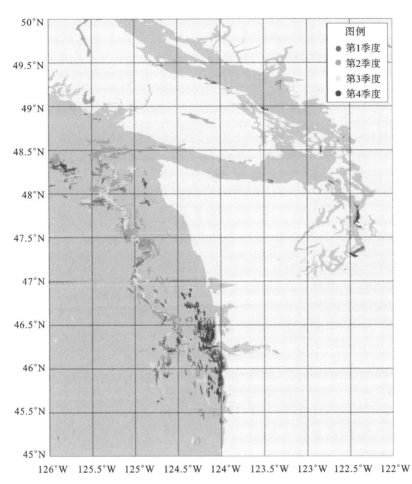

图 5-26 试验区域渔船徘徊轨迹分布

捞作业过程往往会存在频繁的、大幅度的转向行为。因此渔船的徘徊轨迹可能是渔船作业活动的体现,如果某个区域出现聚集性的渔船徘徊活动,该区域可能是存在丰富渔业资源的渔区。针对这一特点,本研究对不同季节的渔船徘徊轨迹的形心进行计算,作为渔业位置的一个标记点,然后对所有徘徊轨迹形心点进行密度聚类,获取渔业位置标记点的高密度类簇,对每个类簇采用凸包算法求取边界,获得潜在渔船的空间范围。

渔船进行捕捞作业活动或捕捞准备活动时发生的徘徊行为轨迹是分散于一定空间范围内的连续离散点集合,直接对徘徊轨迹点进行聚类处理存在计算量大、效率低、密度分布不均匀等问题,某个区域为渔船位置的概率与渔船徘徊次数正相关,但渔船徘徊行为的发生次数与轨迹点数量无关,因此直接利用轨迹点聚类获取渔船位置必然存在较大偏差。为了提高渔场位置挖掘的准确率和降低计算复杂度，本研究以徘徊轨迹的形心点代替单次徘徊轨迹作为渔船位置的标记点，徘徊轨迹的形心点计算主要包括徘徊轨迹凸包边界提取和多边形形心计算两个关键过程，如图 5-27 所示。

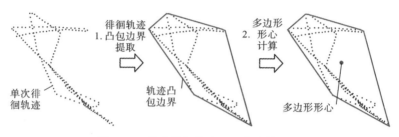

图 5-27　单次徘徊轨迹形心点计算方法

凸包：将徘徊轨迹集合看作二维平面上的点集，凸包是将最外层的点连接起来构成的凸多边形，并且满足点集内所有点都在凸多边形内[74]。

葛立恒扫描算法：针对二维平面上的离散点集，葛立恒扫描算法能够快速寻找轨迹点簇的二维凸包，该算法主要分三个步骤。

（1）建立笛卡尔坐标系，找到 y 轴和 x 轴坐标最小的点 s。

（2）从点 s 出发，计算点 s 与其他点的极角大小，并按从小到大进行排序。

（3）维护一个栈存储当前凸包点集[75]。按照步骤（2）中的排序结果，将点依次加入栈中，如当前点与栈顶的点相连，不是"向左转"，则表明栈顶的点不在凸包上，需将栈顶的点移出栈，重复此步骤，考虑栈内其他点，直到当前点满足"向左转"的条件时加入栈中。

图 5-28 展示葛立恒扫描算法示意图。最开始的两点 s、a 直接入栈；在前点为点 b 时，s-a-b 构成"向左转"，点 b 入栈；在前点为点 c 时，a-b-c 依然"向左转"，点 c 入栈；在前点为点 d 时，b-c-d"向右转"，此时栈顶为点 c，点 c 出栈，a-b-d"向左转"，d 入栈；最后回到点 s，b-d-s"向左转"，算法结束，得到这一簇点的凸包为多边形 $sabd$。

多边形的形心：形心即几何中心，对于二维平面的几何图形，形心只与几何图形的形状和大小有关。对于 N 个顶点构成的多边形，先通过式（5-18）计算出其面积，然后通过式（5-19）和式（5-20）计算出其形心坐标。

$$A = \frac{1}{2} \sum_{i=0}^{N-1} (y_i x_{i+1} - y_{i+1} x_i) \tag{5-18}$$

$$C_x = \frac{1}{6A} \sum_{i=0}^{N-1} (x_i + x_{i+1})(y_i x_{i+1} - y_{i+1} x_i) \tag{5-19}$$

$$C_y = \frac{1}{6A} \sum_{i=0}^{N-1} (y_i + y_{i+1})(y_i x_{i+1} - y_{i+1} x_i) \tag{5-20}$$

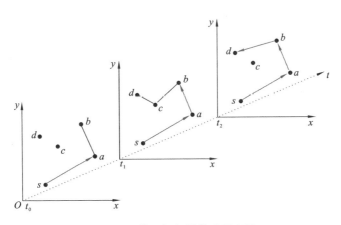

图 5-28 葛立恒扫描算法示意图

通过葛立恒扫描算法获取渔船徘徊轨迹的形心后,采用 4.2.2 节 DBSCAN 聚类算法对各季节徘徊形心点进行聚类,DBSCAN 的两个关键参数阈值分别取 Eps=0.1,MinPts=15,聚类结果是不同徘徊轨迹形心点的点簇,代表渔船频繁发生徘徊活动的聚集区域,即潜在渔船位置。为了进一步探索渔场的空间位置和范围,将形心点类簇的所有原始徘徊轨迹进行计算,求取每个类簇的空间边界,即可获取各个渔船的地理位置和空间范围信息,图 5-29 展示了 4 个季度的渔船位置聚类结

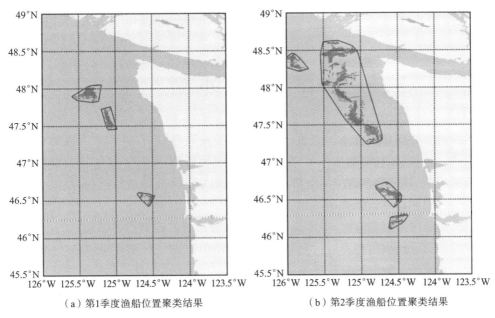

(a) 第1季度渔船位置聚类结果　　　(b) 第2季度渔船位置聚类结果

图 5-29　渔船位置聚类结果

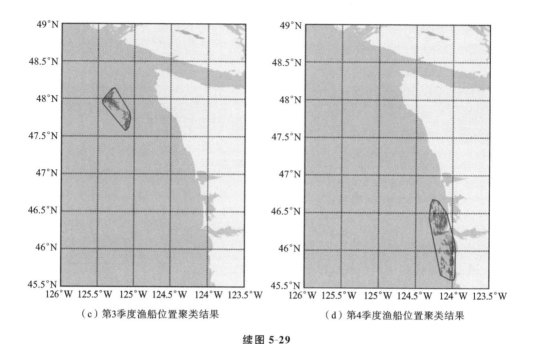

(c)第3季度渔船位置聚类结果　　　　　（d）第4季度渔船位置聚类结果

续图 5-29

果。此方法提供了一种新的渔业资源挖掘方法,并且可为渔业资源管理、渔船作业路线推荐提供强有力的数据支撑。

5.5　本章小结

从时空建模角度对不同船舶行为的时空特征进行分析,提取了不同船舶行为的显著时空特征,针对船舶停留、船舶徘徊等典型行为,设计了船舶行为智能识别与分类模型,并结合地理空间分析理论对船舶时空行为规律进行挖掘,发现了大量高价值的船舶行为知识。

在船舶停留行为方面,提出了基于轨迹时空特征的停留行为识别方法,采用两阶段停留轨迹提取策略能够得到较为精确的停留位置信息和时间信息,分析了船舶锚泊和靠泊过程的时空特征差异,定义了停留行为分类的三个显著特征以及基于 K 近邻的停留行为分类方法,通过三个不同区域的试验验证本研究方法的有效性。

在船舶徘徊行为方面,提出了基于轨迹冗余度的徘徊行为识别方法,采用多时间尺度滑动窗口对船舶轨迹进行连续检测,识别不同时间尺度的船舶徘徊行为,针对四种高频发生、形态各异的船舶徘徊轨迹形态,建立了基于 CNN 的典型徘徊形态识别模型(CNN-LSC),对北太平洋东部胡安·德富卡海峡附近海域公开 AIS 数据集进行了测试,结果表明本研究提出的徘徊行为识别与分类方法均具有良好的效果。

利用船舶停留行为识别与分类试验的结果,本章进一步统计了试验区域的停留发生时间、停留位置频次及空间分布,利用 KDE 方法生成了船舶停留行为密度图,通过设置异常停留频次阈值,挖掘和推理了可能的船舶异常停留行为;利用船舶徘徊行为识别与分类试验的结果,以渔船为代表,对特定船舶的徘徊行为知识进行挖掘。通过渔船作业轨迹识别、凸包边界提取和 DBSCAN 聚类获取了潜在的渔场位置及空间范围,结合时间变化绘制了不同时节的渔场分布图,为渔业资源挖掘和渔业管理提供了一种新方法。

# 第6章

船舶领域统计建模分析方法

6.1 概　　述

随着内河航运质量的高速发展,内河航行船舶尺寸和规模不断增加,不仅加大了通行水域复杂性和水上交通管理难度,也使船舶航行的安全风险明显增加。为保障内河船舶通航安全,评估和了解内河航行的船舶领域范围有助于科学、合理地进行避碰决策和规划水上交通通航规则。

船舶领域的概念自日本学者藤井弥平[76]在 20 世纪 60 年代首次提出之后,就被广泛应用于水上交通领域,如船舶避碰[77-80]、航道通行能力计算[81-83]、船舶碰撞危险度评价[84,85]、船舶碰撞风险预测[86]等。船舶领域是指船舶在航行过程中自身周边他船不可进入的局部范围,驾驶员在采取相互避让措施时,需要考虑本船和他船的船舶领域范围,从而提高船舶航行安全性,减少碰撞等水上交通事故的发生。内河船舶航行受通航环境地形和通航规则限制,具有不同于海上航行的安全领域,因此需要构建符合内河水上交通特点的船舶领域模型。传统船舶领域研究方法一般通过实际交通流观测和雷达探测数据进行统计分析,由于技术手段限制,所获取的数据量小、有效信息较少,不能全面反映船舶的实际运动情况。海量 AIS 数据的长期积累为探索和挖掘船舶航行过程中的船-船交互过程和确定安全领域范围提供了新的数据源,利用 AIS 数据对不同船舶属性、不同航行水域的船舶领域特征进行建模,并分析各类船舶领域特征与其影响因素之间的关系,构建内河水域的船舶领域模型,可以为内河水上交通管理提供良好的理论支持,为船舶安全航行和避碰决策提供参考。

本章以内河长江武汉段为试验区域,探索基于网格统计方法处理海量 AIS 轨迹数据,开展内河船舶领域建模和时空特征分析,生成内河典型水域的船舶领域模型并进行验证。图 6-1 显示了内河船舶领域建模分析技术流程,包含构建统计样本空间、船舶领域统计建模和船舶领域时空特征分析三个过程。构建统计样本空间是将经过预处理的 AIS 轨迹数据按船舶属性、航行环境对目标船进行分类,根据船舶属性(如船长、航速、航向等)和航行环境(渡区、桥区等)等因素选取目标船,网格化目标船周围水域,构建统计样本空间,计算不同时刻目标船最邻近船舶所占的网格。船舶领域统计建模是将目标船不同时刻计算的网格图进行叠加,统计生成目标船的单船网格密度图,进而叠加同一类型目标船舶的所有单船网格密度图,得到特定类型船舶的网格密度图,设定密度阈值可提取船舶领域形状和大小。船舶领域时空特征分析是根据影响船舶领域的三种因素对提取的船舶领域结果进行分类,分析船舶领域与各个影响因素之间的关系以及不同时间尺度的船舶领域特征差

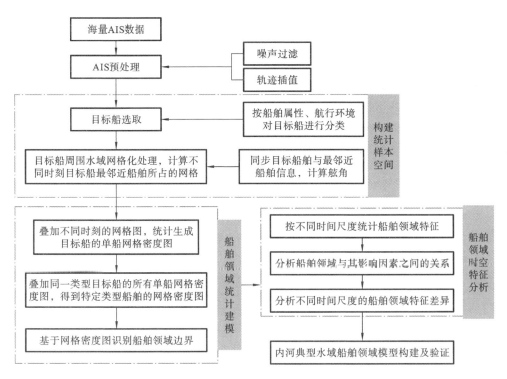

图 6-1　内河船舶领域建模分析技术流程

异。最后,选取内河长江武汉段作为试验场景,构建内河典型水域船舶领域模型,通过与实际航行情况进行对比,验证所得船舶领域模型的合理性。

6.2 内河船舶领域的网格统计模型

6.2.1 船舶领域建模相关概念

船舶领域是本船在航行过程中他船不可进入的水域,船舶领域的边界由本船周围方向上允许其他船舶靠近的最近距离确定,距离本船最近的船舶称为最邻近船舶。船舶领域可以通过最邻近船舶的相对位置分布表示,即采用空间网格模型将目标船的周围水域划分为一系列大小相同的网格单元,识别每个时刻目标船的最邻近船舶,计算他船占用网格计数,将目标船舶所有时刻的他船占用网格计数叠加统计,形成单船领域网格计数。考虑单个船舶航次在特定水域的航行时间有限,AIS 轨迹记录的船-船会遇信息较少,导致统计的单船领域网格计数存在密度分布不均匀的问题,因此根据船舶领域的影响因素对船舶进行分类,将相同类别的单船领域网格计数进行混合统计,从而得到特定类型船舶的网格密度图。下面是船舶领域统计建模过程涉及的基础概念。

● 目标船轨迹数据:研究水域内记录目标船航行过程的 AIS 动态数据,经过噪声过滤、轨迹插值等预处理。

● 目标船分类数据集:根据内河船舶领域的影响因素对目标船进行分类,包括船舶尺寸、船舶速度、航行方向和航向环境,将同一类别的船舶轨迹数据形成一个目标船分类数据集。

● 最邻近船舶信息:在某一航行时刻,以目标船为中心,指定长度和宽度矩形水域内距离目标船最近的船舶数据,包含 AIS 静态、动态信息。

● 他船占用网格计数:将目标船周围矩形水域划分为一系列大小相等的网格集合,每个网格初始计数为 0,计算最邻近船舶的相对位置占用网格集合,将被占用网格的计数加 1 作为目标船在某一时刻的他船占用网格计数。

● 单船领域网格计数:计算目标船在整个航行过程中他船占用的网格计数,将其同一网格编号的网格计数进行累加,得到单船领域网格计数。

● 船舶领域网格密度:为了获取相对完整的船舶领域特征,将同一类别目标船的单船领域网格计数进行混合统计,利用同类船舶的群体统计信息提取特定船舶类型的航行领域网格密度,用于后续船舶领域边界提取。

6.2.2 船舶领域网格统计方法

假设目标船舶的航行领域是长度为 L、宽度为 W 的一个矩形区域,矩形中心为目标船实时位置,矩形纵轴方向(长边方向)为船艏向,矩形横轴方向(短边方向)垂直于纵向方向,是尺寸为 r 的网格单元,将目标船矩形水域划分 $m\times n$ 个网格集合。根据目标船的航行时刻,提取附近他船轨迹信息计算最邻近船舶,将该船舶同样表示为其船舶长度和船舶宽度大小的一个矩形区域。由于目标船的航向与位置在航行过程中动态变化,导致他船的相对方位一直在变,为保证目标船舶领域的纵轴方向始终为船艏向,对他船进行了舷角换算。判断最邻近船舶矩形区域与目标船矩形区域的交集,找出被他船占据的网格集合,将网格计数加1,从而得到目标船在该时刻下的他船占用网格计数,如图6-2所示。

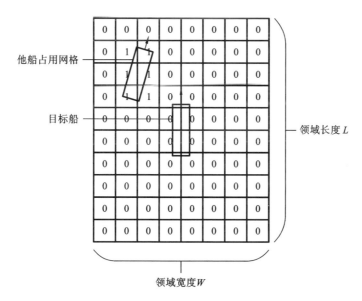

图 6-2　单船网格计算原理

根据目标船的航行过程,采用等时间间隔的方式计算不同时刻下的他船占用网格计数,然后将所有相同网格编号的网格计数进行累加,获取单船领域网格计数,得到目标船航行过程中他船靠近距离的空间分布密度,如图6-3所示。

将同一类型船舶的单船领域网格计数进行混合统计,可以获得特定类型船舶的网格密度数据和网格密度图,如图6-4所示,对网格密度进行归一化处理,网格密度值映射到0~1区间内,将网格按密度大小填充颜色,可清楚地显示各类船舶

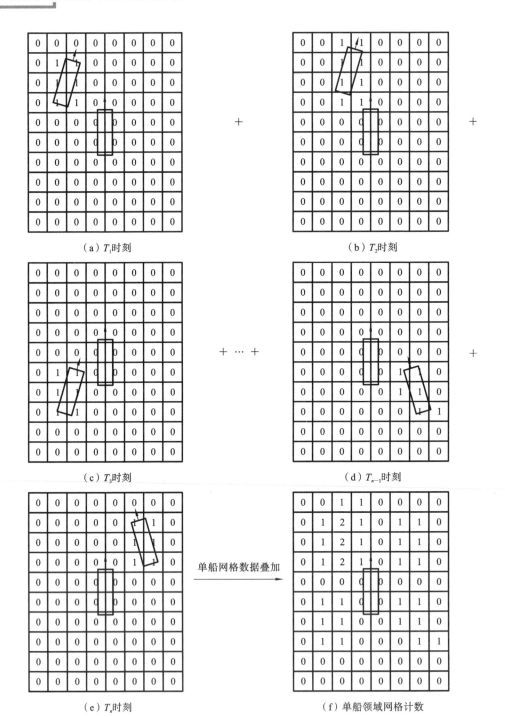

图 6-3 单船领域网格计数

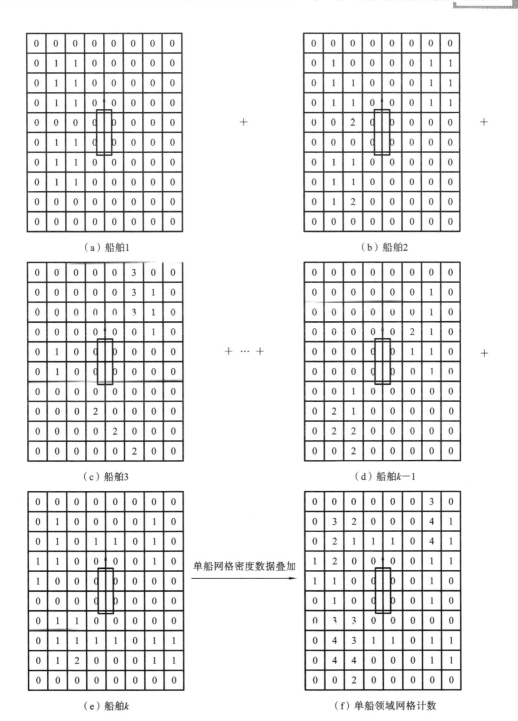

图 6-4 特定类型船舶的网格密度数据和网格密度图

领域的形状,通过网格密度边界提取,可获取各类船舶领域的尺寸。

6.3 内河船舶领域与影响因素关系分析

影响船舶领域大小的因素众多,本研究主要考虑船舶尺寸、船舶航速和航行环境三类影响因素。根据三类影响因素对目标船进行分类,获取不同类型的目标船分类数据集。考虑不同月份的内河水位条件、交通流量的差异性,将每个目标船分类数据集按 12 个月份进行划分,逐月进行船舶领域网格密度统计,通过对比不同月份的船舶领域特征差异,解析船舶领域特征与各种影响因素之间的关系,从而构建内河典型水域的船舶领域模型。

6.3.1 基于船舶尺寸分类的船舶领域统计分析

船舶长度对于船舶领域尺寸会产生很大的影响,为了研究两者之间的关系,利用每月船舶 AIS 静态、动态信息统计船长分布,如图 6-5 所示。每月航行船舶的长度集中在 60~120 m,故将目标船按船舶长度分为 6 类,分别为 60~69 m、70~79 m、80~89 m、90~99 m、100~109 m、110~119 m。利用各月的 AIS 数据分别对 6 类目标船的航行领域进行统计,并按航行方向分为上行船舶领域和下行船舶领域,在此基础上开展基于船舶尺度分类的船舶领域统计分析,分析任务包括以下方面。

(1) 通过领域断面法求得 6 类船舶的领域长度与宽度,并对不同月份、不同船舶长度的船舶领域尺寸进行比较,分析船舶领域尺寸随季节变化的特点。

(2) 分析上行船与下行船的航行领域特征差别,以及上行船与下行船的航行领域与各月份对应水位之间的差异。

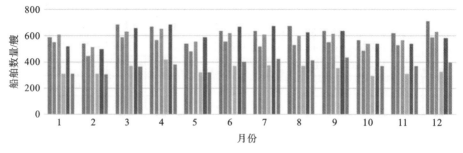

图 6-5 不同月份 6 类船舶的数量对比

(3) 计算每月 6 类船舶的领域尺寸与船舶自身尺寸之间的比值关系,建立船舶领域尺寸与船舶尺寸之间的拟合关系,计算船舶领域中心与船舶中心的偏移距离,用于表征船舶长度变化对船舶领域的影响。

1. 不同尺度的目标船领域网格密度图生成

利用内河长江武汉段 2014 年 AIS 数据进行 6 类目标船领域统计,得到每个月份的目标船领域网格密度图,其中网格尺寸设为 10 m,目标船航行领域的矩形区域长宽分别为 3000 m 和 1000 m,共划分 300×100 个网格单元。图 6-6~图 6-17 展示了 12 个月份的各类目标船领域网格密度,图中横轴、纵轴均表示网格数,图中实线交点是目标船网格密度图中心,表示船舶本体位置,中心周边一小片水域网格密度远低于其余水域,可认为是其船舶领域。对比 12 个月份的 6 类船舶网格密度图,所有船舶领域形状均呈非对称椭圆状,且椭圆长轴与船舶向平行。随着目标尺度增大,船舶领域尺度也相应增加,航行领域左右侧的船舶交汇密度逐渐增大,航

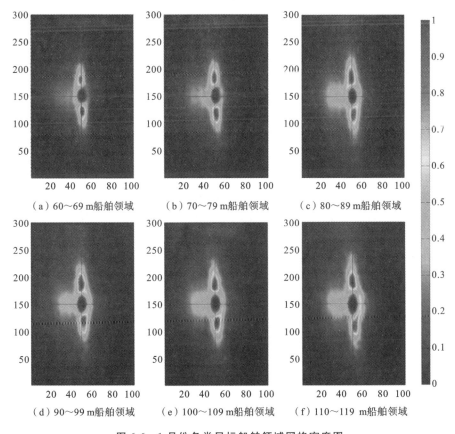

图 6-6　1 月份各类目标船舶领域网格密度图

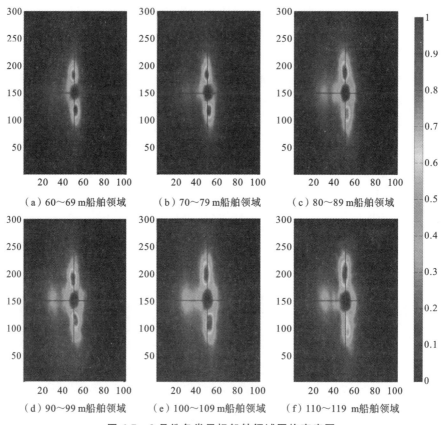

图 6-7 2月份各类目标船舶领域网格密度图

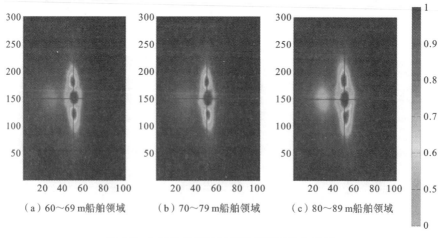

图 6-8 3月份各类目标船舶领域网格密度图

第 6 章 船舶领域统计建模分析方法

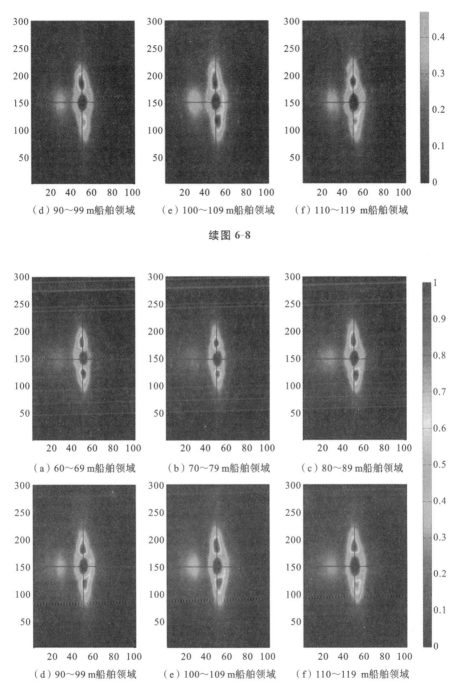

（d）90～99 m 船舶领域　　（e）100～109 m 船舶领域　　（f）110～119 m 船舶领域

续图 6-8

（a）60～69 m 船舶领域　　（b）70～79 m 船舶领域　　（c）80～89 m 船舶领域

（d）90～99 m 船舶领域　　（e）100～109 m 船舶领域　　（f）110～119 m 船舶领域

图 6-9　4 月份各类目标船舶领域网格密度图

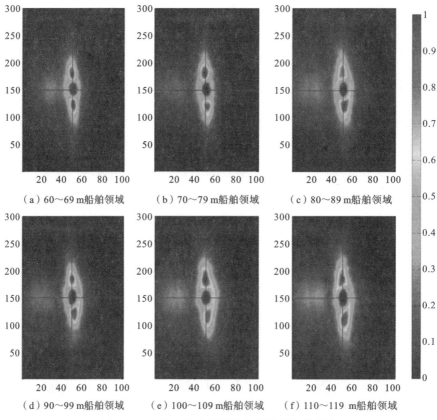

图 6-10 5月份各类目标船舶领域网格密度图

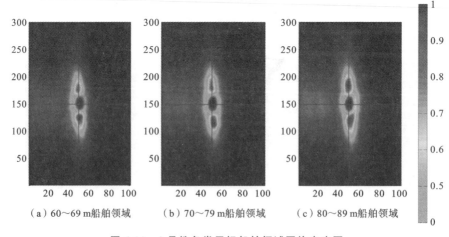

图 6-11 6月份各类目标船舶领域网格密度图

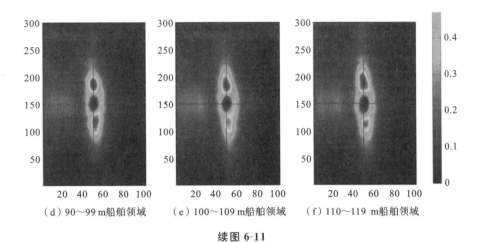

(d) 90~99 m 船舶领域　　（e) 100~109 m 船舶领域　　（f) 110~119 m 船舶领域

续图 6-11

(a) 60~69 m 船舶领域　　（b) 70~79 m 船舶领域　　（c) 80~89 m 船舶领域

(d) 90~99 m 船舶领域　　（e) 100~109 m 船舶领域　　（f) 110~119 m 船舶领域

图 6-12　7 月份各类目标船舶领域网格密度图

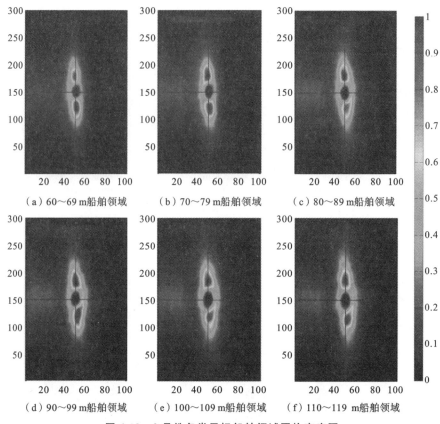

图 6-13 8 月份各类目标船舶领域网格密度图

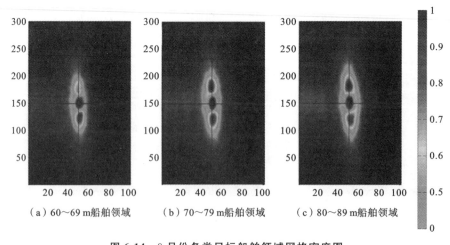

图 6-14 9 月份各类目标船舶领域网格密度图

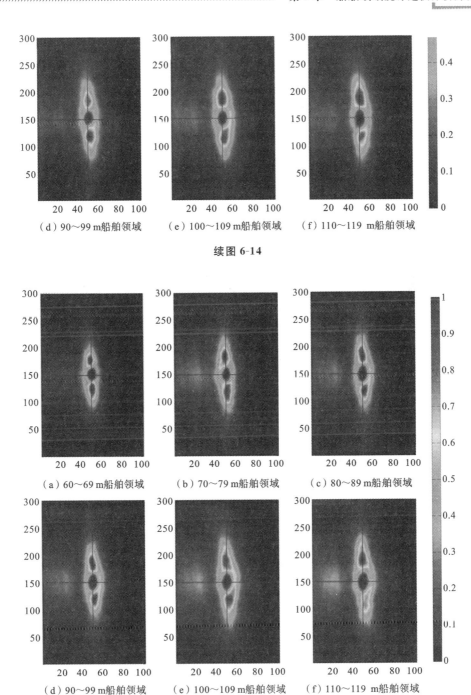

(d) 90～99 m 船舶领域　　(e) 100～109 m 船舶领域　　(f) 110～119 m 船舶领域

续图 6-14

(a) 60～69 m 船舶领域　　(b) 70～79 m 船舶领域　　(c) 80～89 m 船舶领域

(d) 90～99 m 船舶领域　　(e) 100～109 m 船舶领域　　(f) 110～119 m 船舶领域

图 6-15　10 月份各类目标船舶领域网格密度图

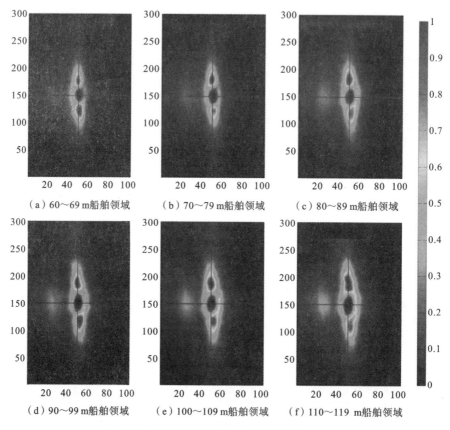

图 6-16 11月份各类目标船舶领域网格密度图

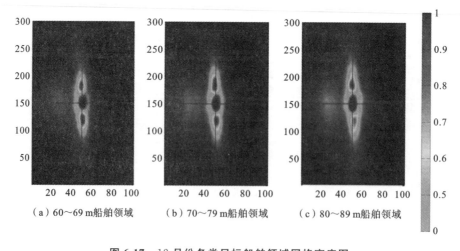

图 6-17 12月份各类目标船舶领域网格密度图

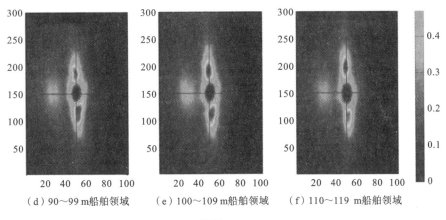

(d) 90~99 m船舶领域　　（e）100~109 m船舶领域　　（f）110~119 m船舶领域

续图 6-17

行领域前后高密度区域逐渐扩大且高于左右侧密度区域。这一特征表明目标船越大，其前后跟驰、左侧会遇、右侧追越的情况更加频繁，较为符合内河航行水域大船在占据主航道后他船多从其右舷追越的情况；目标船越大，他船需要更长时间从目标船左侧和右侧完成会遇和追越，目标船为保持航行安全，多数情况下会尽量跟随他船行驶，这种船舶行为使得航行领域左右密度不对称，使得航行领域中心与船舶中心之间存在偏移。

2．船舶领域长度、宽度分析

分别提取网格密度图中心的周边若干行、列网格数据，获取领域断面图[87]。以网格密度最大值的 20% 作为阈值来对该断面图进行切割，测量该切割线与网格密度数据所成曲线相交的最内侧两个点之间的距离，可知各类船舶领域长度和宽度的大小，从而解析 6 类目标船领域尺寸与船舶尺寸之间的关系，并绘制折线图显示出不同长度船舶领域尺寸之间的差异，图 6-18~图 6-29 展示了 12 个月份不同长度目标船的船舶领域长轴断面图和短轴断面图，图中 L 表示船舶长度。

1）1 月份船舶领域与船舶尺寸关系

1 月份 6 类目标船的船舶领域长度分别占 24、25、26、28、30、32 个网格，宽度分别占 8、8.5、9.5、10.5、11、11.5 个网格；6 类船舶本体长度分别占 7、8、9、10、11、12 个网格，宽度分别占 1.16、1.28、1.42、1.58、1.70、1.91 个网格。船舶领域长度与船长的比值分别为 3.43、3.13、2.89、2.80、2.73、2.67，船舶领域宽度与船长的比值分别为 1.14、1.06、1.05、1.05、1.00、0.96，船舶领域长度与船宽的比值分别为 20.69、19.53、18.31、17.72、17.65、16.75，船舶领域宽度与船宽的比值分别为 6.90、6.64、6.69、6.65、6.47、6.02。1 月份各类目标船的船舶领域长、短轴断面如图 6-18 所示。

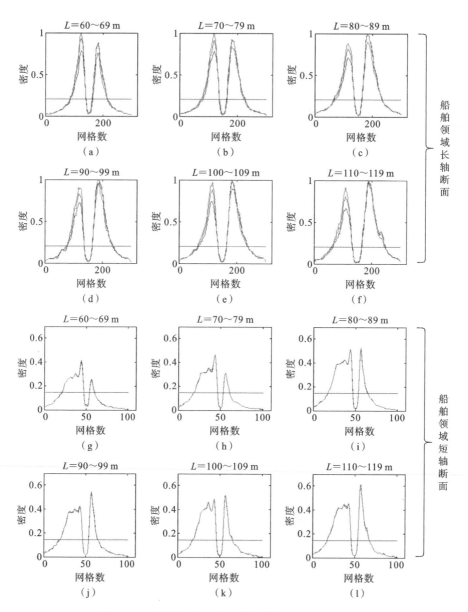

图 6-18 1月份各类目标船的船舶领域长、短轴断面

2）2月份船舶领域与船舶尺寸关系

2月份6类目标船的船舶领域长度分别占25、26、29、31、36、37个网格，宽度分别占8、9、10、11、12、13个网格，6类船舶本体长度分别占7、8、9、10、11、12个网格，宽度分别占1.16、1.28、1.42、1.58、1.70、1.91个网格。船舶领域长度与船长的比

值分别为 3.57、3.25、3.22、3.10、3.27、3.08,船舶领域宽度与船长的比值分别为 1.14、1.13、1.11、1.10、1.09、1.08,船舶领域长度与船宽的比值分别为 21.55、20.31、20.42、19.62、21.18、19.37,船舶领域宽度与船宽的比值分别为 6.90、7.03、7.04、6.96、7.05、6.81。2 月份各类目标船的船舶领域长、短轴断面如图 6-19 所示。

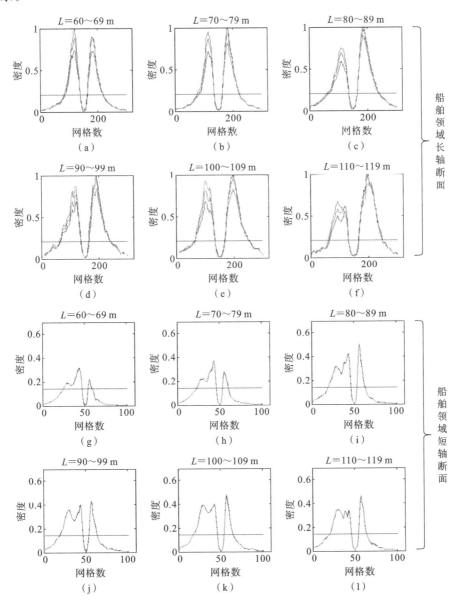

图 6-19 2 月份各类目标船的船舶领域长、短轴断面

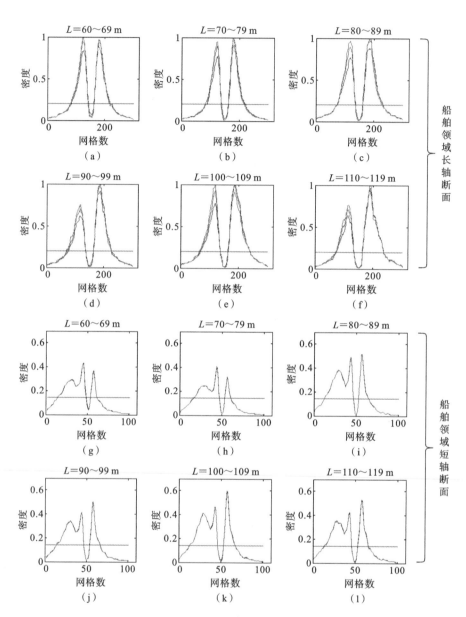

图 6-20　3 月份各类目标船的船舶领域长、短轴断面

3）3 月份船舶领域与船舶尺寸关系

3 月份 6 类目标船的船舶领域长度分别占 23、25、28、29、30、31 个网格,宽度分别占 8、8.5、9、9.5、10、10.5 个网格,6 类船舶本体长度分别占 7、8、9、10、11、12 个网格,宽度分别占 1.17、1.28、1.42、1.58、1.70、1.91 个网格。船舶领域长度与船长的比值

分别为 3.29、3.13、3.11、2.90、2.73、2.58,船舶领域宽度与船长的比值分别为 1.14、1.06、1.00、0.95、0.91、0.88,船舶领域长度与船宽的比值分别为 19.66、19.53、19.72、18.35、17.65、16.23,船舶领域宽度与船宽的比值分别为 6.84、6.64、6.34、6.01、5.50、6.81。3 月份各类目标船的船舶领域长、短轴断面如图 6-20 所示。

4) 4 月份船舶领域与船舶尺寸关系

4 月份 6 类目标船的船舶领域长度分别占 21、23、25、26、28、33 个网格,宽度分别占 7.5、8、8.5、9、9.5、10 个网格,6 类船舶本体长度分别占 7、8、9、10、11、12 个网格,宽度分别占 1.17、1.28、1.42、1.58、1.70、1.91 个网格。船舶领域长度与船长的比值分别为 3.00、2.88、2.78、2.60、2.55、2.75,船舶领域宽度与船长的比值分别为 1.07、1.00、0.94、0.90、0.86、0.83,船舶领域长度与船宽的比值分别为 17.95、17.97、17.61、16.46、16.47、17.28,船舶领域宽度与船宽的比值分别为 6.41、6.25、5.99、5.70、5.59、5.24。4 月份各类目标船的船舶领域长、短轴断面如图 6-21 所示。

5) 5 月份船舶领域与船舶尺寸关系

5 月份 6 类目标船的船舶领域长度分别占 20、23、25、26、27、29 个网格,宽度分别占 8.1、8.3、8.4、8.6、8.7、8.9 个网格,6 类船舶本体长度分别占 7、8、9、10、11、12 个网格,宽度分别占 1.17、1.28、1.42、1.58、1.70、1.91 个网格。船舶领域长度与船长的比值分别为 2.86、2.88、2.78、2.60、2.45、2.42,船舶领域宽度与船长的比值分别为 1.16、1.04、0.93、0.86、0.79、0.74,船舶领域长度与船宽的比值分别为 17.09、17.97、17.61、16.46、15.88、15.18,船舶领域宽度与船宽的比值分别为 6.92、6.48、5.92、5.44、5.12、4.66。5 月份各类目标船的船舶领域长、短轴断面如图 6-22 所示。

6) 6 月份船舶领域与船舶尺寸关系

6 月份 6 类目标船的船舶领域长度分别占 21、24、25、27、28、31 个网格,宽度分别占 7、8、8.5、9、10、10.5 个网格,6 类船舶本体长度分别占 7、8、9、10、11、12 个网格,宽度分别占 1.17、1.28、1.42、1.58、1.70、1.91 个网格。船舶领域长度与船长的比值分别为 3.00、3.00、2.78、2.70、2.55、2.58,船舶领域宽度与船长的比值分别为 1.00、1.00、0.94、0.90、0.91、0.88,船舶领域长度与船宽的比值分别为 17.95、18.75、17.61、17.09、16.47、16.23,船舶领域宽度与船宽的比值分别为 5.98、6.25、5.99、5.70、5.88、5.50。6 月份各类目标船的船舶领域长、短轴断面如图 6-23 所示。

7) 7 月份船舶领域与船舶尺寸关系

7 月份 6 类目标船的船舶领域长度分别占 16、18、21、22、23、24 个网格,宽度分别占 6、7、8、8.5、9、9.5 个网格,6 类船舶本体长度分别占 7、8、9、10、11、12 个网格,宽度分别占 1.17、1.28、1.42、1.58、1.70、1.91 个网格。船舶领域长度与船长的比值分别

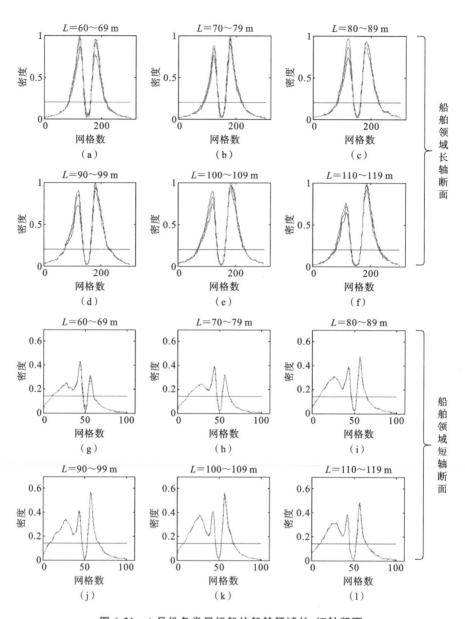

图 6-21 4 月份各类目标船的船舶领域长、短轴断面

为 2.28、2.25、2.33、2.20、2.09、2.00，船舶领域宽度与船长的比值分别为 0.86、0.88、0.89、0.85、0.82、0.79，船舶领域长度与船宽的比值分别为 13.68、14.06、14.79、13.92、13.53、12.57，船舶领域宽度与船宽的比值分别为 5.13、5.47、5.63、5.38、5.29、4.97。7 月份各类目标船的船舶领域长、短轴断面如图 6-24 所示。

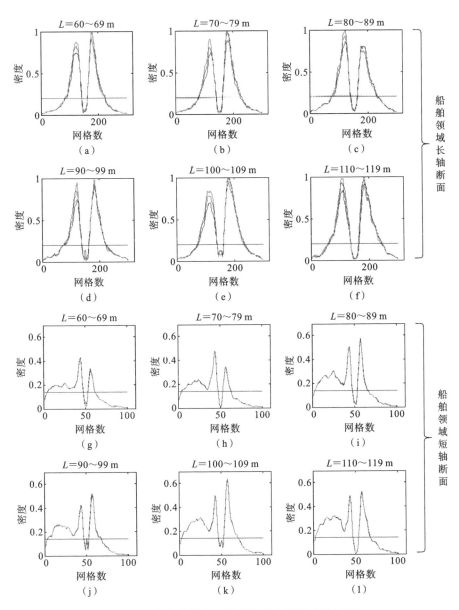

图 6-22　5 月份各类目标船的船舶领域长、短轴断面

8) 8 月份船舶领域与船舶尺寸关系

8 月份 6 类目标船的船舶领域长度分别占 21、23、24、26、28、29 个网格,宽度分别占 7、7.5、8、9、9.5、10 个网格,6 类船舶本体长度分别占 7、8、9、10、11、12 个网格,宽度分别占 1.17、1.28、1.42、1.58、1.70、1.91 个网格。船舶领域长度与船长

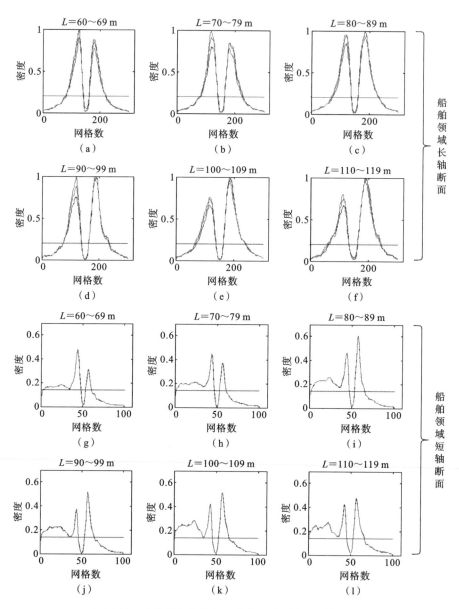

图 6-23 6 月份各类目标船的船舶领域长、短轴断面

的比值分别为 3.00、2.88、2.67、2.60、2.55、2.42,船舶领域宽度与船长的比值分别为 1.00、0.94、0.89、0.90、0.86、0.83,船舶领域长度与船宽的比值分别为 17.95、17.97、16.90、16.46、16.47、15.18,船舶领域宽度与船宽的比值分别为 5.98、5.86、5.63、5.70、5.59、5.24。8 月份各类目标船的船舶领域长、短轴断面如

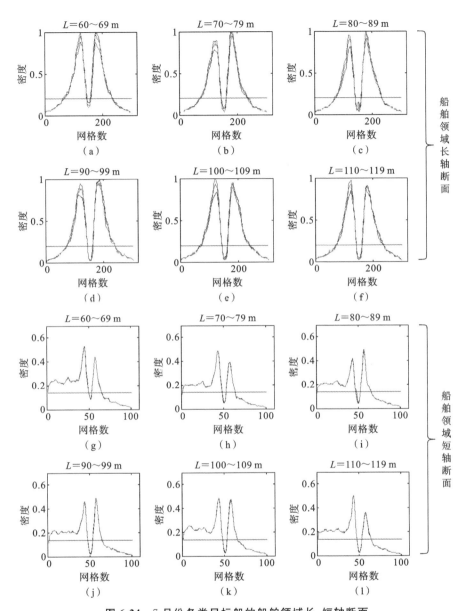

图 6-24 7月份各类目标船的船舶领域长、短轴断面

图 6-25 所示。

9) 9月份船舶领域与船舶尺寸关系

9月份6类目标船的船舶领域长度分别占19、22、23、24、25、29个网格,宽度分别占7、7.5、8、8.5、9、10个网格,6类船舶本体长度分别占7、8、9、10、11、12个网格,宽度分别占1.17、1.28、1.42、1.58、1.70、1.91个网格。船舶领域长度与船长的比值分

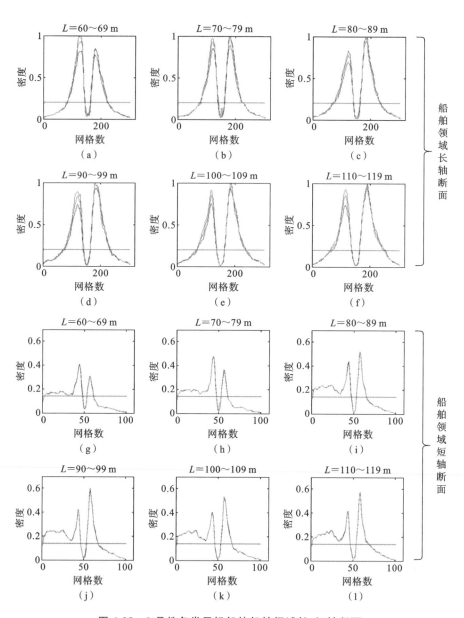

图 6-25 8月份各类目标船的船舶领域长、短轴断面

别为 2.71、2.75、2.56、2.40、2.27、2.42,船舶领域宽度与船长的比值分别为 1.00、0.94、0.89、0.85、0.82、0.83,船舶领域长度与船宽的比值分别为 16.24、17.19、16.20、15.19、14.71、15.18,船舶领域宽度与船宽的比值分别为 5.98、5.86、5.63、5.38、5.29、5.24。9月份各类目标船的船舶领域长、短轴断面如图 6-26 所示。

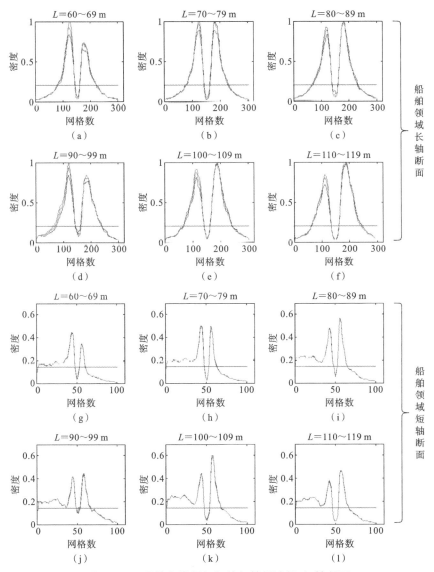

图 6-26 9 月份各类目标船的船舶领域长、短轴断面

10）10 月份船舶领域与船舶尺寸关系

10 月份 6 类目标船的船舶领域长度分别占 20、21、25、28、29、30 个网格，宽度分别占 7.5、8、8.5、9、9.5、10 个网格，而 6 类船舶本身长度分别占 7、8、9、10、11、12 个网格，宽度分别占 1.17、1.28、1.42、1.58、1.70、1.91 个网格。船舶领域长度与船长的比值分别为 2.86、2.63、2.78、2.80、2.64、2.50，船舶领域宽度与船长的比值分别为 1.07、1.00、0.94、0.90、0.86、0.83，船舶领域长度与船宽的比值分别为 17.09、16.41、

17.61、17.72、17.06、15.71,船舶领域宽度与船宽的比值分别为 6.41、6.25、5.99、5.70、5.59、5.24。10月份各类目标船的船舶领域长、短轴断面如图 6-27 所示。

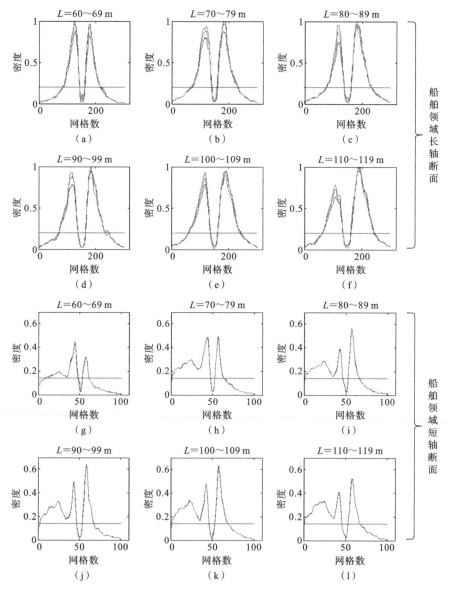

图 6-27　10月份各类目标船的船舶领域长、短轴断面

11）11月份船舶领域与船舶尺寸关系

11月份 6 类目标船的船舶领域长度分别占 21、25、26、29、30、32 个网格,宽度分别占 8、8.5、9、9.5、10、10.5 个网格,6 类船舶本体长度分别占 7、8、9、10、11、12

个网格,宽度分别占 1.17、1.28、1.42、1.58、1.70、1.91 个网格。船舶领域长度与船长的比值分别为 3.00、3.13、2.89、2.90、2.73、2.67,船舶领域宽度与船长的比值分别为 1.14、1.06、1.00、0.95、0.91、0.88,船舶领域长度与船宽的比值分别为 17.95、19.53、18.31、18.35、17.65、16.75,船舶领域宽度与船宽的比值分别为 6.84、6.64、6.34、6.01、5.88、5.50。11 月份各类目标船的船舶领域长、短轴断面如图 6-28 所示。

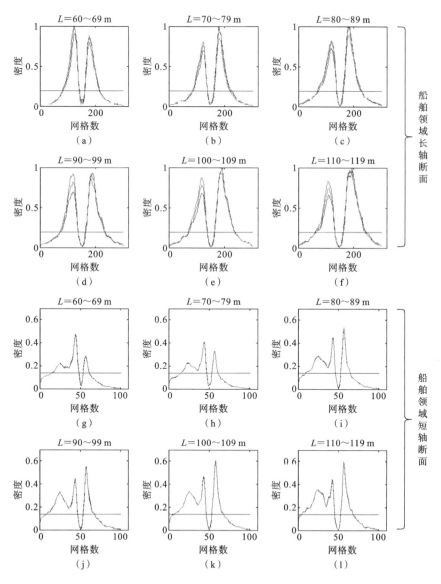

图 6-28 11 月份各类目标船的船舶领域长、短轴断面

12) 12 月份船舶领域与船舶尺寸关系

12 月份 6 类目标船的船舶领域长度分别占 24、28、30、31、33、35 个网格,宽度分别占 7.5、8.5、9、9.5、10、11 个网格,6 类船舶本体长度分别占 7、8、9、10、11、12 个网格,宽度分别占 1.17、1.28、1.42、1.58、1.70、1.91 个网格。船舶领域长度与船长的比值分别为 3.43、3.50、3.33、3.10、3.00、2.92,船舶领域宽度与船长的比

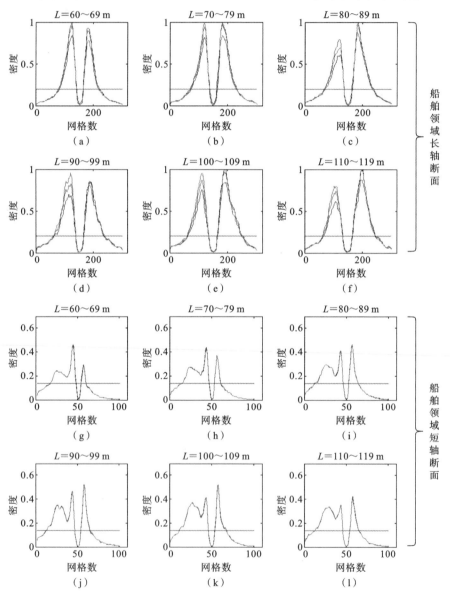

图 6-29 12 月份各类目标船的船舶领域长、短轴断面

值分别为 1.07、1.06、1.00、0.95、0.91、0.92,船舶领域长度与船宽的比值分别为 20.51、21.88、21.13、19.62、19.41、18.32,船舶领域宽度与船宽的比值分别为 6.41、6.64、6.34、6.01、5.88、5.76。12 月份各类目标船的船舶领域长、短轴断面如图 6-29 所示。

3. 船舶领域与船舶尺度之间的关系分析

将各个月份的船舶领域和船舶本体均视为椭圆,然后进行面积计算,可获取船舶领域面积和船舶面积的比值,如图 6-30 所示,并比较不同月份船舶领域长度和宽度变化之间的差异,如图 6-31 和图 6-32 所示,发现每个月份船舶领域面积与船舶本体面积的比值随船舶尺度增加逐渐减小,船舶领域尺度随船舶尺度增加逐渐增加。各月份船舶领域面积与船舶本体面积的比值和船舶领域尺度之间也存在差异,如处于枯水期的 1、2、3、4、11、12 月份的面积比值和船舶领域尺度明显大于其

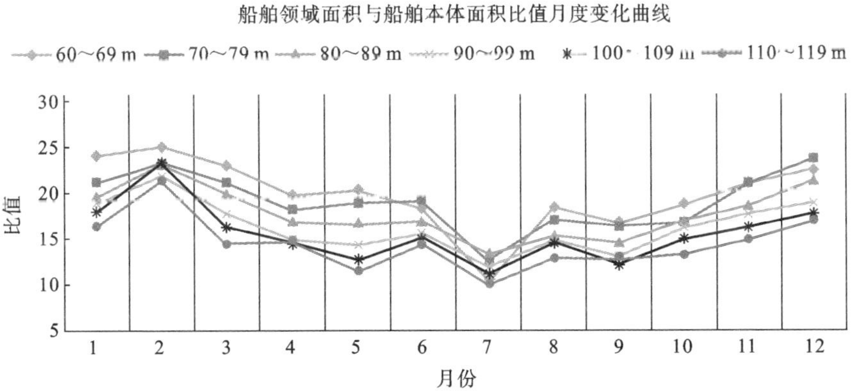

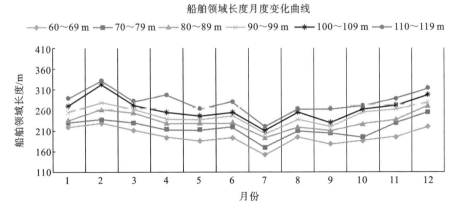

图 6-30 6 类目标船的船舶领域面积与船舶面积比值变化

图 6-31 6 类目标船的船舶领域长度月度变化

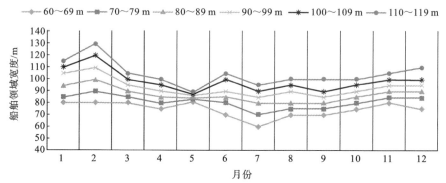

图 6-32 6 类目标船的船舶领域宽度月度变化

他月份的比值和领域尺度。

通过领域断面切割法得到各个月份不同长度分类的上、下行船舶领域长度,生成图 6-33 和图 6-34 所示的船舶领域长度月度变化对比图,可知,同一长度范围内枯水期上行船的领域尺寸大于洪水期上行船的领域尺寸,枯水期下行船的领域尺寸小于洪水期下行船的领域尺寸,同一长度范围内的上行船的领域尺寸小于下行船的领域尺寸。由于不同长度类别船舶领域是上行船和下行船的网格密度图叠加在一起所呈现的特征,所以两者叠加之后的领域尺寸主要由上行船的领域尺寸决定,从而导致同一长度范围内上行船与下行船叠加的领域尺寸呈现出枯水期大于洪水期的现象。

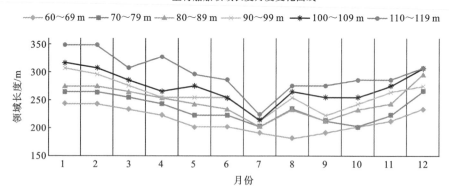

图 6-33 6 类目标船的上行船舶领域长度月度变化

解析每个月份 6 类目标船的船舶领域尺寸可知,随着目标船尺度的增加,船舶领域尺寸与船舶尺寸之间的比值不是定值,通航环境影响下的船舶行为存在差异,

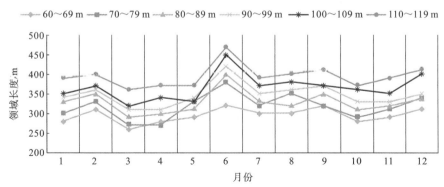

图 6-34 6 类目标船的下行船舶领域长度月度变化

导致船舶领域尺度与船舶尺度的比值、船舶领域面积与船舶面积的比值随船舶尺度增加而逐渐减小。测算每个月份 6 类目标船的船舶领域中心和船舶本体中心,两个中心的偏移距离对比如表 6-1 所示,正值表示船舶领域中心位于船舶本体中心右侧,负值表示船舶领域中心位于船舶本体中心左侧。

表 6-1 不同月份船舶领域中心与船舶中心的偏移距离对比

月份	60～69 m	70～79 m	80～89 m	90～99 m	100～109 m	110～119 m
1 月份	5	4	2	−1	−3	−5
2 月份	5	4	0	−2	−3	−5
3 月份	3	0	0	−1	−2	−5
4 月份	4	2	1	0	−1	−5
5 月份	2	1	0	0	0	−2
6 月份	5	3	1	−2	−4	−6
7 月份	5	4	0	0	−2	−4
8 月份	6	5	0	−2	−4	−5
9 月份	5	2	1	0	−2	−5
10 月份	4	3	1	0	−2	−5
11 月份	3	2	1	0	−2	−5
12 月份	2	1	0	0	−1	−2

图 6-35 展示了 6 类目标船的船舶领域中心与船舶本体中心的偏移距离月度变化,随船舶尺度的增加,船舶领域中心与船舶本体中心的偏移距离从正值变为负

值,即船舶领域中心逐渐从往船舶中心右侧偏移变为往左侧偏移,采用线性函数对每个月份的船舶领域中心与船舶本体中心偏移距离进行拟合,结果如下。

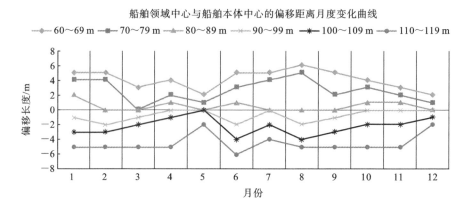

图 6-35　6 类目标船的船舶领域中心与船舶本体中心的偏移距离月度变化

1）1 月份目标船领域中心与船舶尺寸关系

根据 1 月份船舶领域尺寸与船舶尺寸的比值结果,船舶领域长度和船长的比值在 2.5～3.5 之间,船舶越长,比值相对越小;船舶领域宽度和船长的比值在 0.95～1.15 之间,船舶越长,比值相对越小。船舶领域长度和船宽的比值在 16～21 之间,船舶越宽,比值相对越小;船舶领域宽度和船宽的比值在 6～6.9 之间,船舶越宽,比值相对越小。令目标船的长度为 x_1、宽度为 x_2,船舶领域的长度为 y_1、宽度为 y_2,则船舶领域与船舶尺寸的拟合关系为

$$\begin{cases} y_1 = 1.6286x_1 + 120.2857 \\ y_2 = 0.7429x_1 + 27.7619 \\ y_1 = 11.0408x_1 + 108.4681 \\ y_2 = 4.9764x_1 + 23.273 \end{cases} \tag{6-1}$$

1 月份船舶领域尺寸与船舶尺寸的拟合关系如图 6-36 所示。

2）2 月份目标船领域中心与船舶尺寸关系

根据 2 月份船舶领域尺寸与船舶尺寸的比值结果,船舶领域长度和船长的比值在 3～3.6 之间,船舶越长,比值相对越小;船舶领域宽度和船长的比值在 1.15～1.3 之间,船舶越长,比值相对越小。船舶领域长度和船宽的比值在 19.3～21.5 之间,船舶越宽,比值相对越小;船舶领域宽度和船宽的比值在 7.3～7.75 之间,船舶越宽,比值相对越小。令目标船的长度为 x_1、宽度为 x_2,船舶领域的长度为 y_1、宽度为 y_2,则船舶领域与船舶尺寸的拟合关系为

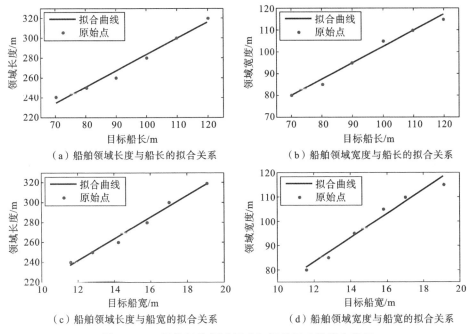

图 6-36 1月份船舶领域尺寸与船舶尺寸的拟合关系

$$\begin{cases} y_1 = 2.6286x_1 + 56.9524 \\ y_2 = x_1 + 10 \\ y_1 = 17.6254x_1 + 40.8171 \\ y_2 = 6.7233x_1 + 3.5901 \end{cases} \tag{6-2}$$

2月份船舶领域尺寸与船舶尺寸的拟合关系如图6-37所示。

3）3月份目标船领域中心与船舶尺寸关系

根据3月份船舶领域尺寸与船舶尺寸的比值结果，船舶领域长度和船长的比值在2.5～3.3之间，船舶越长，比值相对越小；船舶领域宽度和船长的比值在1.05～1.15之间，船舶越长，比值相对越小。船舶领域长度和船宽的比值在16.2～19.75之间，船舶越宽，比值相对越小；船舶领域宽度和船宽的比值在6.8～7.1之间，船舶越宽，比值相对越小。令目标船的长度为x_1、宽度为x_2，船舶领域的长度为y_1、宽度为y_2，则船舶领域与船舶尺寸的拟合关系为

$$\begin{cases} y_1 = 1.6x_1 + 124.6667 \\ y_2 = 0.5x_1 + 45 \\ y_1 = 10.6992x_1 + 115.1095 \\ y_2 = 6.7233x_1 + 3.5901 \end{cases} \tag{6-3}$$

3月份船舶领域尺寸与船舶尺寸的拟合关系如图6-38所示。

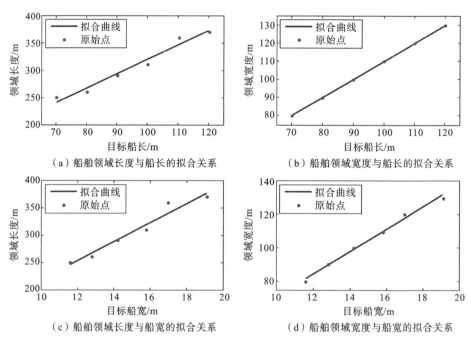

图 6-37 2 月份船舶领域尺寸与船舶尺寸的拟合关系

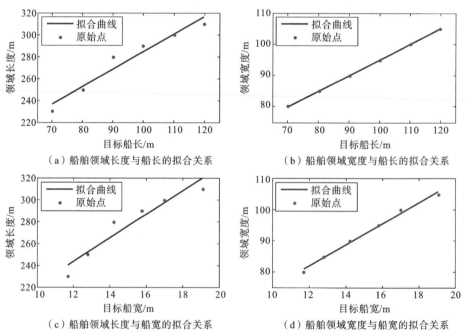

图 6-38 3 月份船舶领域尺寸与船舶尺寸的拟合关系

4）4月份目标船领域中心与船舶尺寸关系

根据4月份船舶领域尺寸与船舶尺寸的比值结果，船舶领域长度和船长的比值在2.5～3之间，船舶越长，比值相对越小；船舶领域宽度和船长的比值在0.8～1.1之间，船舶越长，比值相对越小。船舶领域长度和船宽的比值在16.4～18之间，船舶越宽，比值相对越小；船舶领域宽度和船宽的比值在5.2～6.5之间，船舶越宽，比值相对越小。令目标船的长度为x_1、宽度为x_2，船舶领域的长度为y_1、宽度为y_2，则船舶领域与船舶尺寸的拟合关系为

$$\begin{cases} y_1 = 2.1714x_1 + 53.7143 \\ y_2 = 0.5x_1 + 40 \\ y_1 = 14.9894x_1 + 33.66 \\ y_2 = 3.3898x_1 + 36.3136 \end{cases} \tag{6-4}$$

4月份船舶领域尺寸与船舶尺寸的拟合关系如图6-39所示。

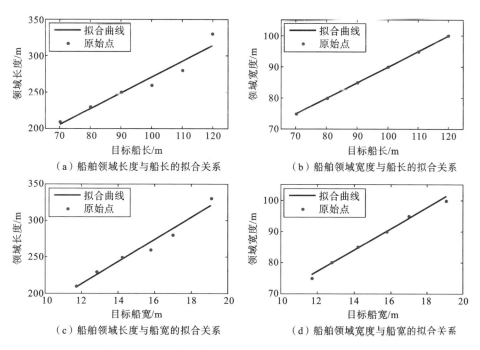

图6-39　4月份船舶领域尺寸与船舶尺寸的拟合关系

5）5月份目标船领域中心与船舶尺寸关系

根据5月份船舶领域尺寸与船舶尺寸的比值结果，船舶领域长度和船长的比值在2.4～2.9之间，船舶越长，比值相对越小；船舶领域宽度和船长的比值在0.7～1.2之间，船舶越长，比值相对越小。船舶领域长度和船宽的比值在15.1～18之间，船

舶越宽,比值相对越小;船舶领域宽度和船宽的比值在 4.6～7 之间,船舶越宽,比值相对越小。令目标船的长度为 x_1、宽度为 x_2,船舶领域的长度为 y_1、宽度为 y_2,则船舶领域与船舶尺寸的拟合关系为

$$\begin{cases} y_1 = 1.6571x_1 + 92.5714 \\ y_2 = 0.1543x_1 + 70.3429 \\ y_1 = 11.1494x_1 + 81.6446 \\ y_2 = 1.0487x_1 + 69.1642 \end{cases} \quad (6-5)$$

5 月份船舶领域尺寸与船舶尺寸的拟合关系如图 6-40 所示。

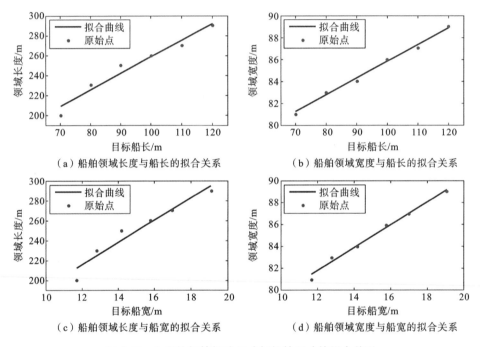

图 6-40 5 月份船舶领域尺寸与船舶尺寸的拟合关系

6) 6 月份目标船领域中心与船舶尺寸关系

根据 6 月份船舶领域尺寸与船舶尺寸的比值结果,船舶领域长度和船长的比值在 2.5～3 之间,船舶越长,比值相对越小;船舶领域宽度和船长的比值在 0.85～1 之间,船舶越长,比值相对越小。船舶领域长度和船宽的比值在 16.2～18.8 之间,船舶越宽,比值相对越小;船舶领域宽度和船宽的比值在 5.5～6.3 之间,船舶越宽,比值相对越小。令目标船的长度为 x_1、宽度为 x_2,船舶领域的长度为 y_1、宽度为 y_2,则船舶领域与船舶尺寸的拟合关系为

$$\begin{cases} y_1 = 1.8286x_1 + 86.2857 \\ y_2 = 0.6857x_1 + 23.1905 \\ y_1 = 12.447x_1 + 72.0498 \\ y_2 = 4.6213x_1 + 18.5518 \end{cases} \tag{6-6}$$

6月份船舶领域尺寸与船舶尺寸的拟合关系如图6-41所示。

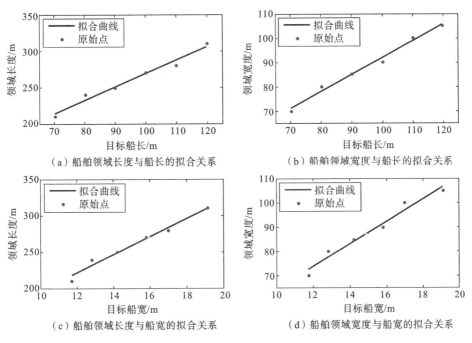

图6-41 6月份船舶领域尺寸与船舶尺寸的拟合关系

7）7月份目标船领域中心与船舶尺寸关系

根据7月份船舶领域尺寸与船舶尺寸的比值结果,船舶领域长度和船长的比值在2～2.4之间,船舶越长,比值相对越小;船舶领域宽度和船长的比值在0.75～0.9之间,船舶越长,比值相对越小。船舶领域长度和船宽的比值在11.9～14.8之间,船舶越宽,比值相对越小;船舶领域宽度和船宽的比值在4.9～5.7之间,船舶越宽,比值相对越小。令目标船的长度为x_1、宽度为x_2,船舶领域的长度为y_1、宽度为y_2,则船舶领域与船舶尺寸的拟合关系为

$$\begin{cases} y_1 = 1.8857x_1 + 24.1905 \\ y_2 = 0.6857x_1 + 14.8571 \\ y_1 = 12.5x_1 + 14.5833 \\ y_2 = 4.5948x_1 + 10.6184 \end{cases} \tag{6-7}$$

7月份船舶领域尺寸与船舶尺寸的拟合关系如图6-42所示。

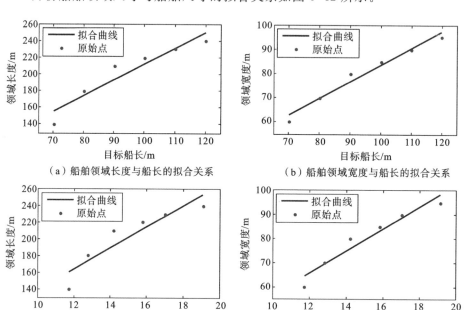

图6-42　7月份船舶领域尺寸与船舶尺寸的拟合关系

8）8月份目标船领域中心与船舶尺寸关系

根据8月份船舶领域尺寸与船舶尺寸的比值结果,船舶领域长度和船长的比值在2.4~3之间,船舶越长,比值相对越小;船舶领域宽度和船长的比值在0.8~1之间,船舶越长,比值相对越小。船舶领域长度和船宽的比值在15.1~18之间,船舶越宽,比值相对越小;船舶领域宽度和船宽的比值在5.2~6之间,船舶越宽,比值相对越小。令目标船的长度为x_1、宽度为x_2,船舶领域的长度为y_1、宽度为y_2,则船舶领域与船舶尺寸的拟合关系为

$$\begin{cases} y_1 = 1.6286x_1 + 96.9524 \\ y_2 = 0.6286x_1 + 25.2857 \\ y_1 = 10.9905x_1 + 85.7106 \\ y_2 = 4.2638x_1 + 20.6171 \end{cases} \quad (6-8)$$

8月份船舶领域尺寸与船舶尺寸的拟合关系如图6-43所示。

9）9月份目标船领域中心与船舶尺寸关系

根据9月份船舶领域尺寸与船舶尺寸的比值结果,船舶领域长度和船长的比值在2.4~2.8之间,船舶越长,比值相对越小;船舶领域宽度和船长的比值在0.8~1

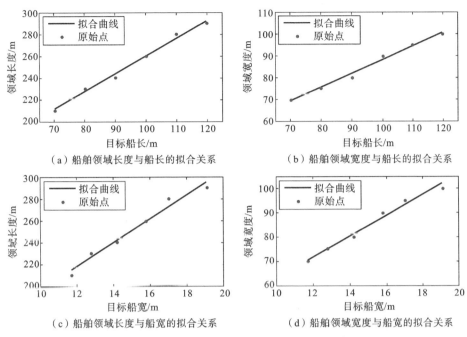

图 6-43　8月份船舶领域尺寸与船舶尺寸的拟合关系

之间,船舶越长,比值相对越小。船舶领域长度和船宽的比值在 14.7~17.2 之间,船舶越宽,比值相对越小;船舶领域宽度和船宽的比值在 5.2~6 之间,船舶越宽,比值相对越小。令目标船的长度为 x_1、宽度为 x_2,船舶领域的长度为 y_1、宽度为 y_2,则船舶领域与船舶尺寸的拟合关系为

$$\begin{cases} y_1 = 1.7143 x_1 + 73.8095 \\ y_2 = 0.5714 x_1 + 29.0476 \\ y_1 = 11.7585 x_1 + 59.1137 \\ y_2 = 3.9195 x_1 + 24.149 \end{cases} \tag{6-9}$$

9月份船舶领域尺寸与船舶尺寸的拟合关系如图 6-44 所示。

10) 10 月份目标船领域中心与船舶尺寸关系

根据 10 月份船舶领域尺寸与船舶尺寸的比值结果,船舶领域长度和船长的比值在 2.5~2.9 之间,船舶越长,比值相对越小;船舶领域宽度和船长的比值在 0.8~1.1 之间,船舶越长,比值相对越小。船舶领域长度和船宽的比值在 15.7~17.8 之间,船舶越宽,比值相对越小;船舶领域宽度和船宽的比值在 5.2~6.5 之间,船舶越宽,比值相对越小。令目标船的长度为 x_1、宽度为 x_2,船舶领域的长度为 y_1、宽度为 y_2,则船舶领域与船舶尺寸的拟合关系为

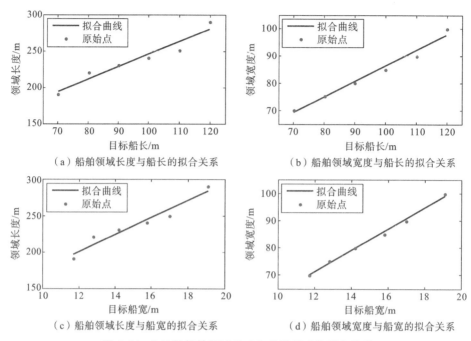

(a) 船舶领域长度与船长的拟合关系　　(b) 船舶领域宽度与船长的拟合关系

(c) 船舶领域长度与船宽的拟合关系　　(d) 船舶领域宽度与船宽的拟合关系

图 6-44　9 月份船舶领域尺寸与船舶尺寸的拟合关系

$$\begin{cases} y_1 = 2.2x_1 + 46 \\ y_2 = 0.5x_1 + 40 \\ y_1 = 14.804x_1 + 31.4592 \\ y_2 = 3.3898x_1 + 36.3136 \end{cases} \tag{6-10}$$

10 月份船舶领域尺寸与船舶尺寸的拟合关系如图 6-45 所示。

11) 11 月份目标船领域中心与船舶尺寸关系

根据 11 月份船舶领域尺寸与船舶尺寸的比值结果,船舶领域长度和船长的比值在 2.6~3.2 之间,船舶越长,比值相对越小;船舶领域宽度和船长的比值在 0.85~1.15 之间,船舶越长,比值相对越小。船舶领域长度和船宽的比值在 16.7~20 之间,船舶越宽,比值相对越小;船舶领域宽度和船宽的比值在 5.5~6.9 之间,船舶越宽,比值相对越小。令目标船的长度为 x_1、宽度为 x_2,船舶领域的长度为 y_1、宽度为 y_2,则船舶领域与船舶尺寸的拟合关系为

$$\begin{cases} y_1 = 2.0857x_1 + 73.5238 \\ y_2 = 0.5x_1 + 45 \\ y_1 = 10.6992x_1 + 59.7228 \\ y_2 = 3.3898x_1 + 41.3136 \end{cases} \tag{6-11}$$

11 月份船舶领域尺寸与船舶尺寸的拟合关系如图 6-46 所示。

第 6 章 船舶领域统计建模分析方法

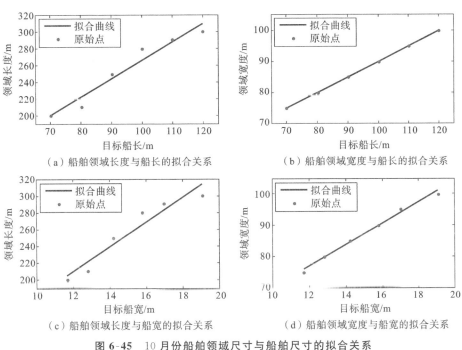

图 6-45 10 月份船舶领域尺寸与船舶尺寸的拟合关系

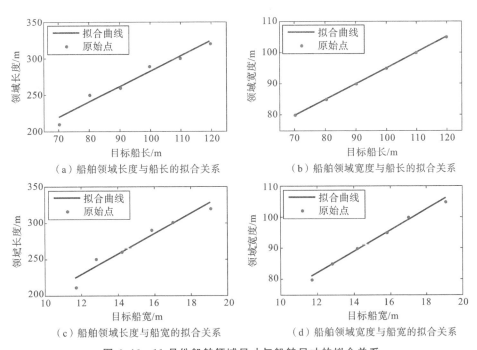

图 6-46 11 月份船舶领域尺寸与船舶尺寸的拟合关系

12）12 月份目标船领域中心与船舶尺寸关系

根据 12 月份船舶领域尺寸与船舶尺寸的比值结果，船舶领域长度和船长的比值在 2.9～3.5 之间，船舶越长，比值相对越小；船舶领域宽度和船长的比值在 0.9～1.1 之间，船舶越长，比值相对越小。船舶领域长度和船宽的比值在 18.3～21.9 之间，船舶越宽，比值相对越小；船舶领域宽度和船宽的比值在 5.7～6.7 之间，船舶越宽，比值相对越小。令目标船的长度为 x_1、宽度为 x_2，船舶领域的长度为 y_1、宽度为 y_2，则船舶领域与船舶尺寸的拟合关系为

$$\begin{cases} y_1 = 2.0286x_1 + 108.9524 \\ y_2 = 0.6429x_1 + 31.4286 \\ y_1 = 13.6123x_1 + 96.1211 \\ y_2 = 4.3697x_1 + 26.5175 \end{cases} \quad (6\text{-}12)$$

12 月份船舶领域尺寸与船舶尺寸的拟合关系如图 6-47 所示。

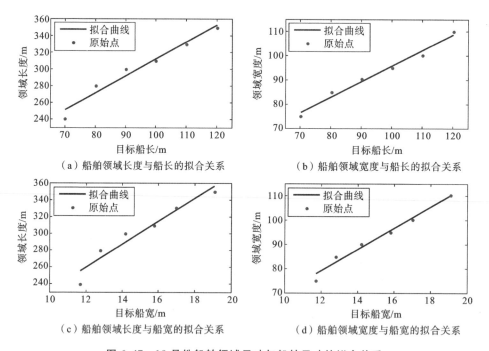

（a）船舶领域长度与船长的拟合关系　　（b）船舶领域宽度与船长的拟合关系

（c）船舶领域长度与船宽的拟合关系　　（d）船舶领域宽度与船宽的拟合关系

图 6-47　12 月份船舶领域尺寸与船舶尺寸的拟合关系

6.3.2　基于船舶速度分类的船舶领域统计分析

为了研究船舶速度与船舶领域的关系，利用每月 AIS 静态、动态信息统计船舶航速分布，如图 6-48 所示，可知每月内航行船舶的平均速度均集中在 2～8 kn，所

以将目标船按船舶平均航行速度分为3类,分别为2~4 kn、4~6 kn、6~8 kn。利用每月 AIS 数据分别对3类目标船的航行领域进行统计,并按航行方向分为上行船舶和下行船舶,在此基础上开展基于船舶速度分类的船舶领域统计分析,分析任务包括以下内容。

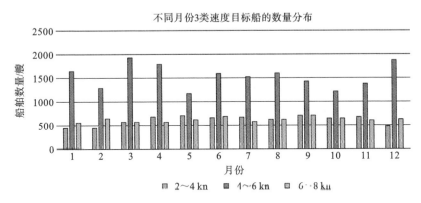

图 6-48　不同月份 3 类速度目标船数量对比

（1）通过领域断面法求得3类船舶领域的长度与宽度,并对不同月份、不同船舶速度的船舶领域尺寸进行比较,分析船舶领域尺寸随季节变化的特点。

（2）分析不同速度条件下上行船与下行船航行领域特征的差别,以及上行船与下行船航行领域与各个月份对应水位之间的差异。

（3）通过不同月份3类船舶领域尺寸和对应船舶速度大小建立船舶领域尺寸与船舶速度之间的拟合关系,计算船舶领域中心与船舶本体中心的偏移距离,用于表征船舶速度变化对船舶领域的影响。

1. 不同速度的目标船领域网格密度图生成

利用内河长江武汉段 2014 年 AIS 数据统计3类目标船领域,得到每个月份的目标船领域网格密度图,其中网格尺寸设为 10 m,目标船航行领域的矩形区域长、宽分别为 3000 m 和 1000 m,共划分 300×100 个网格单元。图 6-49~图 6-60 展示了不同月份3类目标船领域网格密度,横轴、纵轴均表示网格数,图中实线交点是目标船网格密度图中心,表示船舶本体位置,中心周边一小片水域网格密度远低于其余水域,可认为是其船舶领域。对比 12 个月份的 3 类目标船网格密度图,所有船舶领域形状均呈非对称椭圆状,且椭圆长轴与船舶向平行。随着目标船速度增大,船舶领域尺度也相应增加,航行领域左右侧的船舶交汇密度逐渐增大,航行领域前后高密度区域逐渐扩大且高于左右侧密度区域。

2. 船舶领域长度、宽度分析

分别提取网格密度图中心的周边若干行、列网格数据,获取领域断面图。以网

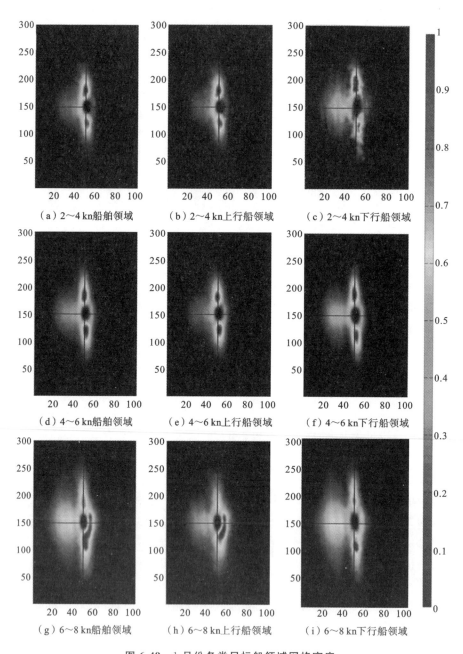

图 6-49 1 月份各类目标船领域网格密度

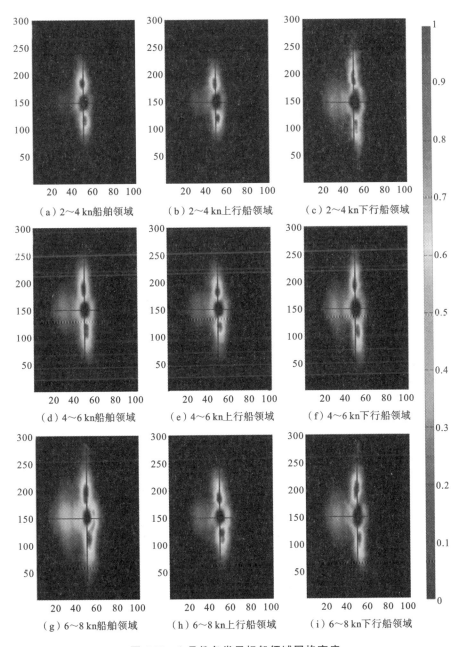

图 6-50 2月份各类目标船领域网格密度

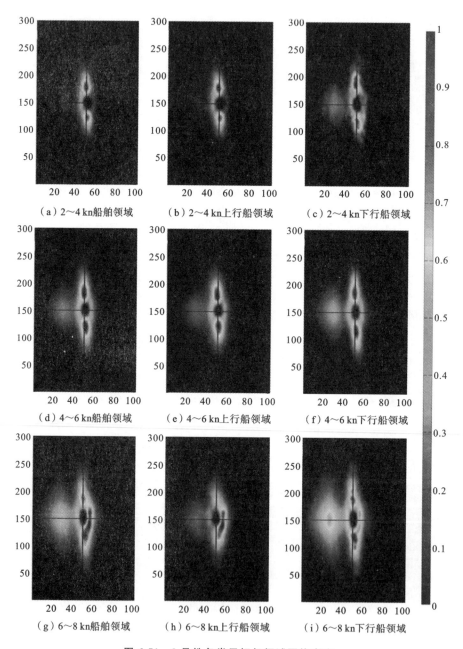

图 6-51 3月份各类目标船领域网格密度

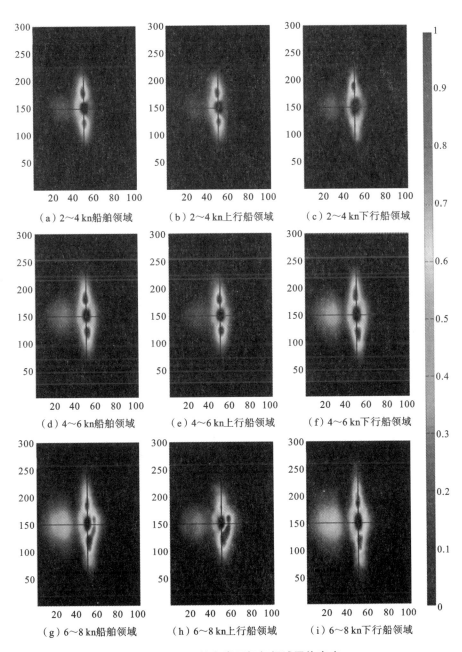

图 6-52 4月份各类目标船领域网格密度

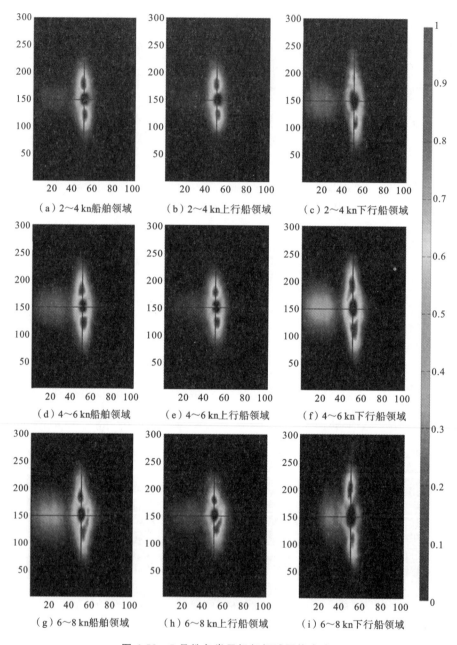

图 6-53　5 月份各类目标船领域网格密度

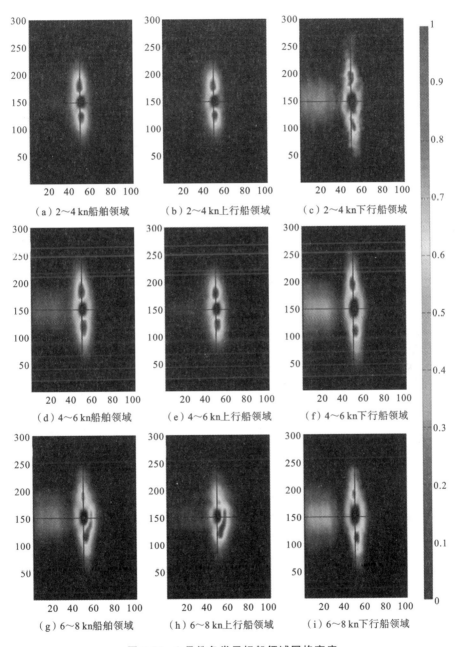

图 6-54 6月份各类目标船领域网格密度

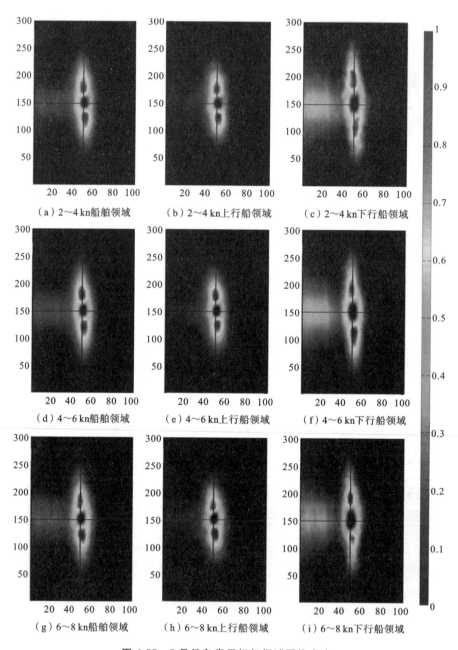

图 6-55 7月份各类目标船领域网格密度

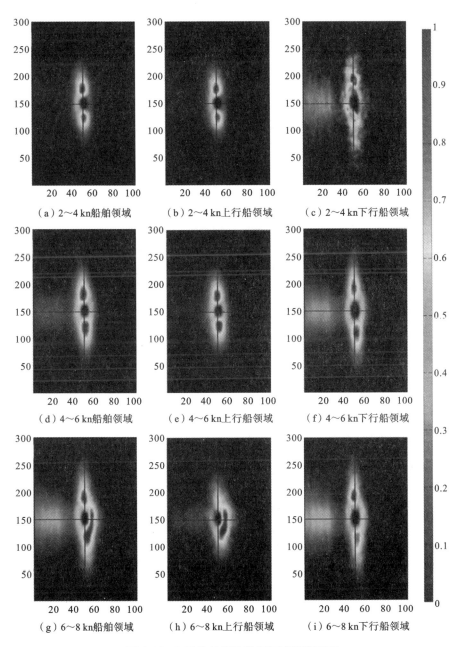

图 6-56 8月份各类目标船领域网格密度

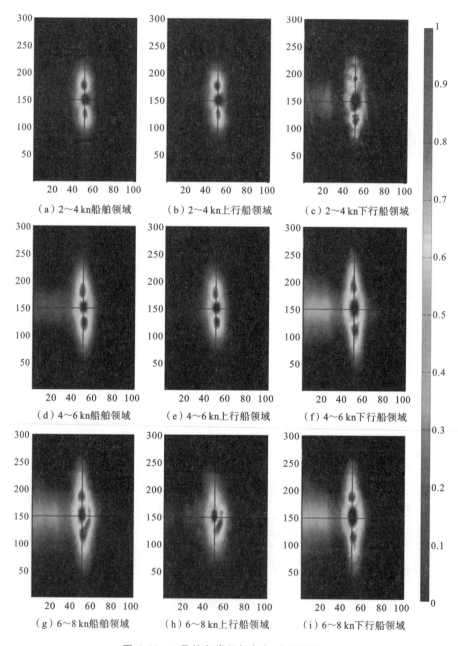

图 6-57　9 月份各类目标船领域网格密度

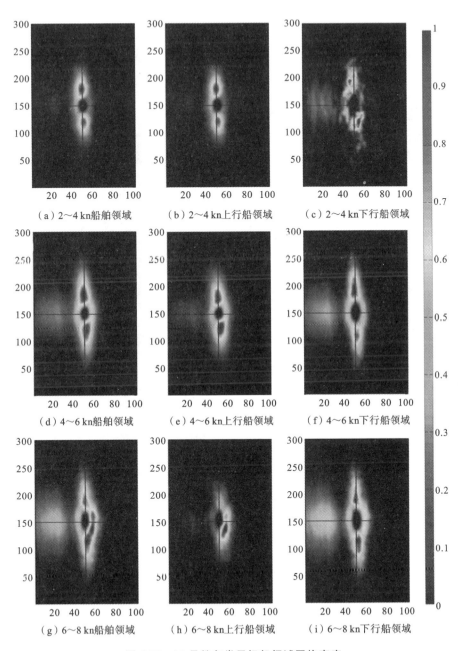

图 6-58　10月份各类目标船领域网格密度

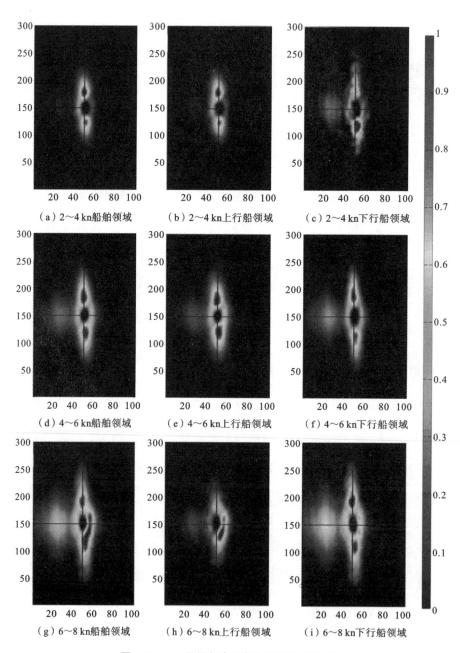

图 6-59 11月份各类目标船领域网格密度

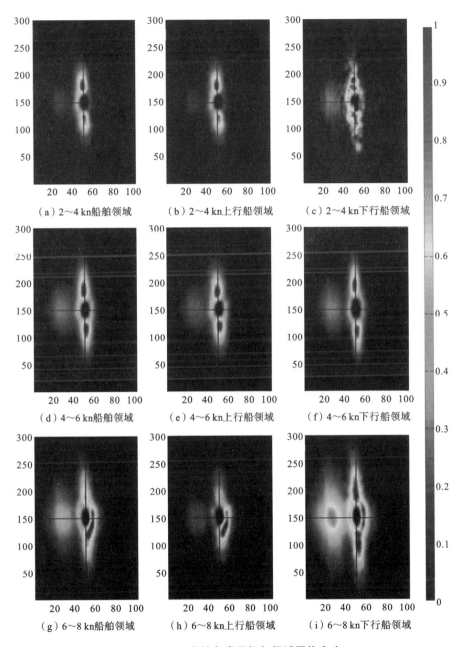

图 6-60 12月份各类目标船领域网格密度

格密度最大值的20%作为阈值对该断面图进行切割,测量该切割线与网格密度数据所成曲线相交的最内侧两个点之间的距离,可知各类船舶领域长度和宽度的大小,从而解析3类目标船领域尺寸与船舶速度之间的关系,并绘制折线图显示出不同速度的船舶领域尺寸之间的差异。图6-61~图6-72展示了12个月份不同速度目标船的船舶领域长轴断面和短轴断面,图中V表示船舶速度。

1)1月份船舶领域与船舶速度关系

图6-61展示了1月份各类船舶的网格密度数据生成的断面,1月份3类船舶领域的长度分别占23、24、26个网格,宽度分别占11、9、7个网格。

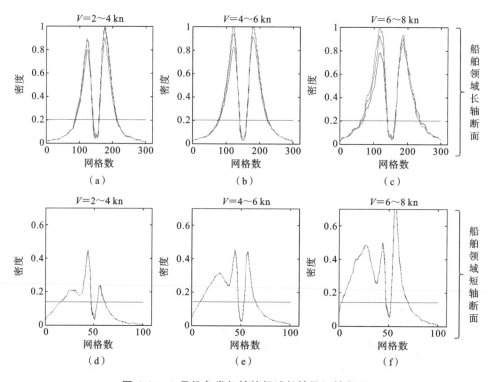

图6-61　1月份各类船舶的领域长轴及短轴断面

2)2月份船舶领域与船舶速度关系

图6-62展示了2月份各类船舶的网格密度数据生成的断面,2月份3类船舶领域的长度分别占25、28、30个网格,宽度分别占11、9、8个网格。

3)3月份船舶领域与船舶速度关系

图6-63展示了3月份各类船舶的网格密度数据生成的断面,3月份3类船舶领域的长度分别占23、24、26个网格,宽度分别占10、9、7个网格。

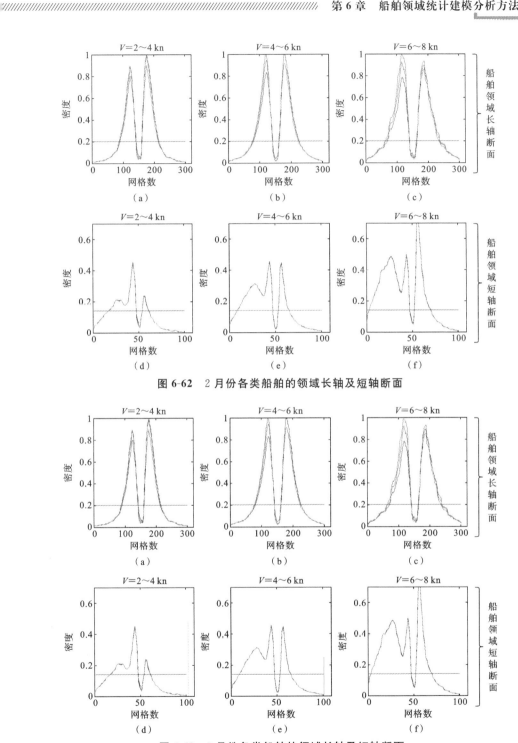

图 6-62 2月份各类船舶的领域长轴及短轴断面

图 6-63 3月份各类船舶的领域长轴及短轴断面

4）4 月份船舶领域与船舶速度关系

图 6-64 展示了 4 月份各类船舶的网格密度数据生成的断面,4 月份 3 类船舶领域的长度分别占 20、23、26 个网格,宽度分别占 9、8、6 个网格。

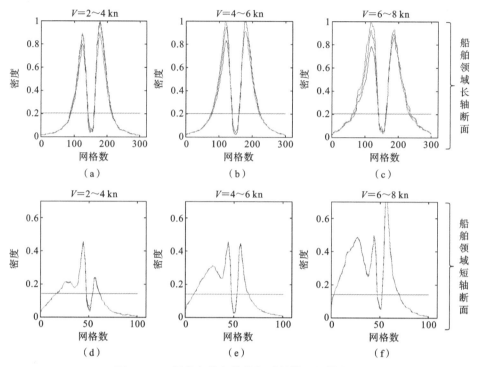

图 6-64　4 月份各类船舶的领域长轴及短轴断面

5）5 月份船舶领域与船舶速度关系

图 6-65 展示了 5 月份各类船舶的网格密度数据生成的断面,5 月份 3 类船舶领域的长度分别占 20、22、25 个网格,宽度分别占 8、7、6 个网格。

6）6 月份船舶领域与船舶速度关系

图 6-66 展示了 6 月份各类船舶的网格密度数据生成的断面,6 月份 3 类船舶领域的长度分别占 20、22、24 个网格,宽度分别占 9、8、7 个网格。

7）7 月份船舶领域与船舶速度关系

图 6-67 展示了 7 月份各类船舶的网格密度数据生成的断面,7 月份 3 类船舶领域的长度分别占 19、20、21 个网格,宽度分别占 8、7、6 个网格。

8）8 月份船舶领域与船舶速度关系

图 6-68 展示了 8 月份各类船舶的网格密度数据生成的断面,8 月份 3 类船舶领域的长度分别占 20、21、24 个网格,宽度分别占 9、7、6 个网格。

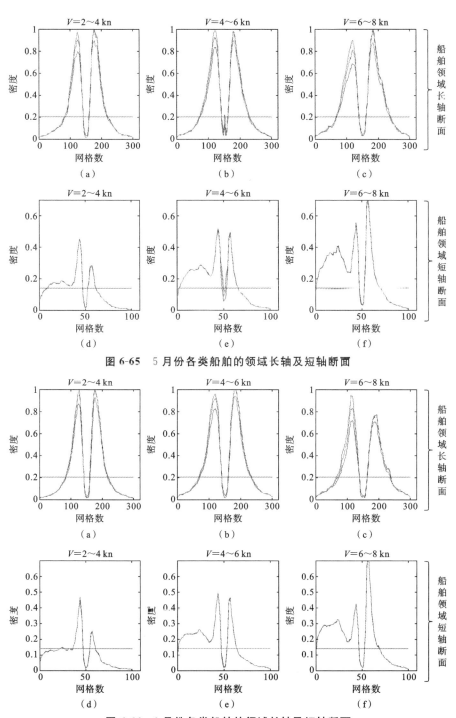

图 6-65 5 月份各类船舶的领域长轴及短轴断面

图 6-66 6 月份各类船舶的领域长轴及短轴断面

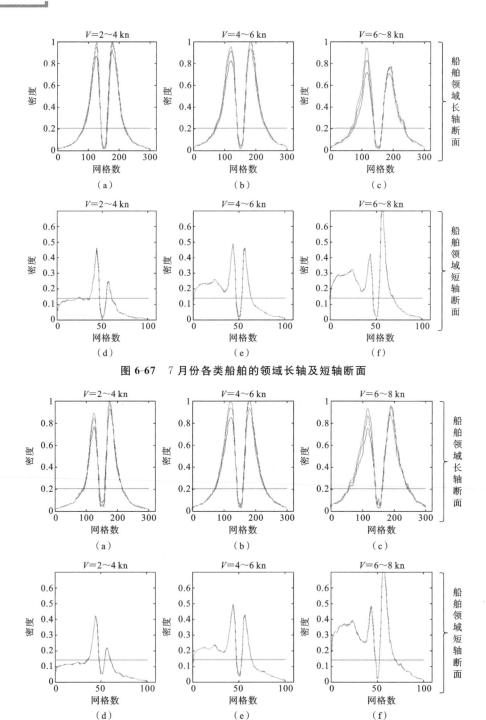

图 6-67　7月份各类船舶的领域长轴及短轴断面

图 6-68　8月份各类船舶的领域长轴及短轴断面

9）9 月份船舶领域与船舶速度关系

图 6-69 展示了 9 月份各类船舶的网格密度数据生成的断面，9 月份 3 类船舶领域的长度分别占 17、19、22 个网格，宽度分别占 8、7、6 个网格。

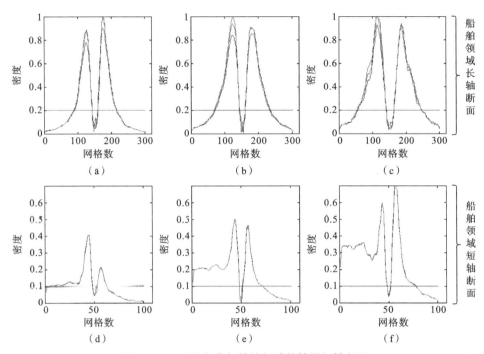

图 6-69 9 月份各类船舶的领域长轴及短轴断面

10）10 月份船舶领域与船舶速度关系

图 6-70 展示了 10 月份各类船舶的网格密度数据生成的断面，10 月份 3 类船舶领域的长度分别占 23、24、28 个网格，宽度分别占 9、8、7 个网格。

11）11 月份船舶领域与船舶速度关系

图 6-71 展示了 11 月份各类船舶的网格密度数据生成的断面，11 月份 3 类船舶领域的长度分别占 24、25、27 个网格，宽度分别占 10、8、7 个网格。

12）12 月份船舶领域与船舶速度关系

图 6-72 展示了 12 月份各类船舶的网格密度数据生成的断面，12 月份 3 类船舶领域的长度分别占 26、28、30 个网格，宽度分别占 10、8、7 个网格。

3. 船舶领域与船舶速度之间的关系分析

图 6-73～图 6-75 展示了 3 类目标船的船舶领域面积与船舶本体面积比值的月度变化曲线及船舶领域长度和宽度的月度变化曲线。从图中可知船舶领域面积与船舶面积的比值随船舶速度的增加逐渐减小，船舶领域长度随船舶速度的增加

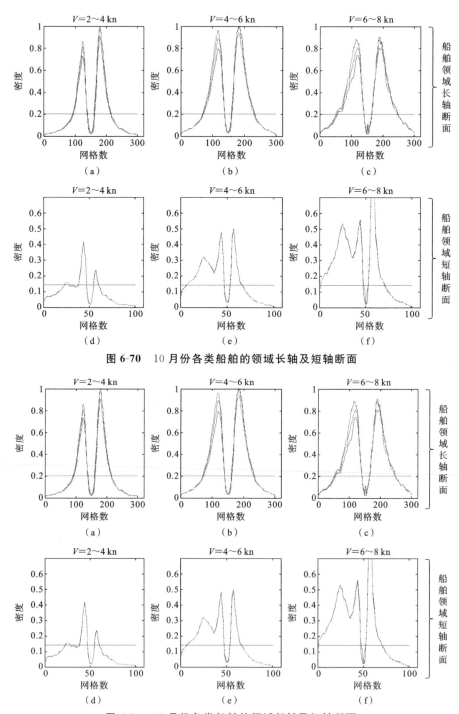

图 6-70　10 月份各类船舶的领域长轴及短轴断面

图 6-71　11 月份各类船舶的领域长轴及短轴断面

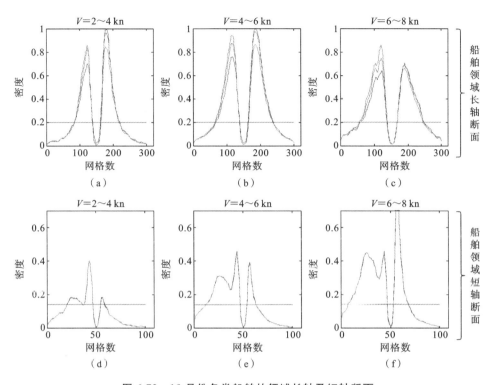

图 6-72 12 月份各类船舶的领域长轴及短轴断面

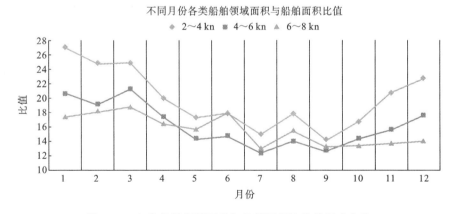

图 6-73 各类船舶领域面积与船舶面积比值的月度变化

逐渐增加,船舶领域宽度随船舶速度的增加逐渐减小。各个月份船舶领域尺度之间也有一定的差异,如处于枯水期的 1、2、3、4、11、12 月份的比值和领域尺度明显大于其他月份的比值和领域尺度。

从图 6-76 和图 6-77 所示的领域长度对比折线图可知,同一速度范围内枯水期

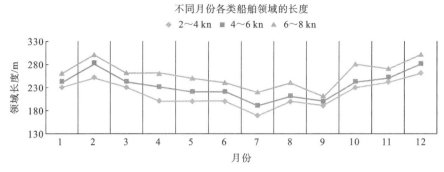

图 6-74　各类船舶领域长度的月度变化

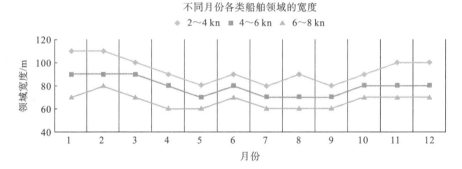

图 6-75　各类船舶领域宽度的月度对比

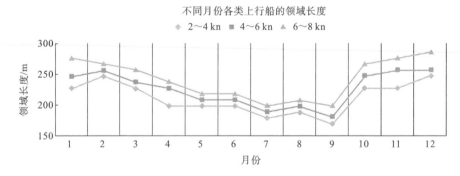

图 6-76　各类上行船舶领域长度的月度变化

上行船的领域尺寸要大于洪水期上行船的领域尺寸,枯水期下行船的领域尺寸要小于洪水期下行船的领域尺寸,同一速度范围内的上行船的领域尺寸要小于下行船的领域尺寸。由于每类领域是上行船和下行船的网格密度图叠加在一起所呈现的特征,所以两者叠加之后的领域尺寸主要由上行船的领域尺寸决定,从而导致同一速度范围内上行船与下行船叠加的领域尺寸呈现出枯水期大于洪水期的现象。

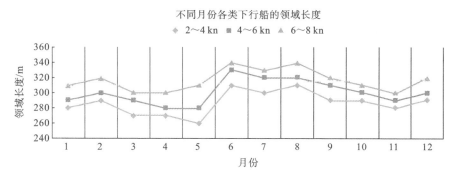

图 6-77　各类下行船舶领域长度的月度变化

根据 12 个月份的 3 类船舶领域尺寸可知,随着目标船舶速度的增大,船舶的行为差异使得领域长度随船舶速度的增加逐渐增大、领域面积与船舶面积的比值以及领域宽度随船舶速度的增加逐渐减小,表 6-2 列出了各月份 3 类船舶领域中心与船舶中心偏离的距离(往左侧偏离为负,往右侧偏离为正),将每个月份偏离距离绘制成图 6-78 的曲线,可知每个月份领域中心与船舶中心的偏移距离随船舶长度的增加从正值变为负值,即船舶领域中心向船舶中心右侧偏移变为向左侧偏移,各个月份同一类领域的偏移距离之间也有一定差异。各个月份的领域尺寸与船舶速度的拟合关系如图 6-79~图 6-90 所示。

表 6-2　不同月份目标船舶领域中心与船舶中心的偏移的距离

月份	偏移距离(单位:m)		
	2~4 kn	4~6 kn	6~8 kn
1月份	10	0	−5
2月份	10	5	0
3月份	13	0	−5
4月份	5	0	−2
5月份	5	2	−3
6月份	5	0	−5
7月份	5	2	−1
8月份	15	5	−5
9月份	15	3	−3
10月份	10	0	−5
11月份	10	1	−5
12月份	10	2	−5

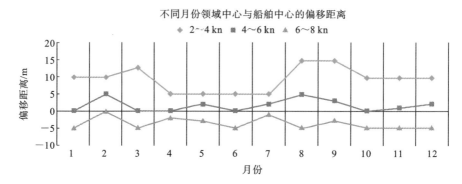

图 6-78　各月领域中心与船舶中心偏移的距离对比图

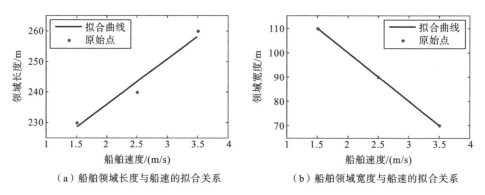

（a）船舶领域长度与船速的拟合关系　　　　（b）船舶领域宽度与船速的拟合关系

图 6-79　1 月份船舶领域长度、宽度与船速的拟合关系

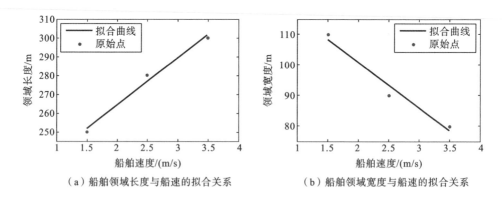

（a）船舶领域长度与船速的拟合关系　　　　（b）船舶领域宽度与船速的拟合关系

图 6-80　2 月份船舶领域长度、宽度与船速的拟合关系

令目标船速度为 x_1、领域长度为 y_1、领域宽度为 y_2，1 月份船舶领域与船舶速度的拟合关系为

$$\begin{cases} y_1 = 15x_1 + 205.8333 \\ y_2 = -20x_1 + 140 \end{cases} \tag{6-13}$$

2月份船舶领域与船舶速度的拟合关系为

$$\begin{cases} y_1 = 25x_1 + 214.1667 \\ y_2 = -15x_1 + 130.8333 \end{cases} \tag{6-14}$$

3月份船舶领域与船舶速度的拟合关系为

$$\begin{cases} y_1 = 15x_1 + 205.8333 \\ y_2 = -15x_1 + 124.1667 \end{cases} \tag{6-15}$$

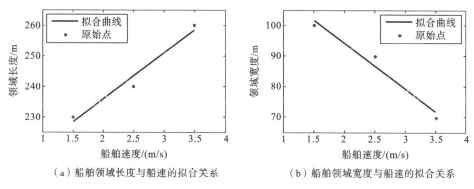

图6-81　3月份船舶领域长度、宽度与船速的拟合关系

4月份船舶领域与船舶速度的拟合关系为

$$\begin{cases} y_1 = 30x_1 + 155 \\ y_2 = -15x_1 + 114.1667 \end{cases} \tag{6-16}$$

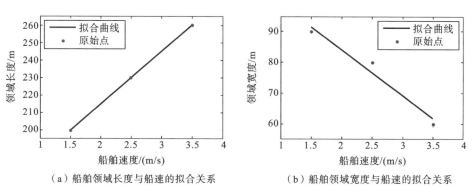

图6-82　4月份船舶领域长度、宽度与船速的拟合关系

5月份船舶领域与船舶速度的拟合关系为

$$\begin{cases} y_1 = 25x_1 + 160.8333 \\ y_2 = -10x_1 + 95 \end{cases} \tag{6-17}$$

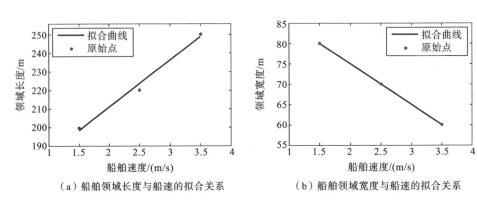

(a) 船舶领域长度与船速的拟合关系　　　(b) 船舶领域宽度与船速的拟合关系

图 6-83　5 月份船舶领域长度、宽度与船速的拟合关系

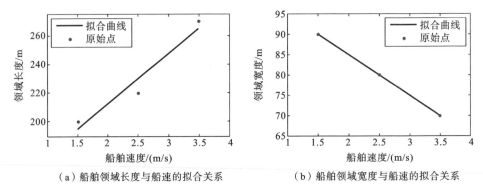

(a) 船舶领域长度与船速的拟合关系　　　(b) 船舶领域宽度与船速的拟合关系

图 6-84　6 月份船舶领域长度、宽度与船速的拟合关系

6 月份船舶领域与船舶速度的拟合关系为

$$\begin{cases} y_1 = 35x_1 + 142.5 \\ y_2 = -10x_1 + 105 \end{cases} \tag{6-18}$$

7 月份船舶领域与船舶速度的拟合关系为

$$\begin{cases} y_1 = 10x_1 + 175 \\ y_2 = -10x_1 + 95 \end{cases} \tag{6-19}$$

8 月份船舶领域与船舶速度的拟合关系为

$$\begin{cases} y_1 = 20x_1 + 166.6667 \\ y_2 = -15x_1 + 110.8333 \end{cases} \tag{6-20}$$

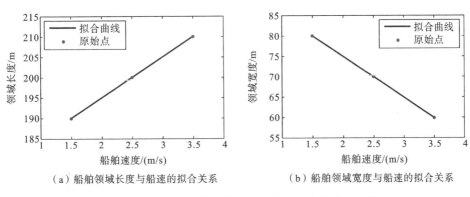

图 6-85　7月份船舶领域长度、宽度与船速的拟合关系

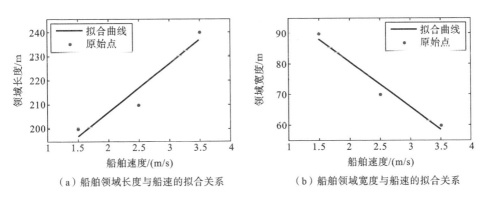

图 6-86　8月份船舶领域长度、宽度与船速的拟合关系

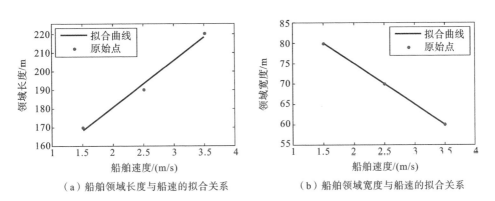

图 6-87　9月份船舶领域长度、宽度与船速的拟合关系

9月份船舶领域与船舶速度的拟合关系为

$$\begin{cases} y_1 = 25x_1 + 130.8333 \\ y_2 = -10x_1 + 95 \end{cases} \tag{6-21}$$

10 月份船舶领域与船舶速度的拟合关系为

$$\begin{cases} y_1 = 25x_1 + 187.5 \\ y_2 = -10x_1 + 105 \end{cases} \tag{6-22}$$

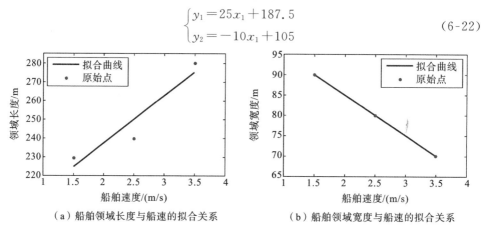

（a）船舶领域长度与船速的拟合关系　　（b）船舶领域宽度与船速的拟合关系

图 6-88　10 月份船舶领域长度、宽度与船速的拟合关系

11 月份船舶领域与船舶速度的拟合关系为

$$\begin{cases} y_1 = 15x_1 + 215.8333 \\ y_2 = -15x_1 + 120.8333 \end{cases} \tag{6-23}$$

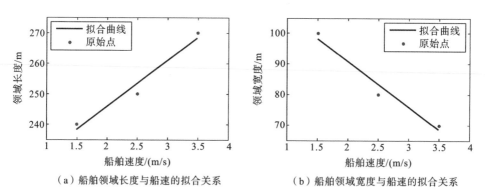

（a）船舶领域长度与船速的拟合关系　　（b）船舶领域宽度与船速的拟合关系

图 6-89　11 月份船舶领域长度、宽度与船速的拟合关系

12 月份船舶领域与船舶速度的拟合关系为

$$\begin{cases} y_1 = 15x_1 + 215.8333 \\ y_2 = -15x_1 + 120.8333 \end{cases} \tag{6-24}$$

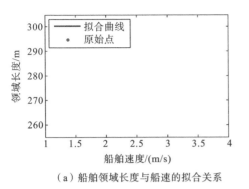 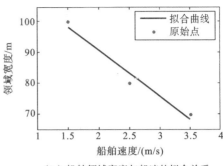

(a) 船舶领域长度与船速的拟合关系　　　　(b) 船舶领域宽度与船速的拟合关系

图 6-90　12 月份船舶领域长度、宽度与船速的拟合关系

6.4　内河典型水域船舶领域统计分析

随着内河航运迅速发展,内河桥梁数量增长迅速。横跨于内河之上的桥梁数量越来越多,内河通航环境也随之发生改变,这些给内河船舶的航行造成了一定的限制和不利影响,桥区水域船舶碰撞事故时有发生。为验证本章提出的船舶领域统计建模分析方法,本节选择长江中游武汉段桥区水域开展试验,该水域桥梁众多,西起武汉鹦鹉洲长江大桥水域,东至黄冈公铁两用长江大桥水域,如图 6-91 所示。水域全长 44.92 海里,通航船舶长度主要为 60～120 m,包含武汉白沙洲大桥、长江大桥、长江二桥、二七长江大桥、天兴洲长江大桥、青山长江大桥等 6 处桥区,包含天兴洲水道、牧鹅洲水道、罗湖洲水道等 3 处弯曲航段,包含汉口港、青山港和阳逻港等多处港口和码头,航行环境特征丰富,为内河典型水域。

由于每座桥梁的通航孔设置、通行规则均有区别,如长江大桥实行严格的分道通航制,船舶航经桥区水域时的船舶行为会受到较大影响,使得桥区水域的船舶领域与其他水域的船舶领域存在差异,本节主要选取武汉段的白沙洲大桥、长江大桥、长江二桥和二七长江大桥组成的连续水域,统计分析桥区水域船舶领域特征。白沙洲大桥有 5 个桥孔,主通航孔 618 m 宽;长江大桥为 8 墩 9 孔,每孔约 128 m 宽,实行分道通航制,通航孔多为 4 号孔和 6 号孔;长江二桥有 3 个桥孔,主通航孔宽约 400 m;二七长江大桥有两个主通航孔,各为 616 m 宽。将目标船舶按航行水域划分为 4 类,分别为航行于白沙洲大桥附近的船舶、航行于长江大桥附近的船舶、航行于长江二桥附近的船舶以及航行于二七长江大桥附近的船舶。利用每个

图 6-91 武汉段连续桥区水域

月份 4 类目标船舶 AIS 数据进行航行领域统计,基于领域断面法提取每个月份各类目标船舶领域尺寸并进行差异比较,分析船舶领域尺寸随季节变化的特点。为体现不同桥梁通航规则差异性对船舶领域尺寸的影响,计算 4 类目标船舶领域的网格密度图中左侧船舶的高密度区域(即船舶会遇区域)中心与船舶中心之间的距离差,受长江大桥分道通航制的影响,经过长江大桥的船舶具有不完整的领域形状,因而仅对经过白沙洲大桥、长江二桥、二七长江大桥的 3 类船舶领域中心与船舶中心之间的偏移距离进行分析。

6.4.1 桥区水域船舶领域统计建模

利用内河长江武汉段 2014 年 AIS 数据进行 4 类目标船舶领域统计,得到每个月份的目标船舶领域网格密度图,其中网格尺寸设为 10 m,目标船舶航行领域的矩形区域长、宽分别为 3000 m 和 1000 m,共划分 300×100 个网格单元。图 6-92~图 6-103 展示了 12 个月份的各类目标船舶领域网格密度,图中横轴、纵轴均表示网格数,图中实线交点是目标船网格密度图中心,表示船舶本体位置,其周边一小片水域网格密度远低于其余水域,可认为是其船舶领域。

比较 4 处桥区水域不同月份的船舶网格密度图可知,白沙洲大桥通航船舶的领域形状近似不对称椭圆状,领域左侧密度高于右侧密度,领域前后侧各有一片高

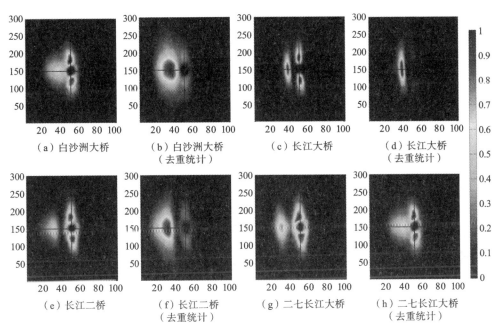

图 6-92　1月份 4 处桥区的目标船舶领域网格密度

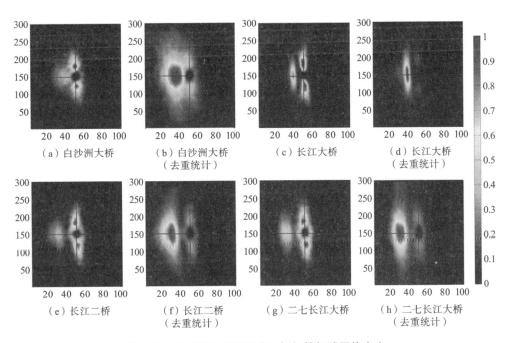

图 6-93　2月份 4 处桥区的目标船舶领域网格密度

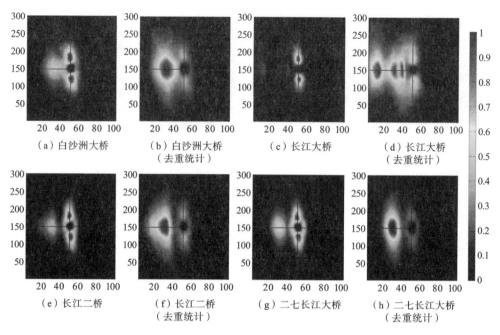

图 6-94 3月份4处桥区的目标船舶领域网格密度

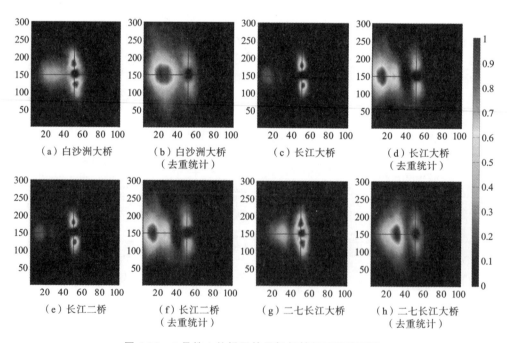

图 6-95 4月份4处桥区的目标船舶领域网格密度

第6章 船舶领域统计建模分析方法

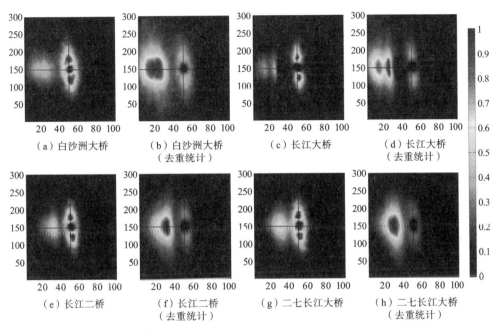

图 6-96 5 月份 4 处桥区的目标船舶领域网格密度

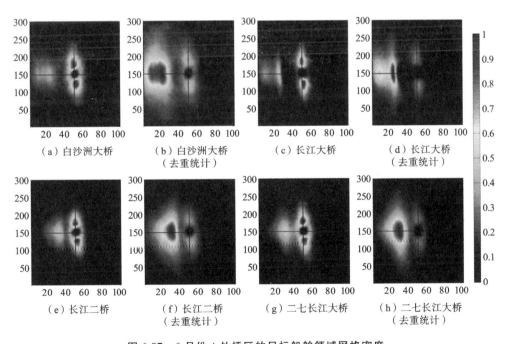

图 6-97 6 月份 4 处桥区的目标船舶领域网格密度

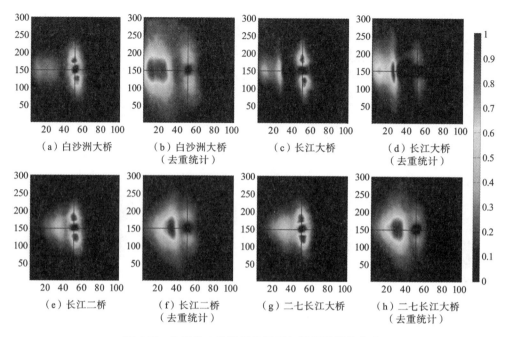

图 6-98　7 月份 4 处桥区的目标船舶领域网格密度

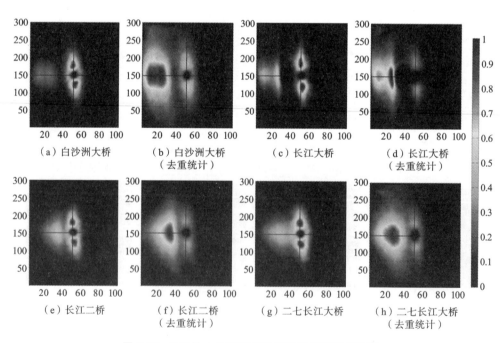

图 6-99　8 月份 4 处桥区的目标船舶领域网格密度

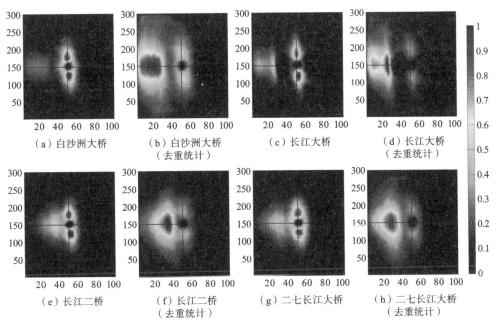

图 6-100　9 月份 4 处桥区的目标船舶领域网格密度

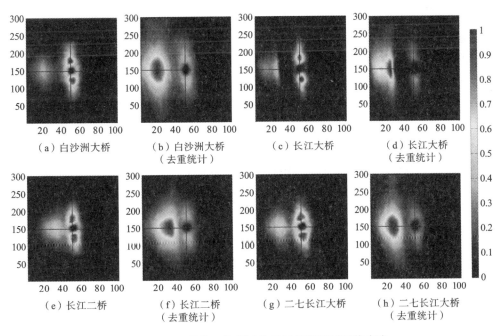

图 6-101　10 月份 4 处桥区的目标船舶领域网格密度

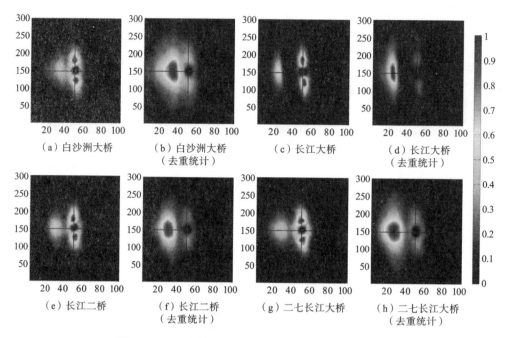

图 6-102　11月份4处桥区的目标船舶领域网格密度

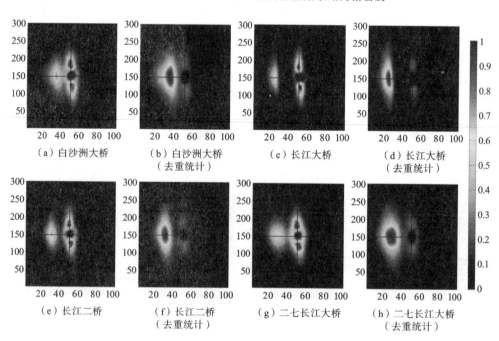

图 6-103　12月份4处桥区的目标船舶领域网格密度

密度区域,远高于领域左右侧的密度,表明该水域航行船舶的左侧对遇情况明显、前后跟随行为明显、右侧追越情况较少。长江大桥通航船舶的网格密度图没有明显的领域特征,领域左侧密度与右侧密度较低,前后各有一片高密度区域,表明目标船前后跟随行为明显、左舷对遇情况和右舷追越情况均不明显,这些特征与船舶分桥孔上下行通过长江大桥的活动有关。长江二桥通航船舶的领域形状呈个对称椭圆状,领域左侧密度与右侧密度相近,领域前后侧各有一片高密度区域,远高于领域左右侧的密度,表明该水域航行船舶左侧的对遇情况、前后侧的跟随现象及右侧的追越现象均较为明显。二七长江大桥通航船舶的领域形状呈不对称椭圆状,领域左侧密度略高于右侧密度,领域前后各有一片高密度区域,该密度远高于领域左右侧密度,表明该水域航行船舶左侧的对遇情况、前后侧的跟随现象及右侧的追越现象均较为明显。

4 类目标船舶网格密度图均显示目标船左侧存在一片密度较高的区域,表明目标船与他船在该处位置会遇明显,该区域与船舶中心的距离在不同月份存在较大差异,该区域在枯水期的范围要小于洪水期的范围。同时,船舶领域左右侧的密度差异形成了船舶领域形状的不对称,使得船舶领域中心与船舶中心之间存在偏移。将每个月份 4 处桥区水域内船舶领域的网格密度图进行去重统计,得到目标船舶在会遇和对遇情况下的船舶领域,均呈现较为规则的椭圆形状,且椭圆尺寸大于实际情况下的领域尺寸。

6.4.2 桥区水域船舶领域特征分析

由于长江大桥通航船舶的领域特征不够完整,无法测量船舶领域宽度,因而提取 4 类目标船网格密度图中心左右侧的若干列网格数据,获取领域断面图。以网格密度最大值的 20% 作为阈值对该断面图进行切割,测量该切割线与网格密度数据所成曲线相交的最内侧两个点之间的距离,可知 4 类船舶领域长度的大小,绘制折线图显示各个月份 4 类船舶领域尺寸之间的差异。

1. 船舶领域长度分析

图 6-104~图 6-115 展示了 12 个月份不同桥区水域通航船舶的领域长轴断面。1 月份通过白沙洲大桥、长江大桥、长江二桥和二七长江大桥的船舶领域长度分别占 26、25、20、23 个网格。1 月份各类船舶的领域长轴断面如图 6-104 所示。

2 月份通过白沙洲大桥、长江大桥、长江二桥和二七长江大桥的船舶领域长度分别占 26、21、23、26 个网格。2 月份各类船舶的领域长轴断面如图 6-105 所示。

3 月份通过白沙洲大桥、长江大桥、长江二桥和二七长江大桥的船舶领域长度分别占 24、23、23、24 个网格。3 月份各类船舶的领域长轴断面如图 6-106 所示。

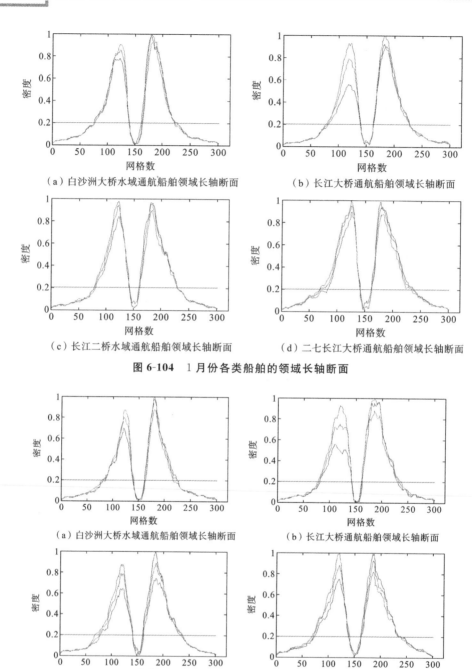

图 6-104　1 月份各类船舶的领域长轴断面

图 6-105　2 月份各类船舶的领域长轴断面

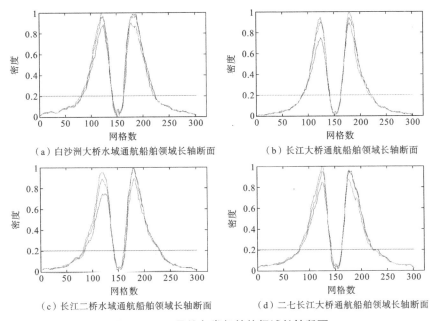

图 6-106　3 月份各类船舶的领域长轴断面

4月份通过白沙洲大桥、长江大桥、长江二桥和二七长江大桥的船舶领域长度分别占 23、22、19、21 个网格。4月份各类船舶的领域长轴断面如图 6-107 所示。

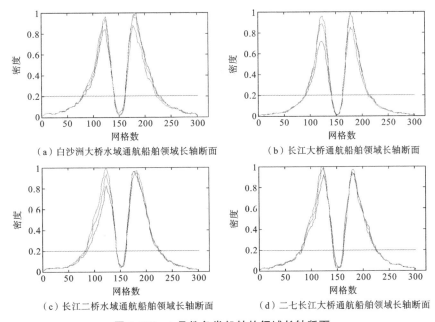

图 6-107　4 月份各类船舶的领域长轴断面

5月份通过白沙洲大桥、长江大桥、长江二桥和二七长江大桥的船舶领域长度分别占21、25、23、24个网格。5月份各类船舶的领域长轴断面如图6-108所示。

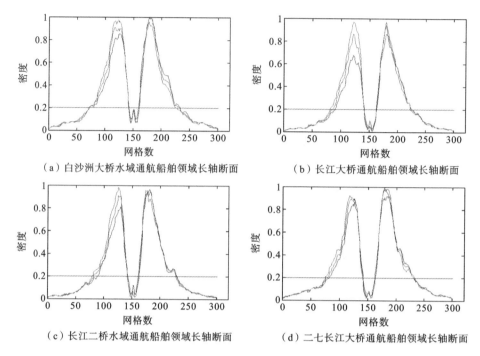

图6-108　5月份各类船舶的领域长轴断面

6月份通过白沙洲大桥、长江大桥、长江二桥和二七长江大桥的船舶领域长度分别占22、26、22、21个网格。6月份各类船舶的领域长轴断面如图6-109所示。

7月份通过白沙洲大桥、长江大桥、长江二桥和二七长江大桥的船舶领域长度分别占21、23、20、20个网格。7月份各类船舶的领域长轴断面如图6-110所示。

8月份通过白沙洲大桥、长江大桥、长江二桥和二七长江大桥的船舶领域长度分别占21、23、19、22个网格。8月份各类船舶的领域长轴断面如图6-111所示。

9月份通过白沙洲大桥、长江大桥、长江二桥和二七长江大桥的船舶领域长度分别占20、22、18、20个网格。9月份各类船舶的领域长轴断面如图6-112所示。

10月份通过白沙洲大桥、长江大桥、长江二桥和二七长江大桥的船舶领域长度分别占19、22、19、22个网格。10月份各类船舶的领域长轴断面如图6-113所示。

11月份通过白沙洲大桥、长江大桥、长江二桥和二七长江大桥的船舶领域长度分别占21、22、19、21个网格。11月份各类船舶的领域长轴断面如图6-114所示。

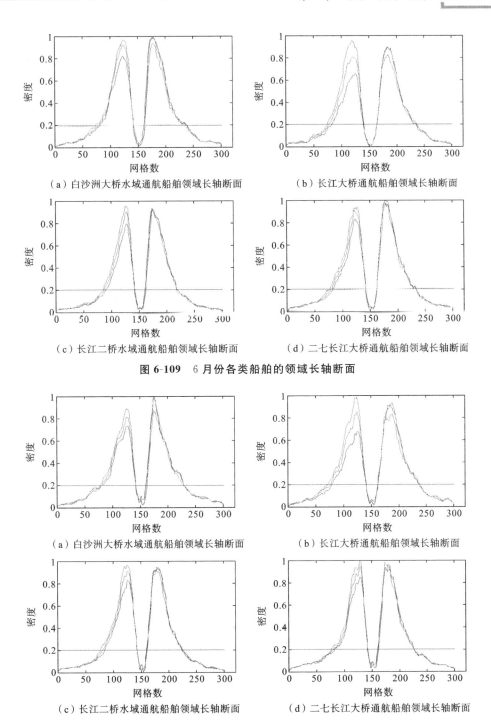

(a)白沙洲大桥水域通航船舶领域长轴断面　　(b)长江大桥通航船舶领域长轴断面

(c)长江二桥水域通航船舶领域长轴断面　　(d)二七长江大桥通航船舶领域长轴断面

图 6-109　6 月份各类船舶的领域长轴断面

(a)白沙洲大桥水域通航船舶领域长轴断面　　(b)长江大桥通航船舶领域长轴断面

(c)长江二桥水域通航船舶领域长轴断面　　(d)二七长江大桥通航船舶领域长轴断面

图 6-110　7 月份各类船舶的领域长轴断面

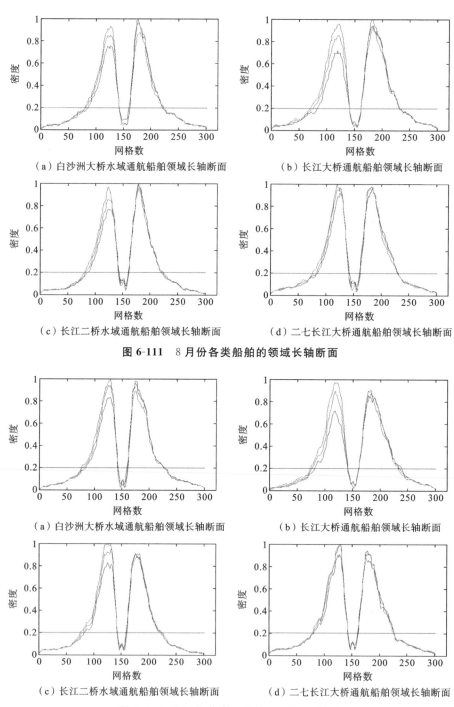

(a)白沙洲大桥水域通航船舶领域长轴断面　　(b)长江大桥通航船舶领域长轴断面

(c)长江二桥水域通航船舶领域长轴断面　　(d)二七长江大桥通航船舶领域长轴断面

图 6-111　8 月份各类船舶的领域长轴断面

(a)白沙洲大桥水域通航船舶领域长轴断面　　(b)长江大桥通航船舶领域长轴断面

(c)长江二桥水域通航船舶领域长轴断面　　(d)二七长江大桥通航船舶领域长轴断面

图 6-112　9 月份各类船舶的领域长轴断面

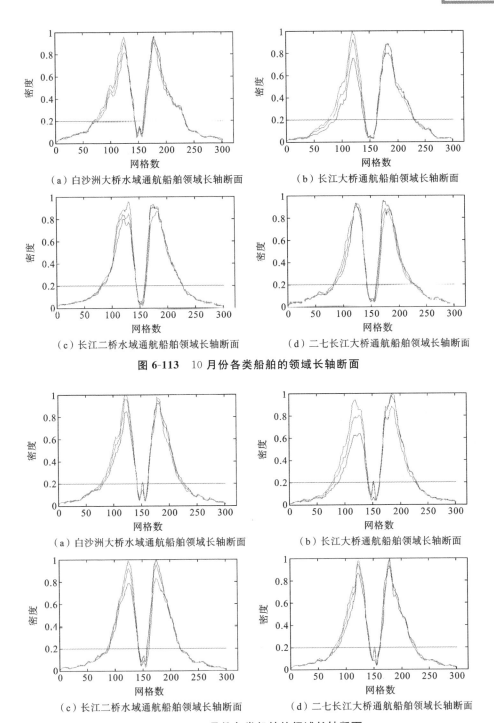

图 6-113　10 月份各类船舶的领域长轴断面

图 6-114　11 月份各类船舶的领域长轴断面

12月份通过白沙洲大桥、长江大桥、长江二桥和二七长江大桥的船舶领域长度分别占 25、24、21、22 个网格。12月份各类船舶的领域长轴断面如图 6-115 所示。

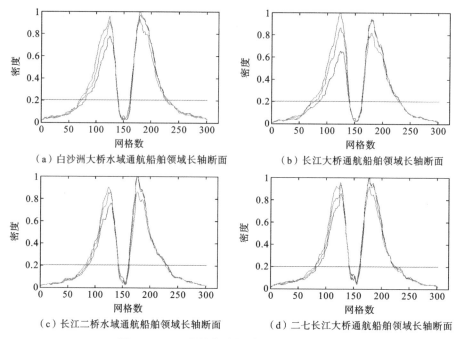

（a）白沙洲大桥水域通航船舶领域长轴断面　　（b）长江大桥通航船舶领域长轴断面

（c）长江二桥水域通航船舶领域长轴断面　　（d）二七长江大桥通航船舶领域长轴断面

图 6-115　12月份各类船舶的领域长轴断面

2. 船舶领域与桥区水域特点之间的关系分析

图 6-116 展示了不同桥区的船舶领域长度月度变化情况，不同水域的船舶领域长度差异较大，其中1月份白沙洲大桥水域和长江二桥水域的船舶领域长度相

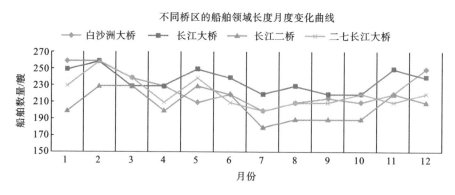

图 6-116　不同桥区的船舶领域长度月度变化

差超过 60 m;同一水域的船舶领域在不同月份存在波动变化,最大波动范围不超过 40 m。

不同月份 4 类目标船舶领域左侧高密度区域与船舶中心的距离如表 6-3 所示,两个值表示船舶领域有两个高密度中心,可以发现该距离与各个桥梁每月开放的通航桥孔位置有关。从网格密度图中测量得到每个月份通过白沙洲大桥、长江二桥、二七长江大桥的船舶领域中心与船舶中心的偏离距离(单位为米,往左侧偏离为负,往右侧偏离为正)如表 6-4 所示。

表 6-3 每个月份船舶领域左侧高密度区域与船舶中心的距离

月份	船舶领域左侧高密度区域与船舶中心的距离(单位:米)			
	白沙洲大桥	长江大桥	长江二桥	二七长江大桥
1 月份	160	120	200	200
2 月份	140	100	200	210
3 月份	170	200、380	200	200
4 月份	280	250、360	200	200
5 月份	300	250、370	200	200
6 月份	270	260、410	190	200
7 月份	290	260、420	160	170
8 月份	300	260、410	170	240
9 月份	290	260、420	150	210
10 月份	310	260、360	190	220
11 月份	160	260	210	200
12 月份	160	260	190	210

表 6-4 每个月份船舶领域中心与船舶中心的偏移距离

月份	船舶领域中心与船舶中心的偏移距离(单位:米)		
	白沙洲大桥	长江二桥	二七长江大桥
1 月份	5	0	5
2 月份	5	5	5
3 月份	5	5	0
4 月份	5	0	0

续表

月份	船舶领域中心与船舶中心的偏移距离(单位:米)		
	白沙洲大桥	长江二桥	二七长江大桥
5月份	2	0	0
6月份	3	0	2
7月份	2	5	2
8月份	4	2	3
9月份	1	2	2
10月份	5	0	3
11月份	2	0	1
12月份	1	2	2

将每个月份通过白沙洲大桥、长江二桥、二七长江大桥的船舶领域中心与船舶中心的偏移距离绘制成折线图,如图6-117所示,可知3个桥区水域船舶领域中心与船舶中心的偏移距离存在较大差异,不同月份的船舶领域中心与船舶中心的偏移距离在白沙洲大桥水域波动较大,在长江二桥和二七长江大桥水域相对稳定。

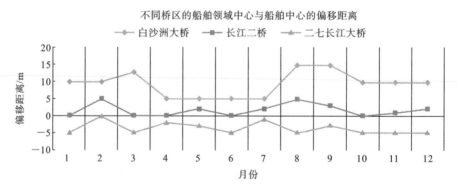

图 6-117　各个月份船舶领域中心与船舶中心的偏移距离

本节分析了4处桥区水域船舶领域的特征,并分析了船舶领域表征的目标船航行行为。由统计和分析结果可知,受船舶行为的影响,同一月份下4类目标船的领域特征之间有很大的差异,在白沙洲大桥、长江二桥和二七长江大桥三个水域,目标船领域中心与船舶中心之间存在不同程度的偏移,且随着月份变化,偏移距离趋势各不相同。

6.5 本章小节

本章介绍了内河水域船舶领域网格统计建模方法和理论模型,并采用网格密度图对船舶领域进行显示与表达。在此基础上,将试验区域的船舶分别按照船舶尺寸和船舶速度进行分类,对不同类型目标船 12 个月份的船舶领域进行建模,分析不同月份下各类目标船的领域特征及其变化规律,以直观的统计曲线图反映不同船舶尺寸、船舶速度等影响因素对内河水域船舶领域的影响及其季节性差异,探索了不同月份的船舶领域中心与船舶本体中心的偏移特征。最后,以内河典型水域——桥区水域开展了船舶领域建模分析的案例研究,获得了长江武汉段白沙洲大桥、长江大桥、长江二桥、二七长江大桥连续桥区的船舶领域特征,分析了船舶领域特征蕴含的船舶行为特点,可为桥区船舶交通安全管理提供参考。

第7章

船舶尾气排放动态表征方法

7.1 概　　述

海上运输具有运量大、成本低的特点，在国际贸易中占有重要地位。随着全球经济的快速发展，国际航运活动排放的大气污染物及温室气体（GHG）不断增加，对大气环境和人类健康造成严重影响。为控制船舶在敏感水域的废气排放，国际海事组织（IMO）通过《国际防止船舶造成污染公约》（MARPOL）附则Ⅵ指定了四个国际船舶废气排放控制区域（Emission Control Area, ECA），目的是控制氮氧化物（NO_x）、硫氧化物（SO_x）以及颗粒状物质的排放。我国交通运输部2015年12月发布了《珠三角、长三角、环渤海（京津冀）水域船舶排放控制区实施方案》，明确了船舶大气污染物的减排时间表，在2018年底发布了更为严格的《船舶大气污染物排放控制区实施方案》，旨在设立船舶大气污染物排放控制区，降低船舶硫氧化物、氮氧化物、颗粒物和挥发性有机物等大气污染物的排放。这些控制措施表明了我国政府对加强船舶排放控制与精细化管理的决心，在一定程度上有助于减少区域船舶尾气排放，但船舶的分散、流动特性使得管理部门很难掌握船舶实际大气污染物排放量，给船舶尾气排放监测监管带来了挑战，如何测度或估计船舶尾气的排放量已成为国内外研究的重要课题。

船舶尾气排放表征是根据各种理论模型结合船舶活动数据估计船舶大气污染物排放量的技术，能够提供船舶尾气排放清单，是制定精细化船舶排放管理方案和评估船舶排放控制措施的有效手段。目前国内外的船舶尾气排放表征研究方法主要分为自上而下的方法(燃油法、贸易法)和自下而上的方法(统计法和动力法)两类[88]。其中燃油法是根据船舶燃料油消耗数据乘以估计的平均排放因子得到总排放量，主要适用于大尺度范围、数量级相对准确的船舶排放清单计算。贸易法从货物流通的角度，根据海运货物周转量、货物类型等统计信息，结合经验公式估计船舶排放清单，这类方法计算简便，但清单精度和分辨率较低。统计法是通过静态数据统计获取船舶引擎功率和活动时间来估算船舶排放量，可以体现船舶排放和活动时间的关联性，提升排放清单的时空分辨率，清单精度受基础数据质量影响较大。动力法通过对船舶动力运行情况的实时监测，获取高分辨率的船舶动力及工况信息，结合不同工况下的发动机排放因子计算排放清单，清单精度依赖于船舶动态信息的获取。

由于 AIS 船舶自动识别系统具有覆盖区域广、船舶数据量大、实效性好等优点，能够提供连续的船舶航行动态信息，为准确计算船舶尾气排放提供了一种有效途径。采用动力法结合 AIS 数据计算船舶排放清单能够反映船舶的瞬时排放量和时空动态变化特征，已经成为船舶尾气排放表征的主流研究方法。然而，已有研究在船舶尾气排放表征的精度和效率方面仍然存在诸多不足，主要表现在以下方面。

(1) 受 AIS 系统工作模式、传输机制、环境干扰等因素影响，AIS 数据质量较差，所记录的船舶静态参数和动态轨迹信息经常出现数据缺失和噪声干扰，导致船舶动力及工况状态的计算存在较大的不确定性，在一定程度上会造成船舶排放量低估和船舶空间分布特征表征错误。

(2) 已有研究主要利用历史 AIS 轨迹数据估计船舶尾气排放量，缺少船舶航行过程的实时排放动态表征能力。由于 AIS 数据具有更新频率快、船舶数量多、异构时变等特征，直接利用动力法计算大量船舶的动态排放量会面临效率难题。

针对上述问题，本章将重点介绍两种船舶尾气排放表征的新方法。海上环境因素影响下的船舶尾气排放计算方法考虑了环境因素对船舶活动工况的影响，形成了更准确的船舶尾气排放计算模型。实时轨迹驱动的船舶尾气排放动态计算方法根据在线轨迹数据流的对象众多、异频更新特点，设计了船舶尾气排放分布式计算模型以及区域船舶动态排放清单构建方法。在此基础上，进一步介绍了船舶尾气排放时空分析与可视化方法，阐述了不同维度下的船舶尾气排放特征分析与知识挖掘方法，为掌握船舶尾气排放规模、时空特征及变化规律提供支撑。

7.2 海上环境因素影响下的船舶尾气排放计算模型

图 7-1 展示了风、浪、流影响下的船舶排放清单构建流程。首先,利用风、浪、流环境数据对 AIS 轨迹数据记录的船舶对地航速进行修正,获取船舶动力源输出的实际速度;接着,基于船舶实际输出速度、航向和时间特征识别船舶活动状态及不同状态的活动时长,包括巡航、机动、减速、靠泊、锚泊等;然后,从船舶档案数据库和船舶排放参数数据集中提取和计算每个活动状态下的船舶排放关键参数,包括负荷因子、排放因子等;最后,采用动力法对不同活动状态下船舶各个动力源的尾气排放量进行加权计算,得到单个船舶尾气排放总量,将区域所有船舶尾气排放总量按照船舶类型进行分类统计,得到船舶排放清单。

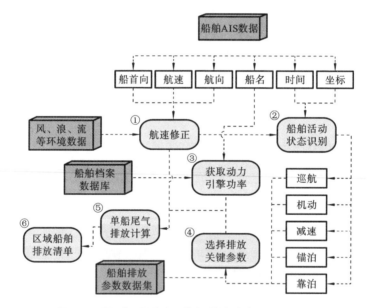

图 7-1 风、浪、流影响下的船舶排放清单构建流程

7.2.1 风、浪、流影响下的船舶航速修正模型

速度特征是动力法计算船舶尾气排放量的重要参数,对船舶活动状态的识别结果具有较大影响,进而影响船舶尾气排放量计算的准确性。在航海中,将船舶在

静水中的航行速度称为船速,即对水速度。当船舶在海上航行时,受风、浪、流等环境因素影响,船舶动力输出速度会降低,这种现象就是所谓的速度损失,此时船舶相对于海底的航行速度称为航速,即对地航速。AIS 轨迹数据中记录了不同时刻的船舶对地航速,航速不能反映船舶动力源的实际做功水平,直接用于船舶尾气排放计算会存在较大误差。因此,需要结合风、浪、流数据对 AIS 数据记录的船舶对地航速信息进行修正,获取船舶动力源输出的真实船速。在建立正确的船速修正模型前,本节从数学角度分析风、浪、流环境因素对船舶速度的影响。

1. 风致漂移影响

根据船舶航向与风向关系的不同,风场可能是船舶航行的加速器或者减速器,当两者方向相对一致时,风场作为外部加速器会提高船速,否则风场会在一定程度上降低船舶速度。

为了说明风场对船速的影响,首先建立船舶平面运动的两个坐标系,如图 7-2 所示。一个是惯性坐标系 xoy,其中 x 轴和 y 轴分别为正北方向和正东方向。另一个是船体坐标系 $x'o'y'$,其中 x' 轴和 y' 轴分别表示船艏向和船舶右舷方向。

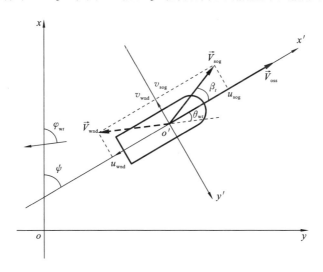

图 7-2 风场影响下的船舶平面运动

设 $\vec{V}_{oss}$、$\vec{V}_{wnd}$、$\vec{V}_{sog}$ 分别是船舶动力输出速度、风致漂移速度和 AIS 数据记录的对地航速,ψ 和 φ_{wt} 表示 t 时刻下的船舶对地航向角和风向角,u_{sog} 和 v_{sog} 是船舶对地航速 $\vec{V}_{sog}$ 在船体坐标系下的矩形分量。u_{wnd} 和 v_{wnd} 表示风致漂移速度 $\vec{V}_{wnd}$ 在船体坐标系下的矩形分量。β_t 表示 t 时刻下船舶动力输出速度 $\vec{V}_{oss}$ 和船舶对地航速 $\vec{V}_{sog}$ 之间的漂移角。θ_{wt} 是 t 时刻下船舶动力输出速度 $\vec{V}_{oss}$ 和风致漂移速度 $\vec{V}_{wnd}$ 之间的相对方位。从图 7-2 中可知，AIS 数据中的对地航速是船舶动力输出速度与风致漂移速度的矢量和。

$$\vec{V_{\text{sog}}} = \vec{V_{\text{oss}}} + \vec{V_{\text{wnd}}} \quad (7\text{-}1)$$

将船舶对地航速 $\vec{V_{\text{sog}}}$ 在船体坐标下进行正交分解后得

$$\begin{cases} u_{\text{sog}} = \vec{V_{\text{oss}}} - \vec{V_{\text{wnd}}} \cos\theta_{\text{wt}} \\ v_{\text{sog}} = -\vec{V_{\text{wnd}}} \sin\theta_{\text{wt}} \\ \vec{V_{\text{sog}}} = \sqrt{u_{\text{sog}}^2 + v_{\text{sog}}^2} \end{cases} \quad (7\text{-}2)$$

船舶动力输出速度通过式(7-2)推导得

$$\vec{V_{\text{oss}}} = \sqrt{\vec{V_{\text{sog}}}^2 - (\vec{V_{\text{wnd}}} \sin\theta_{\text{wt}})^2} + \vec{V_{\text{wnd}}} \cos\theta_{\text{wt}} \quad (7\text{-}3)$$

$$\vec{V_{\text{wnd}}} = K \left(\frac{B_{\text{a}}}{B_{\text{w}}} \right)^{1/2} e^{-0.14 \vec{V_{\text{sog}}}} \vec{V_{\text{a}}} \quad (7\text{-}4)$$

式(7-4)是风致漂移速度的计算方式[89]，K 是系数，取 0.041；B_{a} 和 B_{w} 分别为船体水线上侧和下侧受风面积，单位为 m^2；$\vec{V_{\text{a}}}$ 表示实际风速值，单位为 m/s。结合式(7-3)和式(7-4)可以求得船舶动力源的实际输出速度。

2. 流致漂移影响

流场是导致船舶失速的水环境因素，同样建立船舶平面运动的两个坐标系分析流致漂移对船舶速度的影响，如图 7-3 所示。

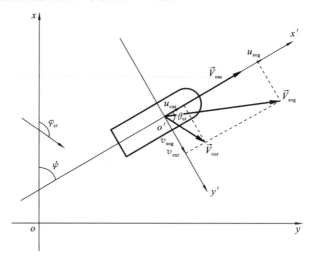

图 7-3 流场影响下的船舶平面运动

设 $\vec{V_{\text{oss}}}$、$\vec{V_{\text{cur}}}$、$\vec{V_{\text{sog}}}$ 分别是船舶动力输出速度、流致漂移速度和 AIS 数据记录的对地航速，ψ 和 φ_{ct} 表示 t 时刻下的船舶对地航向角和流向角，u_{sog} 和 v_{sog} 是船舶对地

航速$\overrightarrow{V_{\text{sog}}}$在船体坐标系下的矩形分量。$u_{\text{cur}}$和$v_{\text{cur}}$是流致漂移速度$\overrightarrow{V_{\text{cur}}}$在船体坐标系下的矩形分量。$\theta_{ct}$是$t$时刻下船舶动力输出速度$\overrightarrow{V_{\text{oss}}}$和流致漂移速度$\overrightarrow{V_{\text{cur}}}$之间的流向夹角。从图7-3中可知,AIS数据中的对地航速是船舶动力输出速度与流致漂移速度的矢量和,即

$$\overrightarrow{V_{\text{sog}}} = \overrightarrow{V_{\text{oss}}} + \overrightarrow{V_{\text{cur}}} \tag{7-5}$$

将船舶对地航速$\overrightarrow{V_{\text{sog}}}$在船体坐标下进行正交分解后得

$$\begin{cases} u_{\text{sog}} = \overrightarrow{V_{\text{oss}}} + \overrightarrow{V_{\text{cur}}}\cos\theta_{ct} \\ v_{\text{sog}} = \overrightarrow{V_{\text{cur}}}\sin\theta_{ct} \\ \overrightarrow{V_{\text{sog}}} = \sqrt{u_{\text{sog}}^2 + v_{\text{sog}}^2} \end{cases} \tag{7-6}$$

通过式(7-6)推导可得到船舶动力输出速度表达式为

$$\overrightarrow{V_{\text{oss}}} = \sqrt{\overrightarrow{V_{\text{sog}}}^2 - (\overrightarrow{V_{\text{cur}}}\sin\theta_{ct})^2} - \overrightarrow{V_{\text{cur}}}\cos\theta_{ct} \tag{7-7}$$

在进行流致漂移船速修正之前,通过权重插值法确定船舶在不同位置所受的流速大小和方向,然后根据式(7-7)求解船舶动力源输出速度。已知船舶在每个采样时刻的船位点经纬度,将船舶轨迹点与流场叠加后,将船位坐标与流场网格进行对比,判断出船位所在的网格,提取船位网格周围最近的n个网格点流速数据。根据地理学第一定律,地理现象在空间上相关,相近的事物更相关。以距离作为权重对船位网格周围的n个流速点进行加权平均,从而估计船位网格点流速值,并遵循距离越近权重越大的原则。距离权重属于精确插值,其预测结果的最大值和最小值只会出现在测量点,并且测量点的预测值和测量值相等,可表示为

$$\begin{cases} \mu_{i,j} = \sum_{k=1}^{n} \mu_k W(r) \Big/ \sum_{k=1}^{n} W(r) \\ v_{i,j} = \sum_{k=1}^{n} v_k W(r) \Big/ \sum_{k=1}^{n} W(r) \end{cases} \tag{7-8}$$

式中:$\mu_{i,j}$和$v_{i,j}$分别为船舶位置点(i,j)处在x和y方向上的水平流速(单位为m/s);n为已知流速点的个数;μ_k和v_k分别为第k个流速点在x和y方向上的水平流速值(单位为m/s);$W(r)$为权重函数,r为第k个流速点到船舶所在位置点(i,j)的水平距离(单位为m),权重函数用以下形式表示.

$$W(r) = \begin{cases} 0, & r > R \\ \dfrac{R^2 - r^2}{R^2 + r^2}, & r \leqslant R \end{cases} \tag{7-9}$$

式中:R为影响半径,即用以船位点S为圆心、半径为R的圆内流速点进行插值。如图7-4所示,假设有m个流速点落在圆内,计算圆心与各个流速点的距离r,考虑距离船位点最近的n个流速点(图中$n=4$),若$m \geqslant n$,则对r由小到大排序,只取

r 最小的 n 个点。若 $m<n$，则可适当增大 R 以满足要求。图 7-4 中只有 A、B、C、D 这 4 个流速点落在船位点 S 的圆内，将 4 个流速点代入式(7-8)和式(7-9)，分别对船位点处的水平方向流速和垂直方向流速进行计算，即可得船位点 S 处的流速大小和方向。

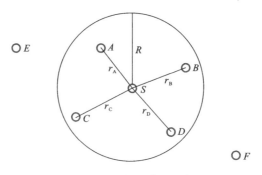

图 7-4　权重插值范围示意图

3. 抗浪效应影响

浪是海上环境中船舶失速的最主要的因素，由抗浪效应引起的船舶速度损失可以采用如下公式进行计算：

$$\overrightarrow{V_{oss}}' = (K_1 h + K_2 h^2 - K_3 qh)(G - K_4 D \overrightarrow{V_{oss}}) \quad (7\text{-}10)$$

式中：h 为浪高；q 为船艏向与波浪方向的夹角；D 为船舶实际排水量（单位为吨）；K 为船舶性能参数，$K_1=0.745$，$K_2=0.05015$，$K_3=0.0045$，$K_4=1.35\times10^{-6}$；G 为经验系数；$\overrightarrow{V_{oss}}$ 和 $\overrightarrow{V_{oss}}'$ 分别是船舶动力输出速度和受波浪影响的速度，与 AIS 数据记录的对地航速有如下关系：

$$\overrightarrow{V_{sog}} = \overrightarrow{V_{oss}} - \overrightarrow{V_{oss}}' \quad (7\text{-}11)$$

根据式(7-10)和式(7-11)得到抗浪效应修正后的船舶动力输出速度表达式，即

$$\overrightarrow{V_{oss}} = \frac{\overrightarrow{V_{sog}} + (K_1 h + K_2 h^2 - K_3 qh)G}{1 + (K_1 h + K_2 h^2 - K_3 qh)K_4 D} \quad (7\text{-}12)$$

4. 船速修正模型

事实上，船舶运动过程会受到风、浪、流三种环境因素的综合作用，根据各种环境因素对船舶失速的影响，结合 AIS 数据记录的船舶对地航速可建立船舶速度修正模型。

首先，计算风致漂移和流致漂移对船舶速度的联合影响。假设风和流影响前的船舶速度为 $\overrightarrow{V_{oss}}'$，结合式(7-1)和式(7-5)可以得到以下关系：

$$\begin{cases} u_{\text{sog}} = \overrightarrow{V_{\text{oss}}}' + \overrightarrow{V_{\text{cur}}}\cos\theta_{ct} - \overrightarrow{V_{\text{wnd}}}\cos\theta_{wt} \\ v_{\text{sog}} = \overrightarrow{V_{\text{cur}}}\sin\theta_{ct} - \overrightarrow{V_{\text{wnd}}}\sin\theta_{wt} \\ \overrightarrow{V_{\text{sog}}} = \sqrt{u_{\text{sog}}^2 + v_{\text{sog}}^2} \end{cases} \quad (7\text{-}13)$$

对式(7-13)进行处理和变化,可进一步得到 $\overrightarrow{V_{\text{oss}}}'$ 的计算公式:

$$\overrightarrow{V_{\text{oss}}}' = \sqrt{\overrightarrow{V_{\text{sog}}^2} - (\overrightarrow{V_{\text{cur}}}\sin\theta_{ct} - \overrightarrow{V_{\text{wnd}}}\sin\theta_{wt})^2} - \overrightarrow{V_{\text{cur}}}\cos\theta_{ct} + \overrightarrow{V_{\text{wnd}}}\cos\theta_{wt} \quad (7\text{-}14)$$

将风和流影响前的船舶速度 $\overrightarrow{V_{\text{oss}}}'$ 代入到式(7-11),进一步去除波浪对船舶速度的影响,从而获取船舶动力输出速度 $\overrightarrow{V_{\text{oss}}}$:

$$\overrightarrow{V_{\text{oss}}} = \frac{\overrightarrow{V_{\text{oss}}}' + (K_1 h + K_2 h^2 - K_3 qh)G}{1 + (K_1 h + K_2 h^2 - K_3 qh)K_4 D} \quad (7\text{-}15)$$

对于给定 AIS 船舶轨迹数据集和航行区域的风、浪和流信息,利用式(7-14)和式(7-15)获得船舶动力的真实输出速度,可以更准确地评估船舶发动机的工作状况。值得注意的是,如果三个环境影响因素中任意一个在船舶活动影响方面起主导作用,则其他因素可以在速度修正模型中被忽略。

7.2.2 基于航速修正的船舶尾气排放计算模型

在修正海洋环境因素对船舶速度的影响后,本节采用两阶段策略估计船舶尾气排放量,第一阶段利用修正船速识别船舶活动状态,第二阶段采用动力法计算不同活动状态下船舶发动机的大气污染物排放量。

1. 船舶活动状态识别

当船舶保持巡航、加速或减速时,船舶所有发动机将在不同的状况下工作(包括发动机运行和燃料消耗),以提供船舶运动所需的基本动力。不同工况下船舶发动机的功率、负荷等参数各不相同,船舶大气污染物的排放量随着船舶活动状态不同而变化,因此从 AIS 轨迹数据中识别不同的船舶活动状态是准确计算船舶大气污染物排放量的基础。

表 7-1 列出了四种主要的船舶活动状态以及不同活动状态下的船舶动力工况和速度特点。船舶停留状态下的靠泊活动和锚泊活动可利用 5.2 节算法进行识别和分类,以识别的停留活动为分割点,将原始轨迹划分为一系列移动段进行移动状态识别,根据速度变化特征的不同,船舶移动状态可分为巡航、机动和减速三种。对于每个移动轨迹段,计算当前船舶速度 v_t 与上一时刻的船舶速度 v_{t-1} 的差值绝对值与前 k 个时刻船舶平均速度的比值 P_t,即

$$P_t = \frac{|v_t - v_{t-1}|}{\sum_{i=t-k}^{t} v_i / k} \quad (7\text{-}16)$$

当比值 P_t 小于指定阈值 P_f 时,若当前速度 v_t 超过船舶最大营运速度的 40%,且船舶速度平均变化率小于 10%,则认为船舶处于巡航状态,反之则认为船舶处于机动状态;对处于机动状态的船舶,若速度持续减小,则认为船舶处于减速状态;如果速度持续增加,则认为船舶处于增速状态。

表 7-1　船舶活动状态特征

活动状态		不同活动状态下的船舶动力工况	速度特点
移动状态	巡航	主发动机功率约为其额定功率的 90%,船舶锅炉停止工作	>10 kn
	机动	主发动机和辅助发动机功率随船舶运动状态变化而变化(如加速、减速等),船舶锅炉不工作	1~10 kn
停留状态	靠泊	船舶主发动机停止工作,辅助发动机和锅炉工作	<1 kn
	锚泊	船舶的主发动机不工作,辅助发动机和锅炉工作(如果有货物装卸作业,就使用货物装卸设备)	<1 kn

2. 基于活动状态的船舶尾气排放测度模型

船舶配备的主发动机、辅助发动机和锅炉是大气污染物排放的主要来源,这些设备在不同活动状态下的工作状况存在差异,因此需要构建不同的计算模型获取各个活动状态下的船舶大气污染物排放量。

当船舶处于航行状态时,只有主发动机和辅助发动机工作,是船舶尾气排放的主要来源,因此采用动力法计算主发动机和辅助发动机的大气污染物排放量,获取船舶尾气排放总量,即

$$E_i = P_m \times L_m \times T_m \times \mathrm{EF}_{i,m} + P_a \times L_a \times T_a \times \mathrm{EF}_{i,a} \tag{7-17}$$

式中:E_i 表示第 i 种污染物的排放量;P_m 和 P_a 是主发动机和辅助发动机的功率,单位为 kW;T_m 和 T_a 是主发动机、辅助发动机的工作时间,单位为 h;$\mathrm{EF}_{i,m}$ 和 $\mathrm{EF}_{i,a}$ 是主发动机、辅助发动机的尾气排放因子,单位为 g/(kW·h);L_m 和 L_a 分别是主发动机、辅助发动机的负荷因子,其中船舶主机负荷因子采用下式计算:

$$L_m = \left(\frac{\overrightarrow{V_{\mathrm{oss}}}}{\overrightarrow{V_{\mathrm{max}}}} \right)^3 \tag{7-18}$$

式中:$\overrightarrow{V_{\mathrm{max}}}$ 是船舶最大营运速度(单位为 kn),可从船级社数据库或海事数据库获得;$\overrightarrow{V_{\mathrm{oss}}}$ 是受修正风、浪、流环境因素影响的船舶速度。

当船舶处于锚泊状态时,主发动机是不工作的,辅助发动机和锅炉成为主要动力源,因此锚泊状态下的船舶尾气排放量可采用以下公式计算:

$$E_i = P_a \times L_a \times T_a \times \mathrm{EF}_{i,a} + P_b \times T_b \times \mathrm{EF}_{i,b} \tag{7-19}$$

式中:P_b、T_b 和 $\mathrm{EF}_{i,b}$ 分别表示船舶锅炉的功率、工作时间和尾气排放因子;辅助发

动机的尾气排放量参见式(7-18)。

当船舶处于靠泊状态时,同样只有辅助发动机和锅炉是主要动力源,如果靠泊船舶有货物装卸设备,还应当考虑这部分设备的尾气排放量,因此靠泊状态下的船舶尾气排放量可采用以下公式计算:

$$E_i = P_a \times L_a \times T_a \times EF_{i,a} + P_b \times T_b \times EF_{i,b} + P_s \times T_s \times EF_{i,s} \quad (7-20)$$

式中:P_s 为货物装卸设备功率;T_s 和 $EF_{i,s}$ 分别为货物装卸设备工作时间和尾气排放因子;辅助发动机和锅炉产生的尾气排放量同式(7-19)。

7.2.3 船舶尾气排放计算模型的有效性验证

本节选择了中国的宁波-舟山港作为案例研究,以证明风、浪、流影响下的船舶尾气排放计算模型的有效性。研究区域的范围是 $121°27'E \sim 123°00'E$、$29°05'N \sim 30°29'N$ 的矩形范围。该地区具有复杂多样的水文气象条件。据观察,夏季盛行南风,冬季以北风为主,台风季节为五月至十月。试验收集了2014年度~2015年度该区域9422艘船舶的AIS静态、动态数据,静态信息包含MMSI标识码、船名、船型、长度、宽度、吃水等基本属性,动态信息包含船舶位置、对地航速、对地航向、船艏向、收集时间等运动状态。

不同类型船舶的尾气排放特点会随着船用燃料类型、船用发动机类型以及工况条件变化而变化。开展船舶尾气排放计算试验之前,有必要对该地区的船舶类型和船舶速度进行统计分析,以便更好地理解区域船舶活动的特点。如图7-5所示,统计结果表明试验水域数量最多的船舶是货船,其次是油轮,大多数情况下船舶处于停留状态,而航行状态下的船舶速度在 $1 \sim 15$ kn 之间,占船舶总数的46%。

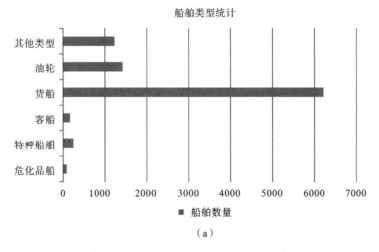

(a)

图7-5 试验区域船舶类型和速度统计

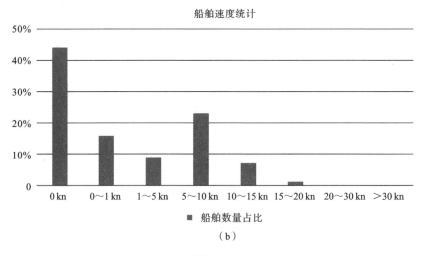

(b)

续图 7-5

为验证风、浪、流影响下的船舶尾气排放测度模型的有效性,选取了散货船 SⅠ 和滚装客船 SⅡ 两艘试验船舶,参数如表 7-2 所示,采用传统动力法和本研究改进方法进行船舶尾气排放量计算的对比试验。每艘试验船舶选取了两个完整航次,每个试验航次的起止时间信息如表 7-3 所示,对应的轨迹信息如图 7-6 所示。

表 7-2 试验船舶参数信息

船舶类型	载重/t	船长/m	船宽/m	吃水/m	最大设计速度/kn
散货船 SⅠ	46000	190	32	12	14.5
滚装客船 SⅡ	8000	180	28	8	16.2

表 7-3 试验船舶航次信息

序号	船名	起始时间	结束时间
实例 1	散货船 SⅠ	2014-01-21 09:57	2014-01-22 06:25
实例 2	散货船 SⅠ	2014-03-20 23:43	2014-03-22 18:31
实例 3	滚装客船 SⅡ	2014-07-13 07:43	2014-07-14 04:37
实例 4	滚装客船 SⅡ	2014-07-30 07:25	2014-07-31 14:38

选取 CO_2、CO、SO_x、NO_x、PM 五种常见的船舶尾气污染物种类作为计算对象,分别采用传统动力法模型和考虑海洋环境因素影响的船舶尾气排放计算模型进行计算,其中实时风、浪、流信息来源于亚太数据研究中心(Asia Pacific Data Research Center,APDRC)。表 7-4 展示了不同航次的船舶尾气排放量计算结果,A 表示传统动力法计算结果,B 为考虑风浪流影响的船舶尾气排放计算结果。

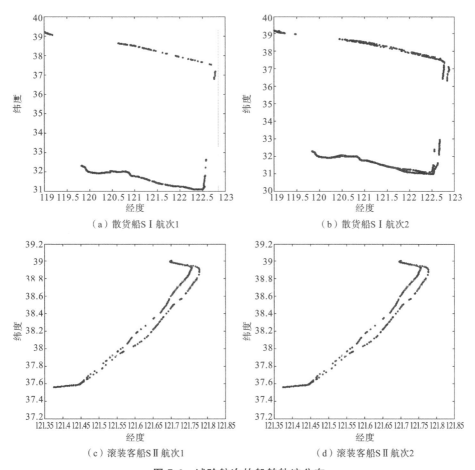

图 7-6 试验航次的船舶轨迹分布

表 7-4 不同航次的船舶尾气排放量计算结果

组别		大气污染物排放量(吨)				
		CO_2	CO	SO_x	NO_x	PM
1	A	188.89	0.1517	2.33	3.64	0.40
	B	192.57	0.1546	2.64	3.71	0.41
2	A	324.23	0.2603	5.77	6.25	0.69
	B	320.18	0.2570	5.40	6.17	0.68
3	A	97.41	0.0782	1.68	1.88	0.21
	B	95.91	0.077	1.63	1.85	0.20
4	A	101.89	0.0818	1.58	1.96	0.22
	B	104.57	0.0840	1.65	2.01	0.22

由于很难获取两艘船舶每个航次的实际尾气排放量,本研究选择燃料消耗量间接验证计算结果的准确性,将两种计算方法获取的船舶尾气排放量除以基于燃油消耗量的排放因子,可以反推出船舶燃油消耗量,将燃油估计油耗推算值与航次报表中的实际油耗记录值进行对比验证,比较结果如表 7-5 所示。

表 7-5　不同航次的估计油耗与实际油耗误差

组别		估计油耗/t	实际油耗/t	误差百分比
1	A	60.66	67	−9.46%
	B	61.84		−7.70%
2	A	104.12	97.4	6.90%
	B	102.81		5.41%
3	A	31.28	29.2	7.02%
	B	30.80		5.48%
4	A	32.72	35.5	−6.51%
	B	33.58		−5.41%

从表 7-5 中可知,考虑风、浪、流影响的船舶排放计算结果与直接利用动力法的计算结果相比,误差有所减小。以 CO_2 排放量推算的油耗结果为例,实例 1 的计算误差由 −9.46% 减小至 −7.70%,误差减小幅度为 18.60%;实例 2 的计算误差由 6.90% 减小至 5.41%,误差减小百分比为 21.59%;实例 3 的计算误差由 7.02% 减小至 5.48%,误差减小百分比为 21.94%;实例 4 的计算误差由 −6.51% 减小至 −5.41%,误差减小百分比为 16.90%。综上,本研究提出的方法在一定程度上提高了船舶尾气排放计算的准确度,但仍然存在一些潜在因素会增加计算结果的不确定性。

(1) 本地化的排放因子是影响船舶尾气排放的重要因素之一,国内还没有关于内河和沿海水域船舶本地化排放因子的系统研究和测试结果,现有研究(包括本研究)使用的排放因子大多来源于国际海事组织报告和相关文献材料,由于不同地区船用发动机类型和燃料使用情况存在差异,船舶尾气排放计算结果可能引入一定程度的不确定性。

(2) 船用燃油的成分也可能影响船舶尾气排放计算结果。国内外管理部门相继设定了多个船舶排放控制区和限定船舶燃油使用标准,特别是港口和重要通道水域,船舶航行过程可能使用了不同类型的燃料油,但详细的燃料消耗记录往往很难获取,会增加尾气排放量计算的不确定性。

(3) 节能减排措施是另一个影响船舶尾气排放计算结果的因素,包括清洁能源的使用、船舶尾气处理装置、岸电的使用等。这些措施的应用可以在一定程度上减少船舶尾气排放量,由于缺少相关数据的支撑,本研究试验过程没有考虑这部分因素影响,这也是不确定性的重要来源。

(4) 船舶发动机的负载率也可能带来潜在的不确定性。在研究试验中,主机的负载率是利用修正船速与最大航速之比的立方作为估算值,当修正后的船速较小时,主机负载率的估计值会小于实际值,从而低估了船舶尾气排放量。

7.3 实时轨迹驱动的船舶尾气排放动态表征方法

排放清单是各种排放源在一定的时间跨度和空间区域内向大气中排放的大气污染物的量的集合,船舶排放是区域大气污染源排放清单中重要的一部分。传统船舶排放清单主要以静态表征为主,应用动力法对历史船舶轨迹进行处理,获取区域或港口过去一段时间范围内船舶大气污染物的排放量。这种静态表征的船舶排放清单可以反映船舶尾气排放的总体特征和分布情况,但不能提供实时的船舶排放动态,难以为实时船舶尾气排放监测监管提供有力支撑。为了解决这个问题,本研究提出了船舶尾气排放动态表征技术,利用实时 AIS 数据流计算船舶动态排放量,构建区域船舶排放清单的动态表达。

图 7-7 显示了基于在线数据源的船舶尾气排放计算流程,主要包含三个过程:第一个过程从在线 AIS 数据流中识别不同船舶的静态信息和动态轨迹,建立无序轨迹点的时空关联,进行轨迹噪声过滤和插值处理,获取不同船舶的连续轨迹集合,并根据船舶类型确定船舶排放计算所需的部分活动参数;第二个过程按照给定计算周期,分布式计算每个船舶轨迹集合的实时尾气排放;第三个过程将每个船舶的实时尾气排放根据航行过程进行空间分配,统计区域所有船舶实时尾气排放的时空特征。

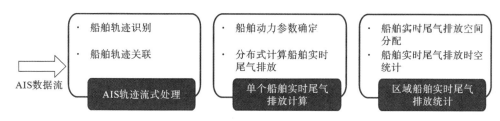

图 7-7　基于在线数据源的船舶尾气排放计算流程

7.3.1 实时 AIS 数据流的在线预处理

在现有研究中,记录了船舶完整轨迹的历史 AIS 数据是船舶尾气排放计算的主要数据源,从历史 AIS 轨迹数据中能够方便地识别和提取船舶的各种活动状态,如巡航和停泊。与历史 AIS 数据相比,实时 AIS 数据流拥有混合(静态、动态信息)、复合(多个船舶)和无序(异频采样时间)等特性,且所有 AIS 数据并非按照船舶对象分类组织,在一个计算周期内需要经过大量处理才能获取不同船舶的有限轨迹采样点,很难直接识别船舶的活动状态。因此,从混杂的数据流中准确识别和提取不同船舶的连续轨迹是进行船舶尾气排放动态计算前的一个重要预处理步骤。

1. 船舶轨迹提取

图 7-8 展示了实时 AIS 数据流的船舶轨迹提取流程。设定数据接收周期为 1 s,实时 AIS 数据流以数据块的形式被连续接收。在每个数据块中,解析 AIS 消息中的船舶 MMSI 标识码,将数据块中具有相同 MMSI 标识码的 AIS 消息进行聚合,形成特定船舶对象的离散轨迹点集,同一船舶所有轨迹点按采样时间进行排序,相邻轨迹点构成一个船舶轨迹段。在具体实现中,本研究采用 Spark Stream

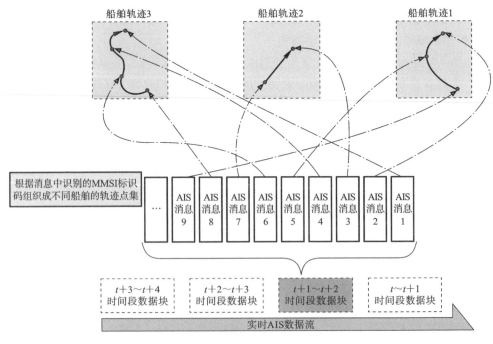

图 7-8 实时 AIS 数据流的船舶轨迹提取流程

流式处理系统完成实时 AIS 数据流的批处理。Spark Stream 系统将实时 AIS 数据流的每个数据块读取成弹性分布式数据集(Resilient Distributed Datasets,RDD)对象,如图 7-9(a)所示;然后以 MMSI 标识码作为 Key 值、其余信息作为 Value 值将 RDD 对象转换为 Key-Value 形式的 Pair RDD 对象,如图 7-9(b)所示;对转换后的 Pair RDD 对象进行 Group by Key 操作,将具有相同 MMSI 的 AIS 轨迹数据聚合,聚合后的 AIS 轨迹点集按采样时间进行排序,形成一系列连续轨迹段,如图 7-9(c)所示。

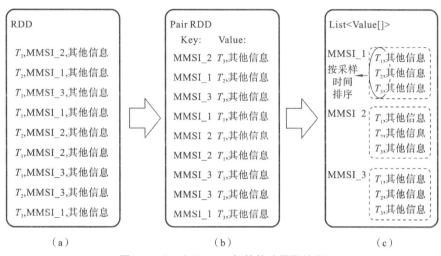

图 7-9 Spark Stream 船舶轨迹提取流程

2. 船舶轨迹关联

各个数据块提取船舶轨迹段后,还应该检查不同数据块的轨迹连续性,以获取完整的船舶运动过程。如图 7-10 所示,两个非连续的数据块中均有 XXX 轮的

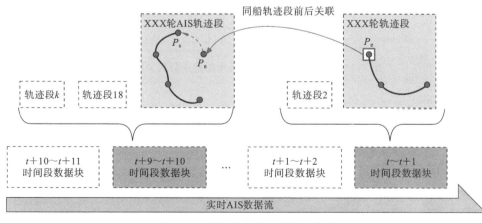

图 7-10 同船轨迹前后关联示意图

AIS 轨迹段,点 P_e 是前一时刻数据块中该船轨迹段的最后一个轨迹点,P_s 点是另一时刻数据块中该船轨迹段的第一个轨迹点。如果每个数据块单独进行船舶尾气排放计算,船舶从点 P_e 至点 P_s 的移动过程被忽略,导致 XXX 轮的尾气排放量被低估。因此,本研究采用最新点位缓存策略实现数据块之间的船舶轨迹关联,如图 7-11 所示,采用 Redis 内存数据库将每个船舶在前一时刻数据块中的最新位置进行缓存,并加入到下一时刻数据块中该船轨迹段的前端,实现前后数据块的同船轨迹关联。在图 7-10 中,XXX 轮在 $t \sim t+1$ 时刻数据块的最新位置为 P_e,完成该数据块的船舶尾气排放计算后,点 P_e 将被缓存并插入 $t+9 \sim t+10$ 时刻数据块中该船第一个轨迹点 P_s 之前,补充船舶从点 P_e 至点 P_s 的移动过程。

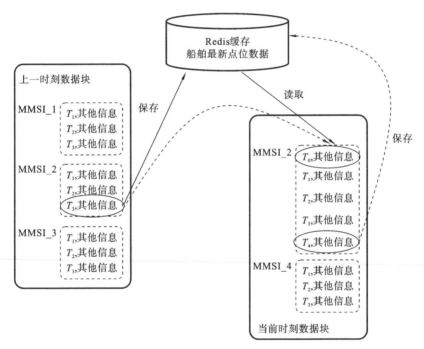

图 7-11 基于 Redis 内存数据库的轨迹前后关联流程

7.3.2 船舶尾气排放动态计算模型

本节将详细介绍船舶尾气排放的动态计算方法,单船尾气排放动态计算流程如图 7-12 所示,完整的技术流程分为三个模块。第一个模块负责处理船舶静态 AIS 信息,包含 MMSI 标识码、船舶类型、船长、船宽等属性,根据船舶类型确定船舶尾气排放计算所需的活动参数。第二个模块负责执行船舶尾气排放的分布式计算任务,从接收的 AIS 动态信息中提取和关联船舶轨迹后,为每艘船舶生成一个以

MMSI 标识码标记的实时尾气排放计算任务,将所有排放计算结果存储至船舶排放数据库。第三个模块负责利用船舶排放数据库计算区域船舶排放清单,并通过空间分配和统计分析得出指定时间内区域船舶尾气排放的结果。

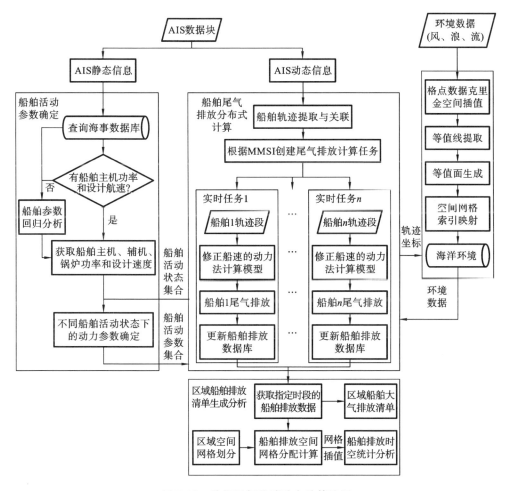

图 7-12 单船尾气排放动态计算流程

1. 船舶活动参数确定

在船舶排放动态计算过程中,需要根据船舶类型及其活动状态确定船舶排放计算的各种活动参数,包括船舶发动机的数量、类别、额定功率和设计速度等,本研究收集并存储了来自中国船级社、劳氏船级社等海事数据库的 10 余万艘船舶基本数据,可通过船舶名称和 MMSI 标识码进行匹配获取。考虑船舶尾气排放的分布式计算特点,采用 Redis 内存数据库将船舶排放计算任务涉及的船舶参数预先加载至内存高速缓存,便于每个计算节点可以快速访问船舶活动参数信息,随着任务执行次数越来越多,内存缓存的船舶参数不断扩充,后续船舶参数获取效率也逐渐提高。

由于传输错误或属性缺失,计算过程中经常出现船舶主机额定功率和设计速度两个关键参数无法获取的情况,一般地,有两种常用方法用于估计船舶主机功率[90]:一种方法是参考具有相似船型、尺寸、吨位等参数的船舶主机功率[91],但如果没有目标船舶的基本属性,该方法就无法提供参考值;另一种方法是根据船舶的阻力估算主机功率[92]。本研究利用获取的船舶基本数据集进行了主机功率和船舶属性的相关系数分析,结果表明主机功率与船长和船宽的乘积具有最高的关联性,如图 7-13 所示。因此,采用回归分析法建立船舶主机功率与船长和船宽的乘积的回归模型,可以根据目标船舶尺寸估计未知的主机功率值。

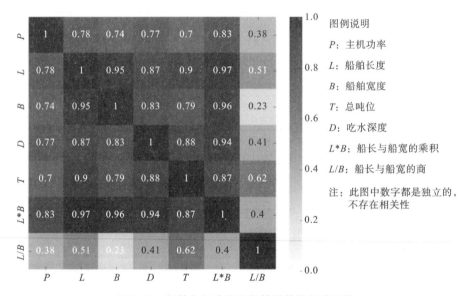

图 7-13 船舶主机功率和船舶属性的相关系数

将收集的船舶基本数据集分割为训练集(80%样本)和测试集(20%样本),采用多项式回归建模方法处理训练集,构建不同船舶的主机回归模型。多项式回归模型的优点是可以通过调整自由度 d 和增加自变量 x 的高阶项不断接近测量点,直到满足条件为止。在多项式回归分析中,决定系数 R^2 反映了因变量的全部变异能通过回归关系被自变量解释的比例,回归曲线能够解释"因变量变异的比例越大,回归函数与实际情况的吻合就越可靠"这一规律。R^2 的取值范围为[0,1],该值越接近 1,表示回归模型的性能越好。以 7.2.3 节试验区域为例,对数量最多的货船和油轮进行主机功率回归分析,拟合结果如图 7-14 所示。当 $d=1$ 时,货船和油轮的主机功率线性拟合决定系数分别为 0.847 和 0.836,说明两个变量之间的关系并非简单的线性关系;当 $d=2$ 时,货船和油轮的主机功率二次方拟合决定系数分别为 0.910 和 0.873,拟合曲线覆盖了大部分观测点,拟合效果较好;当 d 继续增加时,决定系数 R^2 没有显著增加。为方便计算和应用,本研究采用二次方拟合不同船舶的主机功率。

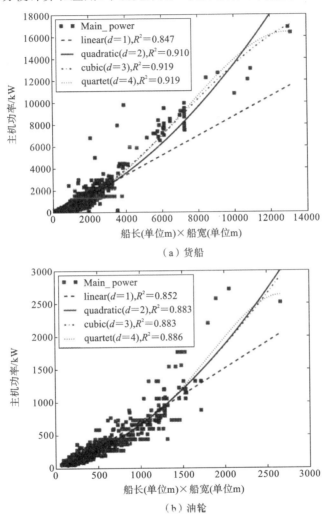

图 7-14 货轮和油轮的主机功率拟合曲线

确定目标船舶的主机功率后,通过主机功率和设计航速的回归拟合关系确定目标的设计航速。对于货船和油轮,船舶主机功率和设计航速的回归关系[93]为

$$\begin{cases} MCR = \alpha DWT^{\beta} V^{\gamma}, 油轮 \\ MCR = \alpha TEU^{\beta} V^{\gamma}, 货船 \end{cases} \quad (7-21)$$

式中：MCR 为主机总功率，单位为 kW；DWT 为油轮载重量，单位为 t；TEU 为货船集装箱数；V 为设计航速，单位为 kn；α,β,γ 为回归模型系数。将已知主机功率和设计速度的油轮和货船基本数据代入式(7-21)进行模型训练和参数计算，得到船舶设计速度的预测模型，即

$$\begin{cases} V_T = \sqrt[0.6]{\mathrm{MCR}_T/2.66\mathrm{DWT}^{0.6}}，\text{油轮} \\ V_C = \sqrt[0.4]{\mathrm{MCR}_C/4.297\mathrm{DWT}^{0.6}}，\text{货船} \end{cases} \quad (7\text{-}22)$$

未知的船舶设计速度可以根据确定的船舶主机功率进行逆向计算。

2. 船舶尾气排放分布式计算

完成在线轨迹处理后，原始 AIS 数据块已转换为不同船舶的轨迹片段，每个船舶单独进行尾气排放动态计算。在具体实现中，本研究使用 Spark Stream 技术对实时 AIS 数据流进行等时间间隔的数据采样，利用批处理机制完成各个数据块的船舶排放分布式计算。图 7-15 是船舶尾气排放分布式计算的流程，每个船舶的轨迹段被分割成不同的数据单元，每个数据单元生成一个实时计算任务，采用修正船速的船舶尾气排放计算模型获取指定数据单元的船舶尾气排放，不同任务的计算结果写入船舶排放数据库。

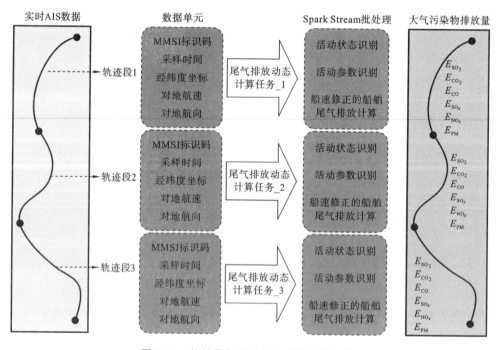

图 7-15 船舶尾气排放分布式计算的流程

7.3.3 区域船舶尾气排放统计分析

区域船舶尾气排放清单是一个地区指定时间范围内不同类型船舶大气污染物的排放总量,船舶尾气排放动态计算模型提供了细粒度的船舶大气排放实时数据,可以快速生成不同时间尺度的区域船舶大气排放清单。该清单能够反映不同类型的船舶尾气排放对区域大气排放的占比,包括大气污染物种类、总量等,但无法揭示区域船舶排放的总体特征和时空分布特点。一般地,有两种流行的方法对区域船舶大气排放清单的时空特征进行探索和挖掘:一种是点密度加权方法,利用网格模型统计轨迹点的密度,根据点密度计算网格单元的空间权重,将轨迹段的尾气排放量按空间权重分配至各个网格单元[94,95];另一种是活动分配法,分配给一个网络单元的大气污染物排放量取决于船舶在该网格单元的轨迹长度比例[96],即船舶活动距离的长短。每个网格单元的大气污染物排放量是所有经过该网格单元的轨迹段的排放量总和。

在本研究中,活动分配法被用于将所有船舶轨迹段的尾气排放量分配到网格模型,即船舶在一个网格单元中的活动轨迹越长,对该网格单元的大气污染物排放占比越大。假设船舶有四个连续的轨迹段,记为 S_{p-1}、S_p、S_{p+1} 和 S_{p+2},图 7-16 展示了船舶尾气排放量的空间网格分配过程。首先,根据空间拓扑模型计算每个轨迹段与空间网格单元的交点,以交点为分割点将原始轨迹段切分为若干子轨迹段,每个子轨迹段是船舶轨迹和网格单元的空间交集,例如轨迹段 S_p 被网格单元 $C_{i,j}$ 和 $C_{i-1,j}$ 分割为两个子轨迹段 S_p^1 和 S_p^2。接着,计算每个子轨迹段与原始轨迹的长度比,比值作为船舶排放网格分配的权重,假设轨迹段 S_p 的船舶尾气排放量为 $E(S_p)$,子轨迹段 S_p^1 和 S_p^2 与原始轨迹的长度比分别为 α 和 β,且满足关系 $\alpha + \beta = 1$,则子轨迹段的排放量分别为 $E(S_p^1) = \alpha * E(S_p)$ 和 $E(S_p^2) = \beta * E(S_p)$。最后,对于每个网格单元,将所有与之相交的轨迹段的排放量求和,得到该网格的船舶尾

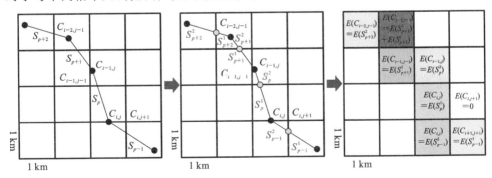

图 7-16 船舶尾气排放量的空间网格分配过程

气排放总量,例如网格单元 $C_{i-2,j-1}$ 包含两个轨迹段 S_{p+2}^1 和 S_{p+1}^2,其分配的船舶尾气排放量为 $E(C_{i-2,j-1})=E(S_{p+2}^1)+E(S_{p+1}^2)$。

按照上述单船尾气排放量空间分配方法,将指定时间范围内所有船舶尾气排放量进行空间网格分配,以单元网格的行号和列号作为网格唯一索引值,基于网格索引可以实现不同船舶轨迹段排放量的快速叠加计算,获取区域船舶尾气排放量的空间分布,如图 7-17 所示。在具体实现中,实时 AIS 数据流的每个采样数据块都能够生成区域船舶尾气排放的空间分布图,将不同时间区间的区域船舶尾气排放空间分布进行对比分析,可以进一步发现区域船舶尾气排放的动态变化规律和敏感区域(如排放热点区)。

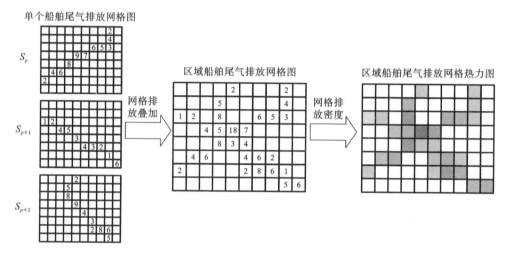

图 7-17 区域船舶尾气排放量的空间分布

7.4 船舶尾气排放时空分析与可视化方法

传统船舶尾气排放清单是以数据表形式记录不同类型船舶产生的各种大气污染物浓度,表格清单能够详细说明各类船舶尾气排放的数量、种类和规模,但不能展示船舶航行尾气排放的动态过程以及区域船舶尾气排放的时空分布特征和变化规律,例如哪些区域是船舶尾气排放高浓度区域,什么时间是船舶尾气排放高峰时刻,尾气排放量与船舶属性(吨位、尺寸等)是否存在相关性等,对指导区域船舶尾气排放监测监管工作提供有效的决策支撑。本节在实现区域船舶尾气排放精确计算的基础上，从多个维度、多个尺度实现船舶尾气排放数据分析与可视化，旨在进一步挖掘和发现船舶排放方面的有用知识，为区域船舶尾气排放监管、排放政策制订等提供参考。

7.4.1 船舶尾气排放数据时空分析框架

在区域船舶尾气排放计算的基础上，本研究提出了船舶尾气排放数据的时空分析框架，如表7-6，包括空间、时间、属性三个维度和小、中、大三个尺度。在空间维度上，从小尺度的航道、锚地到大尺度的全球范围，分析船舶尾气排放浓度的空间分布特征，可识别其中的高浓度区域；在时间维度上，从小尺度的分钟、小时、日、周到大尺度的整年，分析船舶尾气排放浓度的时间分布特征，可识别船舶排放的峰值和低谷时段；在属性维度上，从小尺度的个体对象到大尺度的全球船舶，可识别不同船舶属性与尾气排放量的相关性，评估船舶属性对尾气排放量的占比。在该框架下，本研究定义了几种常见的船舶尾气排放时空分析任务，包括高污染区域分析、高排放时段分析和高排放船舶属性统计。

表7-6 船舶尾气排放数据的时空分析框架

维度\尺度	小尺度	中尺度	大尺度
空间	锚地、航道	港口、区域	全球范围
时间	分钟、小时、日、周	月份、季度	整年
属性	个体对象	船舶编队	全球船舶

1. 高污染区域分析

网格化的区域船舶尾气排放统计为研究船舶尾气排放的空间分布特征提供基础。高污染区域是指船舶尾气排放量远高于周围水域的某个空间。从船舶尾气排放数据中识别和提取船舶尾气高污染区，可以为海事主管部门提供目标指导，以加强局部大气污染监测监管。在本研究中，定义了单位面积尾气排放量概念，作为空间区域的船舶尾气污染程度评估和高污染地区检测的显著指标。在完成区域船舶尾气排放空间分配的基础上，对每个网格单元，将该网格单元所有船舶尾气排放总量除以网格面积得到污染指标，即

$$E_i(r,c) = \frac{\sum_k^n E_i^k}{A(g_{r,c})} \tag{7-23}$$

式中：$\sum_k^n E_i^k$ 表示经过网格单元的 n 艘船舶排放第 i 种大气污染物的总量。由于

AIS 轨迹的稀疏采样特性，为了准确获得一个网格单元的船舶尾气排放量，需要对 AIS 轨迹应用插值方法获得船舶在该单元中的定量行驶时间。$A(g_{r,c})$ 表示网格单元的面积，$g_{r,c}$ 表示空间网格模型中处于第 r 行和第 c 列的网格单元。完成每个网格单元的单位面积尾气排放量计算后，采用 KDE 方法进行聚类处理，污染指标远远超过给定阈值的网格单元被定义为高污染区。由于网格单元内的船舶数量及其活动时长动态变化，各个网格单元均可能成为高污染区域，对不同时期的高污染地区集合进行叠加分析，获取所有高污染地区的交叉点，这些交叉点实际上是区域船舶尾气排放的长期污染点，应该成为船舶尾气排放检测的主要地点。

2. 高排放时段分析

时间分配是区域性船舶尾气排放清单建立和应用的重要组成部分，是指将船舶尾气排放计算结果按照不同时间尺度参数进行统计，分析船舶尾气排放的时间变化特征，包括小时排放量、日排放量、月度排放量、季度排放量、年度排放量等，进而识别不同粒度的船舶尾气排放变化特征，识别其中的波峰和波谷时段，为不同时间段船舶尾气排放的治理提供理论依据。

高排放时段分析旨在找到一个地区或者一个船舶的尾气排放量浓度达到最大值的时间段。对于一个区域而言，如港口进出航道，在完成船舶尾气排放空间分配的基础上按指定时间尺度参数进行统计，例如日排放量，采用时间序列分析特定区域船舶尾气排放量的变化曲线，识别时间序列曲线的高峰和低谷，对主管部门合理分配船舶尾气监测时间具有重要意义。对于一艘船舶而言，尾气排放量按更小的时间尺度参数进行统计，例如小时排放量，将船舶轨迹按时间戳关联相应的小时排放量，可以反映船舶尾气动态排放过程，发现船舶活动的高峰时段和地点。

3. 高排放船舶属性统计

高排放船舶属性统计主要分析不同船舶属性条件下的尾气排放分担率，识别尾气排放占比最高的船舶属性。为了解不同船舶属性对尾气污染物总量的排放占比情况，如船舶类型，根据特定船舶属性的分类条件，统计每个分类条件下的船舶尾气排放量总和，并计算其与所有船舶尾气总排放量的比值，该比值与船舶的数量密度和活动频次有着密切的关系。分析不同船舶属性对尾气排放的占比有助于识别污染物排放的重点船舶属性条件，为区域船舶尾气排放的治理提供参考目标依据。

高排放船舶类型分析是最常见的分析应用之一，用于识别具有最大尾气排放占比的船舶类型。由于燃料类型、发动机类型等动力参数存在差异，不同类型的船舶尾气排放特性有所不同，并且不同吨位会影响船舶发动力的工况，间接影响船舶尾气排放量。为深入了解不同属性的船舶尾气排放特点，定义单位吨位排放量指标以识别高排放船舶类型,并探讨船舶类型与尾气排放量的关系。将同类型船舶的尾气排放总量除以总吨位,得到该类型船舶的单位吨位排放量。进一步与该类型船舶总数量相比,得到该船舶类型的单位吨位排放量均值,如式(7-24),该值可在一定程度上表征某船舶类型的排放特性,从而识别出高排放强度的船舶对象集合,作为船舶尾气排放监管的重点目标。

$$E_{i,j} = \frac{\sum_{k}^{n}(E_{i,j}^{k}/S_{j}^{k}.\text{tonnage})}{n} \quad (7\text{-}24)$$

式中:$E_{i,j}$ 为船舶类型 j 产生的第 i 种大气污染物的单位吨位平均排放量;$E_{i,j}^{k}$ 表示船舶类型 j 的第 k 艘船舶产生的第 i 种大气污染物的排放量;$S_{j}^{k}.\text{tonnage}$ 表示船舶类型 j 的第 k 艘船舶的吨位。单位吨位排放量均值尤其能够识别船舶吨位小但单位吨位排放量极高的船舶对象,即高排放船舶集合。

7.4.2 船舶尾气排放数据的可视化表达

随着船舶种类、数量和航行活动的不断增加,船舶尾气排放相关数据的规模日益扩大,传统表格形式的排放清单无法直观展示船舶尾气排放特征及规律,难以揭示船舶排放数据蕴含的船舶活动特点。本节提出了船舶尾气排放数据时空可视化技术,按照空间、时间、属性维度可分为三大类,以多类型地图、排放专题图、多类型统计图等技术手段全方位、多角度、多层次地展示船舶尾气排放数据的基本统计结果、动态变化规律、属性关联情况和时空分布特征等,便于海事部门及研究人员快速、精准地把控船舶尾气排放情况及重点区域,优化船舶尾气排放管控措施。

1. 时间分布可视化

为探索船舶排放数据随时间动态变化的规律,采用折线图、日历图、直方图、散点图、极坐标堆栈图等多个统计图,从小时、日、周、月等多个时间尺度分析船舶排放数据序列,揭示船舶尾气排放的动态变化、峰值特征及周期规律。

1) 船舶尾气排放折线图

船舶尾气排放折线图是将各个时刻排放数据用线段进行串联的统计图,如图 7-18 所示,主要用于展示船舶尾气排放量的连续变化过程,识别船舶尾气排放的峰值特征,包括顶峰时刻和波谷时刻。同时,折线图还可以叠加相同时刻的船舶交通流量统计数据,展示不同时刻船舶交通流量与尾气排放量的变化趋势对比。

2) 船舶尾气排放日历图

船舶尾气排放日历图是以天为单位统计船舶尾气排放量,以日历表的形式对全年船舶尾气日排放量进行分级显示的统计图,如图 7-19 所示。全年日历图可以

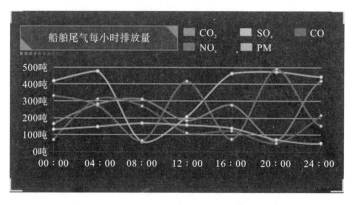

图 7-18　船舶尾气排放量小时变化折线图

提供多个时间尺度的船舶尾气排放量。在日历图横轴方向,可以展示船舶尾气排放的周期变化,例如第 1 行表示每个星期日船舶尾气排放量的周期变化;在日历图纵轴方向,可以展示船舶尾气排放量一个星期内的变化。日历图一般采用单色或渐变色的热力图表示不同尾气排放量,在视觉上区分排放量高的天数或排放量低的天数。

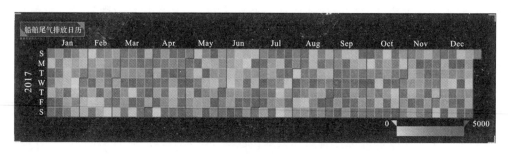

图 7-19　船舶尾气排放日历图

3) 船舶尾气排放直方图

船舶尾气排放直方图是由宽度一致、高度不同的矩形表示船舶尾气排放数据分布情况的统计图,能够精确显示船舶尾气排放量的差异,如图 7-20 所示。船舶尾气排放直方图往往用于精确比较相同时间尺度下的尾气排放量,时间尺度可以是一周、一个月、一个季度或者一年。

4) 船舶尾气排放极坐标堆栈图

船舶尾气排放极坐标堆栈图是将极坐标系下的圆平均分为若干扇形区间,每个扇形区间代表一个时间刻度,扇形圆弧段表示该时间刻度下的船舶尾气排放量数值,多个圆以辐射延伸的方式进行叠加显示,如图 7-21 所示。不同的圆可以表

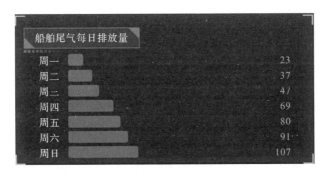

图 7-20　船舶尾气每日排放直方图

示多个数据类型或者多个时间尺度,图 7-21 中展示了同一时间尺度下多种大气污染物排放量的叠加显示,能够直观展示一周内船舶尾气每日排放量的差异。

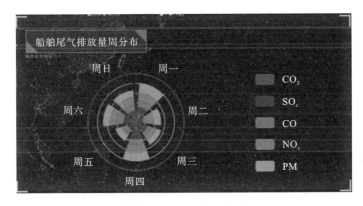

图 7-21　船舶尾气每日排放极坐标堆栈图

5）船舶尾气排放散点图

船舶尾气排放散点图是采用二维平面的离散点集表示船舶尾气排放量与某个属性之间关系的统计图,属性可以是时间单位、船舶吨位、船舶长度等类型,以探索该属性的不同取值范围对船舶尾气排放的占比,图 7-22 展示了船舶尾气每月排放散点图,反映了不同月份的船舶尾气排放的占比,其中散点尺寸表示硫氧化物的排放量多少,散点色调表示 PM 颗粒物的排放量多少。散点图一方面可以表征船舶尾气排放量与月份的关联关系,如 9～12 月份船舶尾气排放量线性增加;另一方面也可以反映船舶尾气排放量的变化特征,如 9 月份船舶尾气排放最少、12 月份尾气排放最多。

2. 空间分布可视化

为探索船舶尾气排放的空间分布特征,采用船舶尾气排放轨迹图、区域尾气排

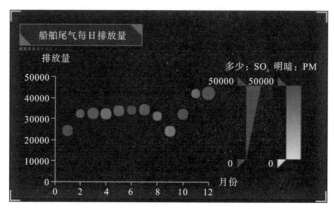

图 7-22 船舶尾气每月排放散点图

放热力图等专题地图形式,从航道、港口、区域等多个空间尺度分析船舶尾气排放数据集合,揭示个体船舶实时尾气排放过程以及区域船舶尾气排放的浓度分布特征及敏感区域。

1) 船舶尾气排放轨迹图

船舶尾气排放轨迹图是将船舶移动轨迹段及对应的尾气排放量采用不同颜色进行表达的专题图,船舶尾气排放量按最小值至最大值范围映射多级颜色模型,例如颜色越深表示船舶轨迹段的尾气排放量越大,如图 7-23 所示。排放轨迹图主要用于揭示船舶移动过程的实时排放情况,根据船舶轨迹的更新周期及特点,排放轨迹图可以提供分钟级别的船舶排放动态。

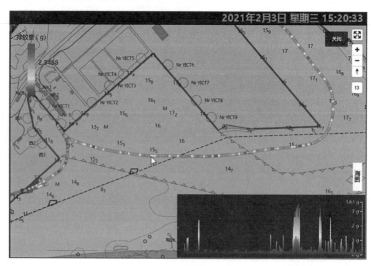

图 7-23 单船尾气排放轨迹图

2）区域尾气排放热力图

区域尾气排放热力图是将区域船舶尾气排放空间网格分配结果进行核密度估计，将不同排放密度的网格采用多级颜色模型进行表达的专题图，如图7-24所示。一个网格单元的船舶尾气排放量越大，网格单元的尾气排放密度越大，在地图上显示的颜色就越深。区域尾气排放热力图可以清晰展示船舶尾气排放的空间分布情况，标识区域船舶活动的主要航道、锚地等。以月份、季度或者年份为时间单位，将同一区域不同时间单位的热力图进行叠加分析，提取多个热力图的交叉区域，可作为船舶尾气排放监测的敏感区域。

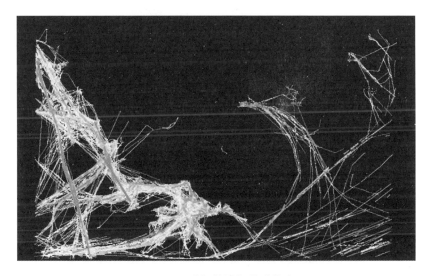

图7-24 区域船舶尾气排放热力图

3. 属性关联可视化

为探索不同船舶属性与区域船舶尾气排放的关联关系，采用饼状图、堆栈图等统计图定量分析不同属性的船舶对区域排放的占比，包括船舶类型、船舶进出港活动类型、船舶吨位等。

1）船舶尾气排放饼状图

船舶尾气排放饼状图是一个划分为几个扇形的圆形统计图，用于展示不同属性船舶的尾气排放量所占比例大小，可以直观展示不同属性的船舶数量，即数据大小及占比情况。环形饼状图是饼状图的一种展示形式，图7-25是不同类型船舶的尾气排放占比饼状图。

2）船舶尾气排放堆栈图

船舶尾气排放堆栈图将不同类型的船舶产生的尾气排放量用不同高度的矩形

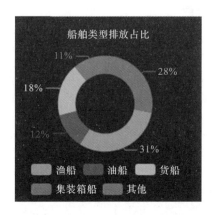

图 7-25 不同类型船舶的尾气排放占比饼状图

进行堆叠显示,矩形高度等于该类型船舶尾气排放量除以区域船舶尾气排放总量(得到船舶类型排放的占比),可以在同一个图下直观展示不同类型船舶尾气排放的数量、占比及分布情况。图 7-26 展示了五种船舶(集装箱船、渔船、油船、货船、其他)对区域各类大气污染物排放的占比。

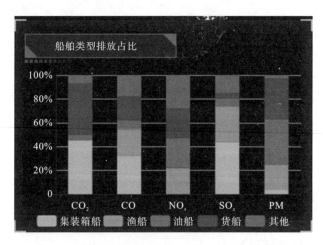

图 7-26 五种船舶对区域各类大气污染物排放的占比

7.4.3 典型水域船舶尾气排放动态表征

本节以宁波舟山港水域为例开展典型水域的船舶尾气排放动态表征试验。该港口由多条进出港航道组成,设置多个 AIS 基站接收和存储船舶静态、动态信息。试验区域是包含宁波舟山港的矩形区域,地理范围为 $29°5'N \sim 30°29'N$,

121°27′E～123°E,收集了该地区 9422 艘船舶 2014 年的全部 AIS 静态、动态信息。

在计算区域船舶尾气排放量之前,将所有船舶的 AIS 静态信息与中国船级社和英国劳氏船级社的海事数据库进行匹配融合,获取大部分船舶较为完整的动力参数信息,并开展船舶主机功率、设计航速等动力参数的回归建模分析,得到不同类型船舶的动力参数拟合公式。在此基础上,应用风、浪、流影响下的船舶尾气排放计算模型对全年船舶轨迹进行计算,构建研究区域 2014 年度船舶尾气排放清单,如表 7-7 所示,该试验区域来自船舶的 CO_2、CO、SO_x、NO_x 和 PM 全年排放量分别约为 8.71×10^5 t、2.07×10^3 t、1.47×10^4 t、2.60×10^4 t、1.40×10^3 t,碳氧化物的排放量占船舶尾气排放的比例最大,约 95% 以上,其次是氮氧化物 NO_x 和硫氧化物 SO_x。

表 7-7 宁波舟山港船舶尾气排放清单

船舶类型	大气污染物排放量(单位:吨)					
	CO_2	CO	SO_x	NO_x	PM	总量
危险品船舶	8214.76	24.37	137.46	272.91	15.62	8665.12
特殊船舶	11497.89	27.61	191.955	347.27	18.63	12083.36
客船	4731.499	11.58	77.91	145.14	7.78	4973.909
货船	696560.60	1656.722	11786.60	20798.05	1120.24	731922.20
油轮	120629.70	282.12	2036.89	3580.08	191.64	126720.40
其他类型	29258.29	66.95	471.088	844.29	45.27	30685.89
总和	870892.7	2069.352	14701.9	25987.74	1399.18	915050.9

1. 高排放区域分析

为获取宁波舟山港的船舶尾气排放空间分布特征,使用 150 m×150 m 大小的网格单元对试验区域进行空间划分,按照 7.3.3 节方法将全年船舶尾气排放量分配至不同网格单元,生成区域船舶排放网格密度图,并以分级设色专题图进行空间可视化。船舶尾气中 CO_2 排放量的空间分布与其他大气污染物排放量的空间分布基本相同。结合研究区域的港口、航道布局以及船舶活动特点,从图中识别可能的船舶尾气高排放港区和航道,可以为区域船舶大气污染物排放监管和控制提供科学依据。

港口外的船舶排放高值区位于岱山岛和舟山岛以东的水域,它的地理形状与进出港口的主要路线以及靠近港口的南北交通路线非常吻合。这些区域是全年发生大量船舶交通活动的区域,并承担了高密度交通流产生的尾气排放量,因此在统计学上成为显著的船舶排放高污染区。港口内的船舶排放高值区主要集中在螺头水道和金塘水道。这两条航道是通往宁波舟山港核心区的关键航道,具有30万吨级的船舶通过能力,全年都在承担高密度的船舶交通流量。除了交通流密度因素外,复杂的地形条件可能是这些航道成为船舶排放高值区的另一原因。螺头水道的长度为1700 m,宽度为4500 m(最窄处为1600 m),水深为35~112 m,有限的航道条件加上经常发生涡流现象,会对航行船舶的速度、航向和发动机工况产生很大的影响,尤其是小型船舶。因此,该区域的航行船舶将消耗更多的燃料来保证航行安全,而且低效的发动机工况会产生更多的大气污染物。金塘水道与螺头水道有着类似的情况,该水道属于潮汐通道,地形宽窄不一,拥有深水、激流、弱浪、小潮差等特点。金塘水道北部是一个宽约6800 m、深50多米的深海通道,南部是一个浅滩,宽度为4500 m,深度小于30 m,金塘水道西北区域的船舶尾气排放量远远超过东南区域的船舶尾气排放量。从通航能力和条件来看,两条核心港区的重要航道都是船舶排放高污染区,海事管理部门应更加重视对这些地区的船舶活动监测监管,保障船舶航行安全和控制船舶排放。

2. 高排放时段分析

由于运输功能和航行范围存在差异,不同类型船舶的尾气排放时间变化特征应该不同。为探索宁波舟山港的船舶尾气排放时间变化特征,分别以个体船舶和区域船舶为研究对象,剖析船舶尾气排放量随时间动态变化规律以及峰值特征。

首先,对宁波舟山港全年船舶尾气排放量进行月度变化分析,包括CO_2、CO、SO_x、NO_x、PM五种大气污染物,如图7-27所示,所有污染物的月度变化曲线呈现相同的变化趋势,不同月份的船舶尾气排放量波动不大,1月、4月和11月是船舶

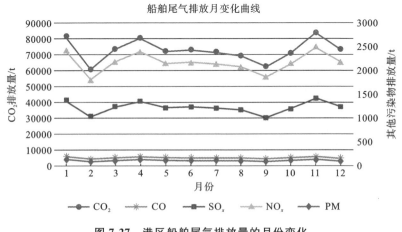

图7-27 港区船舶尾气排放量的月份变化

尾气排放量较多的月份,2月和9月相对较少,这些特征与该地区全年不同月份的船舶活动特点密切相关。

接着,分析宁波舟山港内不同类型船舶尾气排放量的月变化情况,引入月度变化系数指标挖掘船舶尾气排放的时间变化特征,月度尾气排放变化系数等于每月尾气排放量占全年尾气排放量的百分比。图 7-28 显示了六种类型船舶的月度尾气排放变化,每个图形曲线代表某一类型船舶的尾气排放量月份变化。从图 7-28 中可知,每个月份宁波舟山港船舶尾气排放量占比最大的船型各不相同,其中货轮、油轮、客船具有明显的季节性活动特点,不同月份船舶尾气排放量差异较大,而危险品船舶、特殊船舶和其他类型船舶的月度排放变化系数波动较小。货轮尾气排放高峰期在 1 月份、4 月份和 11 月份,月度尾气排放变化系数分别为 13.9%、15.3%、16.6%,2 月份和 9 月份是尾气排放低值期,月度尾气排放变化系数分别为 2.0%、2.3%;油轮在 1 月份和 4 月份的月度尾气排放变化系数较高,分别为 11.7% 和 13.3%,其他月份差别不大。客船尾气排放高峰期集中在 3~5 月份和 8~10 月份,在 6 月份、7 月份、12 月份的排放量接近于 0,与春夏两季宁波舟山港游客旅游出行活动频繁有关。

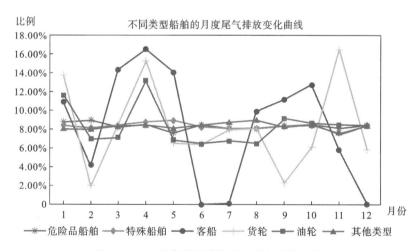

图 7-28 不同类型船舶的月度尾气排放变化

然后,以小时为单位观察不同类型船舶尾气排放量的变化特征。图 7-29 展示了 1 月 10 日六类船舶每小时尾气排放量的动态变化曲线,定义小时尾气排放变化系数,该系数等于每小时尾气排放量占全天尾气排放量的百分比(货轮与危险品船舶的变化相似,故图中没有标出)。从图 7-29 中可知,客船一天中各小时的尾气排放量有较大波动,在 11:00~14:00 时段和 18:00~20:00 时段内的尾气排放比例较高,分别为9%和6%左右,在午夜时段的排放比例达到最低值,与港口客流高峰时间范围基本相符。除了客船之外,其他船舶一天不同时段的尾气排放处于比较平均的状态,波动较小。

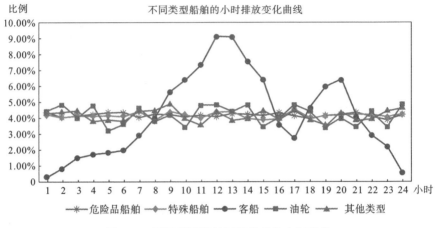

图 7-29 不同类型船舶尾气排放的小时变化

最后,本研究以船舶个体为对象,在更小的分钟时间尺度探索船舶尾气动态排放过程,并采用尾气排放轨迹专题图的形式进行表征。如图 7-30 所示,依次计算船舶轨迹两个相邻采样点之间的尾气排放量,并根据采样时间将尾气排放量与船舶位置进行关联,进而生成不同颜色、不同尺寸线段表示的船舶尾气排放轨迹图。船舶尾气排放轨迹图可以准确地展示船舶实时尾气排放量、排放时刻及排放区域,能够识别船舶动态排放量何时何地达到最大值。将船舶尾气排放轨迹图与区域尾气排放控制规则结合,有助于管理部门进行船舶尾气排放监测监管。

3. 高尾气排放船舶分析

不同类型的船舶由于引擎类型不同,使用的燃料不同,导致其污染物排放特征也各不相同,在获取研究区域船舶尾气排放清单的基础上,进一步分析船舶类型、船舶吨位的尾气排放占比。

为了解研究区域内不同船舶类型对各种大气污染物排放量的占比情况,计算了各类船舶的尾气排放量占区域船舶尾气排放总量的比例,如图 7-31 所示。在所有船舶类型中,货轮和油轮对宁波舟山港区的船舶尾气排放量的占比最大,两类船舶的 CO_2、CO、SO_x、NO_x、PM 排放量均占所有类型船舶排放总量的 80% 以上,危险品船舶、特殊船舶、客船和其他类型船舶的尾气排放占比相对较小,说明宁波舟山港内船舶尾气排放量主要来源于货轮和油轮。

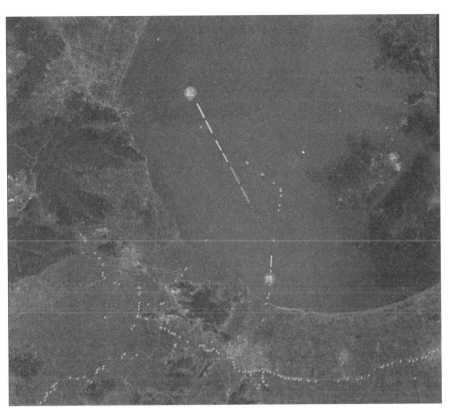

图 7-30　船舶尾气排放轨迹图

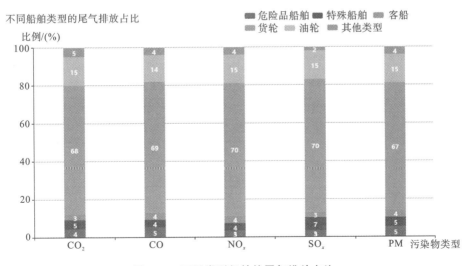

图 7-31　不同类型船舶的尾气排放占比

在此基础上，计算不同类型船舶的单位载重排放量平均值，识别高强度的排放船型，如表 7-8～表 7-11 所示。在 1 月份，客船数量较少，但单位载重排放量远远高于其他船舶，是高强度排放的船舶类型，其他类型的船舶同样排放了较多的尾气；在 4 月份，客船的尾气排放量减少了一个数量级。到 7 月份，货物运输的旺盛需求使货轮成为高排放船型，这种情况一直持续到 2014 年底。将四个月份各类船舶的单位载重排放量平均值绘制成柱状图，可以发现客船、货轮、油轮及其他类型船舶均为污染的重点船舶，应作为污染治理的重点对象。

表 7-8　1 月份各船舶类型的单位载重排放量

船舶类型	数量	单位载重排放量总和/t	单位载重排放量平均值/t
危险品船舶	38	2977.30	78.35
特殊船舶	44	2164.40	49.19
客船	5	16343.50	3268.70
货轮	2032	118030	58.09
油轮	533	202100	379.17
其他类型	77	224945	2921.36

表 7-9　4 月份各船舶类型的单位载重排放量

船舶类型	数量	单位载重排放量总和/t	单位载重排放量平均值/t
危险品船舶	20	240	12
特殊船舶	15	1026.20	68.41
客船	2	962.73	481.37
货轮	1642	609390	371.13
油轮	473	9620.70	20.34
其他类型	55	116233	2113.33

表 7-10　7 月份各船舶类型的单位载重排放量

船舶类型	数量	单位载重排放量总和/t	单位载重排放量平均值/t
危险品船舶	30	6405.70	213.52
特殊船舶	9	1535.70	170.63
客船	8	1262.60	157.83
货轮	962	2113600	2197.09
油轮	487	206110	423.22
其他类型	32	85846.68	2682.71

表 7-11　10 月份各船舶类型的单位载重排放量

船舶类型	数量	单位载重排放量总和/t	单位载重排放量平均值/t
危险品船舶	22	1179.20	53.60
特殊船舶	76	5358	70.50
客船	63	17677.80	280.60
货轮	2275	3178379.80	1397.09
油轮	397	326953.32	823.56
其他类型	130	462290.84	3556.08

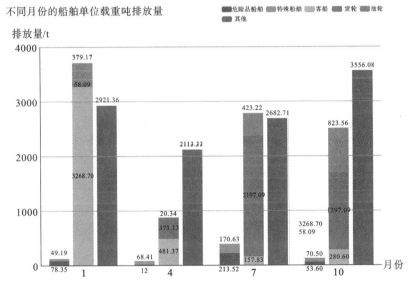

图 7-32　不同月份各类船舶的单位载重排放量

7.5　本章小结

　　本章讨论分析了海洋环境场对船舶活动的影响,建立了风、浪、流影响下的船舶速度修正模型,介绍了基于修正船速的船舶尾气排放计算模型,阐述了该模型处理船舶 AIS 数据、获取尾气排放量的原理和过程,并通过实际船舶尾气排放计算试验说明了该方法的有效性。面向船舶尾气排放监测监管需求,本章提出了基于在线数据源的船舶尾气排放动态表征方法,介绍了实时接收轨迹数据流的在线分类与关联处理流程,设计了分布式的船舶尾气排放动态计算模型,以及区域船舶尾气排放清单生成方法。在此基础上,进一步介绍了船舶尾气排放时空分析与可视化方法,列举了高污染地区、排放高峰时间和高排放船舶类型等典型时空分析任务,并以宁波舟山港为例开展了典型水域船舶尾气排放动态表征与分析应用示范,分析结果对船舶尾气排放监管策略和减排措施的制定具有重要的参考价值。

第8章

船舶气象航线优化推荐方法

8.1 概　　述

航运业处于全球贸易市场的前沿,是国际经济走向的晴雨表。近年来国际航运业竞争日趋激烈,国际社会对船舶污染排放问题也日益重视,优化船舶航线以控制船舶运营成本和减少船舶污染排放已成为船东及船舶运营商提高竞争力的重中之重。在此背景下,综合考虑天气海况条件和船舶性能特点的气象航线能够为船舶优选一条兼顾船舶航行安全和船舶运输效率的航线,已成为航运公司或船长提高航运经济效益的重要手段。统计数据表明,船舶采用气象航线后,可以尽可能地避开恶劣天气海域,大大减少因天气海况原因导致重大海难事故的概率,极大提高船舶航行的安全性,同时在节省燃油、提高航速、缩短航程及保证船舶航行时间的准确性等方面提高航运经济效益。

气象航线推荐就是指综合天气、交通状况、航行距离和运输成本等多个约束条件,以最小代价为船舶推荐最优的航行路线。一般地,气象航线推荐算法利用全球或局部天气预报数据为开航前或航行中的船舶提供航线建议,并在算法中考虑确定性条件或随机条件的影响,以便对船舶航行参数进行优化,并选择与之适配且相对安全的天气路径,以减少船舶阻力和非预期的船舶运动,最终提高经济效益[97]。在已有船舶气象航线推荐研究中,最受关注的问题是提升航运经济效益,基于最短时间的航线设计便成为航线优化的首选方向[98,99],为进一步节约航运成本,部分研究还考虑了最省燃料的航线计算方法[100,101]。随着船舶导航系统和信息化技术的快速发展,船舶航行的多目标最优航线成为气象航线推荐的最新发展方向,综合考虑船舶航行出发港和目的港之间天气预报、海况信息、运营成本、尾气排放等多目标最优航线设计成为气象航线推荐研究的最新发展方向,大量优化算法被频繁应用于船舶气象航线优化推荐,包括神经网络[102]、模糊逻辑[103]、遗传算法[104]、多目标优化算法[105,106]、蚁群算法[107]等。然而,现有船舶气象航线推荐研究大多基于已有的既定航线进行,没有考虑不同船舶的实际航行经验。

为推荐具有高实用价值的气象航线,本研究考虑利用大规模的船舶轨迹数据,提取和处理不同船舶的历史航次信息,通过建立船舶运动轨迹模型以及船舶轨迹结构相似度评价方法,从历史航次信息抽取蕴含实际航行经验的典型轨迹,作为气象航线优化推荐的初始航线,并根据遗传算法特点设计了基于历史航次的船舶气象航线优化推荐模型,可以根据航行计划和天气状况为船舶推荐气象航线,使船舶航行的安全性、经济性及环保性得到全面、可靠的优化。研究成果有利于提高航运企业的运营效率和国际竞争力,有利于减少船舶对水域环境的污染,可为政府部门优化国际贸易政策、规划运输系统布局、船舶减排措施制定、船舶排放控制区划定等提供重要参考。

8.2 基于历史航次信息的典型轨迹获取

航次是船舶运输生产活动的基本单元,是考核船舶生产效率和经济效益的基础。对于船舶而言,自上一航次的目的港卸空货物或运送旅客的时刻起,至本航次目的港完成运输活动的时刻为止,记作一个船舶航次的时间段,在营运期内船舶会连续不断地完成新的航次。AIS数据中包含了船舶在不同港口之间从事交通运输活动的航次信息,通过多个历史航次的轨迹数据聚类分析,可以提取目标港口(即起始港和目的港)之间的船舶运动典型轨迹。利用典型轨迹计算和推荐待出航船舶的优化航线,可极大降低船舶海上航行的不确定风险,在保障航行安全的同时为航运公司或船长提供可靠的成本分析依据。

图 8-1 展示了基于历史航次信息的典型轨迹提取流程,包括典型轨迹获取和气象航线推荐两个关键步骤。典型轨迹获取过程是根据目标船舶的航行计划,对历史航次轨迹进行聚类处理,获取起始港和目的港之间的有向航行轨迹集合;在此

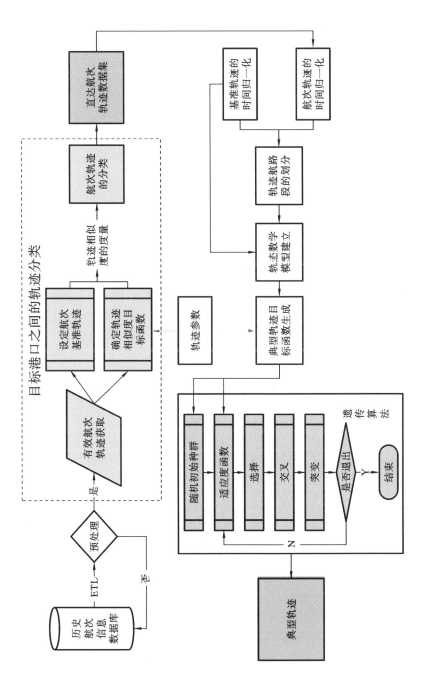

图 8-1 基于历史航次信息的典型轨迹提取流程

基础上,将有向航行轨迹集合与航次数据时空条件进行匹配,筛选集合中存在挂靠中间港口的航次轨迹,保留目标港口之间的直达轨迹集合。气象航线推荐过程利用遗传算法处理直达轨迹集合,通过构建典型轨迹的适应度函数提取船舶在目标港口之间运动的典型轨迹。

8.2.1 航次轨迹建模

航次轨迹是船舶在一个航次时间段内从一个港口航行至另一港口的完整运动轨迹,由船舶名称、船舶位置点、采样时间、出发区域和到达区域等属性构成,其中船舶位置点按采样时间先后顺序进行顺序排列,图 8-2 展示了多个船舶从上海港

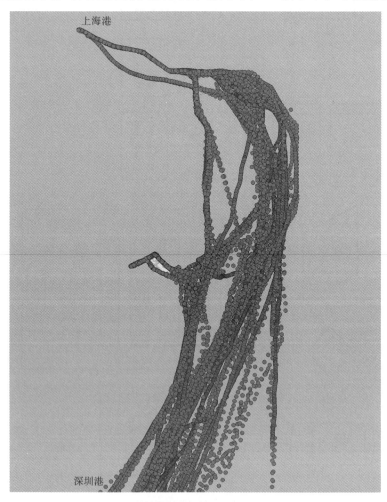

图 8-2 上海港至深圳港的船舶航次轨迹示例

至深圳港的航次轨迹,从图中可以发现部分船舶从上海港驶出后,中途停靠过宁波港。因此,获取两个港口之间船舶航行的典型轨迹需要对航次轨迹进行分类筛选,剔除非直达航线的干扰。

本研究通过匹配船舶 AIS 轨迹数据(见表 8-1)和历史航次数据(见表 8-2)生成目标港口之间的航次轨迹集合,具体流程如下。

(1) 选择研究区域的起始港和目的港,将历史航次数据中起始港和目的港不匹配的航次记录进行剔除,获取有效航次集合。

(2) 提取一个有效航次中的船舶 MMSI 标识码、离港时间和到港时间。

(3) 利用 MMSI 标识码在 AIS 轨迹数据集中抽取该船在离港时间和到港时间之间的轨迹点数据,按时间顺序排列后作为一个航次轨迹。

(4) 重复以上步骤,将所有有效航次对应的航次轨迹整合到一个集合,记作航次轨迹数据集 φ。

表 8-1 船舶 AIS 轨迹数据

MMSI 标识码	经度	纬度	时间戳	对地航向	船艏向	对地航速
209539000	68453800	13402590	2016/12/26 9:11	1	43	0
209539000	68453800	13402579	2016/12/26 9:44	1	44	0
209539000	68453800	13402559	2016/12/26 10:14	1	44	0

表 8-2 历史航次数据

MMSI 标识码	起始港	目的港	离港时间	到港时间	总航程	总航时
209539000	外高桥	深圳蛇口港	2017/3/24 21:40	2017/3/28 5:59	937.27	80.3106
212353000	外高桥	深圳蛇口港	2017/4/3 4:53	2017/4/6 15:51	951.36	82.9622
229557000	外高桥	深圳盐田港	2017/5/4 18:35	2017/5/8 17:02	897.04	94.4472

由于不同船舶实际出发时刻和抵达时刻并不完全一致,不同航次轨迹的实际轨迹长度和总航行时间存在差异,为比较不同轨迹之间的相似性,需要将所有船舶航次轨迹及航行时间进行归一化处理,在统一的航程时间下进行相似性比较。将起始港和目的港之间的航程分割为多个首尾相连的航路段,第一个航路段的起点为起始港位置,最后一个航路段的终点为目的港位置,各航路段首尾交接的位置点记为航路点,当船舶行驶到航路点时,往往会较大幅度改变船舶航行参数,包括航速、航向等。将所有航次轨迹数据按照统一划分的航路段进行分割,重写航次轨迹中每个位置点的时间戳,使得船舶离港后的航行时间与行驶距离成正比,且船舶的总航行时间为一个固定值。

假设两个港口之间的航次轨迹有 n 个航路点,每个航路点记为 $w_i = (t_i, \text{lat}_i, \text{lon}_i)$, $0 \leqslant i < n$,相邻航路点形成的航路段记为 S_i,如式(8-1),当船舶从航路点 w_{i-1} 移动至航路点 w_i 时,船舶位移可通过矢量 $\vec{w_i}$ 表示,见式(8-2),式中 ΔX_i 和 ΔY_i 是两个航路点的经度差值和纬度差值,如图 8-3 所示。

$$S_i = (w_{i-1}, w_i) \tag{8-1}$$

$$\vec{w_i} = (\Delta X_i, \Delta Y_i) \tag{8-2}$$

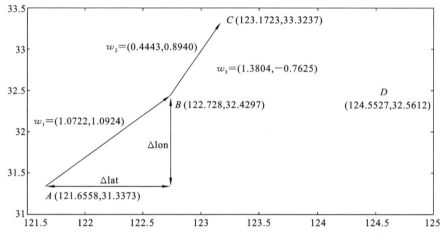

图 8-3 三个航路点构成的航次轨迹

假设目标港口之间的固定航程记为 D,经过归一化处理后的航次轨迹可看作船舶在不同航路点之间的位移集合,如式(8-3),航程总长度是船舶在各个轨迹段的位移长度之和,如式(8-4)。

$$L = [S_1, S_2, \cdots, S_n] \tag{8-3}$$

$$L_D = \sum_{i=1}^{n} \text{length}(S_i) \tag{8-4}$$

式中 $\text{length}(S_i)$ 是根据航路段的两个航路点坐标计算的笛卡尔距离,如式(8-5),根据航路段的长度与总航程长度的比例可确定归一化后每个航路点的时间戳,如式(8-6),整个航程时间等于目的港位置的航路点时刻减去起始港位置的航路点时刻。

$$\text{length}(S_i) = \text{length}(w_{i-1}, w_i) = |\overline{w_i}| \tag{8-5}$$

$$t_i = \frac{\sum_{k=1}^{i} \text{length}(S_k)}{L_D} \cdot D \tag{8-6}$$

在实际航次轨迹进行时间归一化处理时,将每个轨迹点 p_i 看作一个航路点

w_i，则任意两个相邻轨迹点 P_{k-1} 和 P_k 的航程可表示为 $\text{length}(P_{k-1},P_k)$，根据式 (8-6)，航次轨迹中任意轨迹点 i 经过归一化处理后的船舶位置时间戳为 t_i，即

$$t_i = \frac{\sum_{k=1}^{i}\text{length}(P_{k-1},P_k)}{\sum_{k=1}^{m}\text{length}(P_{k-1},P_k)} \cdot D \tag{8-7}$$

8.2.2 航次轨迹分类

航次轨迹分类的目的是将目标港口之间的直达轨迹与非直达轨迹进行分割，提取直达轨迹集合作为样本数据，以提高后续航次典型轨迹计算的效率和精度。在分析直达轨迹和非直达轨迹的结构形态和运动特征后，本研究定义了多组轨迹参数，作为航次轨迹相似性评价函数的基本变量，将高相似度的航次聚为一个类簇，得到目标港口之间的直达航次轨迹集合，具体过程如下。

1. 航次轨迹参数计算

在计算航次轨迹参数之前，需要定义基准轨迹的概念。基准轨迹是一条出发点已经确定的随机轨迹，由一系列航路段构成，其出发点可以是起始港的位置或目的港的位置。以基准轨迹为参考对象，分别计算航次轨迹到基准轨迹的平均距离、基准轨迹到终点的距离以及航次轨迹的平均航向变化值三个轨迹参数，作为后续航次轨迹相似性评价的基本变量。

1）航次轨迹到基准轨迹的平均距离

假设基准轨迹包含 n 个航路点，航次轨迹中所有船舶位置点到基准轨迹的平均距离计算过程如下。

（1）根据预设的基准轨迹航路点数量，将航次轨迹所有船舶位置点分割为 n 个子集，每个子集中的所有船舶位置点构成一个航路段。

（2）依次计算每个航路段内所有船舶位置点到基准轨迹对应航路段的垂直距离。

（3）统计每个航路段内船舶位置点的垂直距离平均值。

（4）计算所有航路段的垂直距离的平均值，输出作为航次轨迹到基准轨迹的平均距离。

在步骤(1)中，利用船舶位置点的时间戳对航次轨迹进行航路段分割，当船舶进入航路段后，其航速、航向均保持不变，因此船舶的航程仅与航行时间有关。设基准轨迹的航路段 S_i 由基准轨迹的航路点 w_{i-1} 和 w_i 构成，航次轨迹数据集 φ 在该航路段的子集为 φ_i，航路段内的任意船舶位置点 P 均满足以下条件：

$$t_{i-1} < t_p < t_i, \quad P \in \varphi_i \tag{8-8}$$

式中:t_p 是航次轨迹位置点 P 的时间戳;t_{i-1} 和 t_i 分别是基准轨迹航路点 w_{i-1} 与 w_i 的时间戳,由式(8-6)确定。航次轨迹数据集 φ 被划分为与基准轨迹航路段数量相同且互不相交的 n 个子集,不同航路段的船舶位置点采用不同颜色显示。

完成航次轨迹分割后,对每个航路段 $S_i(0<i<n)$ 计算航次轨迹子集 φ_i 到该航路段的平均距离 $\overline{d_i}$。对于 φ_i 中任一船舶位置点 P_i,其到基准轨迹的垂直距离 d_i 是经过点 P_i 且垂直于基准轨迹航路段的直线与基准轨迹航路段的交点 Q_i 与点 P_i 之间的笛卡尔距离,图 8-4 展示了三个船舶位置点到基准轨迹航路段的垂直距离,计算所有位置点的垂直距离的平均值,即航次轨迹到基准轨迹的平均距离,即

$$\overline{d_i} = \frac{\sum_{i=0}^{N_{\varphi_i}} d_i}{N_{\varphi_i}} \tag{8-9}$$

式中:N_{φ_i} 表示对应航路段 S_i 的航次轨迹子集 φ_i 中的船舶位置点数量。

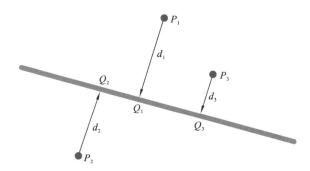

图 8-4 三个船舶位置点到基准轨迹航路段的垂直距离

同一航路段内航次轨迹到基准轨迹的平均距离 $\overline{d_i}$ 用于评估航次轨迹船舶位置点与基准轨迹的匹配程度,当 $\overline{d_i}$ 越小时,表明匹配程度越好。对于 n 个航路段组成的基准轨迹,为评估航次轨迹与基准轨迹的整体匹配程度,计算所有航路段 $\overline{d_i}$ 的平均值,作为轨迹匹配误差,记作 E_P,即

$$E_P = \frac{\sum_{i=0}^{n-1} \overline{d_i}}{n} \tag{8-10}$$

2) 基准轨迹到终点的距离

由于基准轨迹是出发点已定的一条随机轨迹,且基准轨迹的出发点决定了船舶航次轨迹的出发点,需要对船舶沿着基准轨迹航行所能到达的终点位置进行评估,以便获取最优航线。定义基准轨迹到终点位置的距离是基准轨迹最后一个航路点到航次计划中目的港位置的距离,基准轨迹划分航路段的数量多少会影响最

后一个航路的位置。假设基准轨迹最后一个航路点为 w_n，目的港的位置为 P_{arr}，基准轨迹到终点的距离为两点之间的笛卡尔距离，即

$$d_{\text{arr}} = \text{length}(w_n, P_{\text{arr}}) \tag{8-11}$$

3）航次轨迹的平均航向变化值

船舶航向是指船舶航行时，真北线与船首线之间的夹角。船舶的航向变化一般由地理因素引起，如规避海岸线或岛屿，也可能因受风、流等环境因素的影响而产生。观察全球海运轨迹图，可以发现船舶在海上航行时较少改变船舶航向，大多数船舶沿着出发地与目的地之间的最短航线航行，以节约航运成本。因此，本研究将航次轨迹的平均航向变化值作为评估轨迹形状的参数指标，并且假设船舶在每个航路段内保持航向不变。

对于任意一条历史船舶航行轨迹，既可以是航次轨迹，也可以作为基准轨迹，当船舶沿轨迹航行时，船舶航向只在航路点位置发生变化。因此，船舶航向变化可定义为船舶在航路点前一航路段的航向角与航路点后一航路段航向角差值的绝对值。计算过程是依次计算船舶在各个航路点的平均航向变化值，然后统计整个航次轨迹的平均航向变化值。

设航次轨迹中任意航路点为 w_i，其关联的前后航路段分别为 S_i 与 S_{i+1}，对应航向分别是 C_i 和 C_{i+1}，则船舶在航路点 W_i 处的平均航向变化 ΔC_i 为

$$\Delta C_i = |C_{i+1} - C_i|, \quad 0 < i < n \tag{8-12}$$

在此基础上，计算所有航路点的平均航向变化值的均值，即可得到航次轨迹的平均航向变化值 $\Delta \bar{C}$ 为

$$\Delta \bar{C} = \frac{\sum_{i=1}^{n-1} \Delta C_i}{n-2} \tag{8-13}$$

式中：n 为航路点数量，船舶在首个航路点位置（起始港）和末端航路点位置（目的港）没有发生航向变化。$\Delta \bar{C}$ 值越大，说明船舶航行过程的航向改变幅度越大。

2. 航次轨迹关键点提取

目标港口之间的船舶航次轨迹可能在轨迹形状上差异较大，但轨迹整体结构特征可能是相似的。由于船舶在航行过程中很少改变航向，将原始航次轨迹中航向变化较大的位置作为关键点，以关键点序列反映航次轨迹的结构特征，能够更好地比较不同航次轨迹的结构相似性。

图 8-5 展示了航次轨迹关键点的提取过程，图中灰色圆点为航次轨迹的船舶位置点，底部黑色直线为基准轨迹，垂直于基准轨迹的虚线为航路段的时间间隔，平行于基准轨迹的虚线表示各航路段内船舶位置点到基准轨迹的平均距离 $\bar{d}_i$ 所在位置。依次计算航路段 S_i 内任意船舶位置点 P_j 到基准轨迹的距离 d_j 与 $\bar{d}_i$ 的

差值的绝对值 Δd_i，定义使 Δd_i 值最小的船舶位置点即为航路段 S_i 内的轨迹关键点 P_i^k，如图中黑色圆点位置。

$$\Delta d_j = |d_j - \overline{d_i}|, \quad 0 \leqslant i < n, 0 \leqslant j < m \tag{8-14}$$

$$P_i^k = \min_j \Delta d_j, \quad 0 \leqslant i < n, 0 \leqslant j < m \tag{8-15}$$

式中：n 表示基准轨迹的航路段数量；m 表示航次轨迹在航路段 S_i 中的船舶位置点数量。

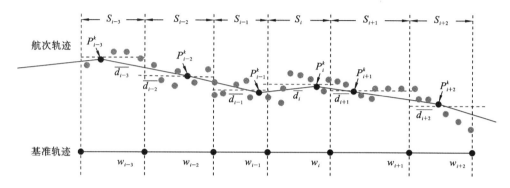

图 8-5　航次轨迹关键点的提取过程

假设原始航次轨迹数据集为 φ，共有 m 条航次轨迹，每条航次轨迹采用一个集合元素 G_h 表示，其中 $1 \leqslant h \leqslant m$，则

$$\varphi = \{G_1, G_2, \cdots, G_h, \cdots, G_m\} \tag{8-16}$$

对于包含 n 个航路段的第 h 条航次轨迹 G_h，可采用一组航路点序列进行表示，即

$$G_h = [P_{h0}, P_{h1}, \cdots, P_{hn}] \tag{8-17}$$

其中，该轨迹内任意一个船舶位置点 P_{hk} 采用时间戳和经纬度坐标三元组表示，即

$$P_{hk} = [t_{hk}, \text{lat}_{hk}, \text{lon}_{hk}] \tag{8-18}$$

经过关键点提取后，原始航次轨迹 G_h 对应的关键点轨迹 G_h^k 可表示为

$$G_h^k = [P_{h0}^k, P_{h1}^k, \cdots, P_{hn}^k] \tag{8-19}$$

新的航次关键点轨迹数据集 φ^k 是一组关键点轨迹的集合，即

$$\varphi^k = \{G_1^k, G_2^k, \cdots, G_h^k, \cdots, G_m^k\} \tag{8-20}$$

式中：G_h^k 表示集合中第 h 条关键点轨迹。

3. 航次轨迹的相似性分类

航次轨迹分类的基本思想是根据每条航次轨迹与基准轨迹的轨迹相似度，划分成不同的类别。与传统轨迹分类不同，本研究采用关键点表达的航次轨迹与基准轨迹计算航次轨迹相对于基准轨迹的所有轨迹参数加权求和，求和值作为航次轨迹的相似度。

由图 8-2 可知，上海港至深圳港的航次轨迹包括直达航次轨迹以及挂靠宁波港的非直达航次轨迹，两种轨迹的差异在于是否挂靠中间港口。在轨迹形态上，非直达航次轨迹存在部分轨迹段大幅度偏离基准轨迹且航向变化较大的情况，位置误差 $E_{P,h}$ 和平均航向变化 $\Delta \overline{C_h}$ 这两个参数侧重比较轨迹的整体差异，不能很好地表征这种轨迹局部差异。因此，引入航次轨迹到基准轨迹的平均距离最大值 $\max \overline{d_i}$ 和航程差值 ΔD_h 这两个新参数评估航次轨迹相对于基准轨迹的最大偏移量，同时增加航向变化最大值 $\max \Delta C$，进一步提高直达轨迹与非直达轨迹的区分能力，值得注意的是航向变化最大值的有效性受轨迹关键点的提取结果影响较大。综上所述，定义轨迹参数相似度算子 TPS(•)，第 h 条关键点轨迹 G_h^k 与基准轨迹 T^k 的轨迹相似度计算方法为

$$\text{TPS}(G_h^k) = f_1(E_{P,h}) + f_2(\max \overline{d_i}) + f_3(\Delta \overline{C_h}) + f_4(\max \Delta C) + f_5(\Delta D_h)$$
(8-21)

式中：f_1、f_2、f_3、f_4、f_5 是加权因子；参数 ΔD_h 采用下式计算获取：

$$\Delta D_h = D(G_h^k) - D(T)$$
(8-22)

基于轨迹参数的相似度计算模型结果依赖于基准轨迹的选取，使用不同的基准轨迹可能导致差异较大的分类结果。以图 8-2 为例，若基准轨迹是偏外海航行的路线，轨迹相似度较小的航次轨迹是目标港口之间的直达轨迹；若基准轨迹是偏沿岸航行的路线，直达轨迹则具有较大的轨迹相似度。本研究选取轨迹集合中使其他轨迹具有较小相似度的航次轨迹作为目标港口之间的基准轨迹。通过航次轨迹相似度分类，所有直达关键点轨迹形成一个新集合，记作 φ^{kz}；相应地，利用 φ^{kz} 中每个轨迹的船舶 MMSI 标识码，可以从原始数据集中抽取完整的直达航次轨迹集合 φ^z，即

$$\varphi^{kz} = \{G_1^{kz}, G_2^{kz}, \cdots, G_h^{kz}, \cdots, G_m^{kz}\}$$
(8-23)

$$\varphi^z = \{G_1^z, , G_2^z, \cdots, G_h^z, \cdots, G_m^z\}$$
(8-24)

8.2.3 典型轨迹获取

遗传算法(Genetic Algorithm)是模拟达尔文生物进化论的自然选择和遗传学机理的计算模型，属于一种启发式算法，它会尽可能寻找最满足要求且可在有限时间内解决相关优化问题的解，即便求得的解可能不是最优解。遗传算法解决的问题可被描述为某个物种的部分个体必须面对的生存问题，这些物种的个体通过"适应"环境，以获得相应的"进化"，从而使大多数个体能够最终"生存"下来。因此，在有限时间内，为这些个体寻找最适应环境的个体形态就是遗传算法的目标，遗传算

法执行的结果就是为问题找到这些个体。

从直达航次轨迹集合 φ^z 中找到目标港口之间的典型轨迹就属于遗传算法的实现目标,本研究将直达航次轨迹集合 φ^z 作为遗传算法育种的种群,集合中每个直达航次轨迹作为遗传算法的个体,称为候选轨迹,候选轨迹各航路段内的每个位移向量作为个体的一个基因。基于遗传算法的典型轨迹提取主要包括候选轨迹的适应度计算和候选轨迹的交叉与突变两个步骤。

1. 候选轨迹的适应度计算

在遗传算法中,适应度可被理解为个体解决问题的能力。完美的个体是最优解,也就拥有最好的环境适应能力,获取直达典型轨迹的过程即是搜索最符合直达航次轨迹集内所有船舶位置点分布规律的航行轨迹。从种群中每次选一条候选轨迹,计算所有直达航次轨迹的船舶位置点相对于候选轨迹的轨迹参数,将所有轨迹参数进行加权求和,得到候选轨迹的适应度目标值,即

$$F_h = f_P(E_{P,h}) + f_D(\Delta D_h) + f_C(\Delta \overline{C_h}) \tag{8-25}$$

式中:f_P、f_D、f_C 是加权因子。

根据各个轨迹参数的定义,适应度目标值越小的候选轨迹,与直达航次轨迹集内所有船舶位置点的分布规律越相符。由于遗传算法输出的个体是适应度较高的个体,因此需将适应度函数取倒数作为适应度函数的目标函数。

$$F'_h = \frac{1}{F_h} \tag{8-26}$$

2. 候选轨迹的交叉与突变

具有最小适应度的候选轨迹是种群选择的最优个体,最优个体将通过部分航路段位移向量的交叉和突变实现进化。

候选轨迹的交叉过程是切割一个父辈候选轨迹中的某个航路段位移向量,同时切割另一个父辈候选轨迹的相同位置,然后将两部分交换,并组成两个子辈候选轨迹,如图 8-6 所示,图中父辈候选轨迹的空心轨迹部分是发生交叉的航路段,经过轨迹交叉过程后,子辈候选轨迹交换相同航路段的位移向量。

候选轨迹的突变过程是轨迹中某个航路段内的位移向量变为其他的随机位移向量,从而生成新的子轨迹,如图 8-7 所示,父辈候选轨迹的空心轨迹部分是发生突变运算的航路段,完成轨迹突变后,子辈候选轨迹中对应航路段的位移向量发生随机变化。

遗传算法的育种过程需经过多次重复,遗传算法每运行一次,都会获得新一代更适应环境的存活个体,直到遗传算法找到达到预定数量的最适应环境的个体,即问题的解。利用上述两个步骤不断处理直达航次轨迹数据集,直到输出预定数量的典型轨迹。

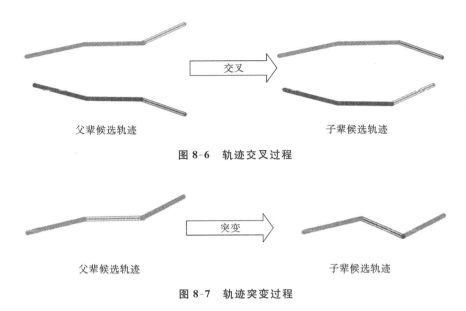

图 8-6 轨迹交叉过程

图 8-7 轨迹突变过程

8.3 基于典型轨迹的气象航线推荐

气象航线又称天气航线,可分为最经济航线、最短航时航线、最舒适航线三种。在海上交通领域,为船舶寻找气象航线的过程又称为气象导航或船舶气象定线(Ship Weather Routing),是根据中、短期天气预报与海况预报,结合船舶性能、船型、装载特点和航行任务等因素,制定一条既经济又安全的最佳航线,同时跟踪指导船舶完成航行任务的一种航海技术。本研究综合考虑实时气象条件和航线优化目标生成气象航线的目标函数,然后将目标港口之间的典型轨迹进行遗传算法处理,不断优化典型轨迹种群以获取气象航线目标函数的最优解,作为最优气象航线进行推荐。

图 8-8 展示了基于典型轨迹的气象航线推荐技术流程,主要步骤如下。

(1) 对研究区域内的气象数据进行预处理,将所有气象数据按照时间顺序进行排序。

(2) 基于气象航线推荐的原理,结合海上气象数据,对船舶进行运动分析,并以此为基础对气象航线进行动态建模来计算气象航线的目标函数。

(3) 对在航状态的船舶进行运动分析,以船舶轨迹模型中的轨迹单元作为决

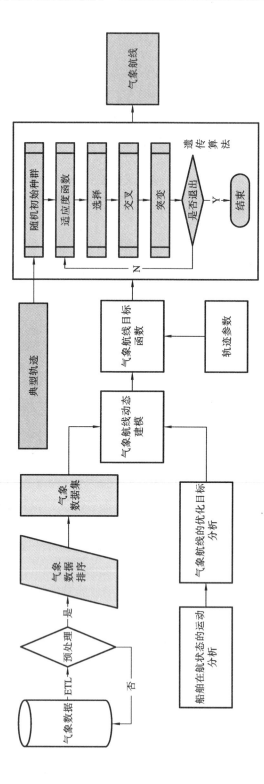

图 8-8 气象航线推荐技术流程

策变量,给出气象航线以船舶燃油成本最低和污染物排放量最小为目标的成本函数。

(4) 以船舶典型轨迹为初始种群,使用遗传算法获取最优气象航线进行推荐。

8.3.1 气象航线的成本函数

目标港口之间的直达典型轨迹可看作是大量船舶广泛使用的经验安全航线,以典型轨迹为基准获取和推荐船舶的最优气象航线时,最优航线的安全性已经得到体现。因此,气象航线的成本函数主要考虑使船舶沿气象航线航行时的总运营成本与污染物总排放量的总和最小。对于 n 个航路段构成的气象航线,其成本函数可表示为

$$F_{\text{route}} = C_{\text{route}} + E_{\text{route}} \tag{8-27}$$

式中:C_{route} 和 E_{route} 分别表示船舶航行过程中的总成本和污染物总排放量,计算方法为

$$C_{\text{route}} = \sum_{i=1}^{n} C_e(\overline{w_i}) + \sum_{i=1}^{n} C_r(\overline{w_i}) \tag{8-28}$$

$$E_{\text{route}} = \sum_{i=1}^{n} E(\overline{w_i}) \tag{8-29}$$

式中:$\overline{w_i}$ 是气象航线中任意航路段 S_i 的位移向量;$C_e(\overline{w_i})$ 表示船舶在航路段内船舶燃油消耗成本;$C_r(\overline{w_i})$ 代表船舶在航路段内的经营成本(包含租船成本、日常运营费用、船员工资等);$E(\overline{w_i})$ 代表船舶在航路段内的污染物排放量。船舶在每个航路段内产生的燃油消耗成本、船舶污染物排放量、经营成本均与航行时间 t_i 有关,且前两种还与航路段内的船舶输出功率 $P(\overline{w_i})$ 有关,因此气象航线的成本函数计算需要对航路段内的船舶运动状态进行分析,主要包括以下方面。

1. 船舶阻力分析

船舶航行过程中的总阻力可表示为

$$R_T = R_m + R_e + R_d \tag{8-30}$$

式中:R_m、R_e、R_d 分别为船舶航行时的静水阻力、波浪附加阻力及风阻力。静水阻力可直接计算,即

$$R_m = 0.5 C_m \rho S_w v_0^2 \tag{8-31}$$

式中:C_m 为船舶航行的静水阻力系数;ρ 为海水密度;S_w 为船舶湿表面积;v_0 为船舶静水的设计航速。

船舶航行过程中遭遇的不规则波可以从 PiersonMoskowitz 波谱中通过对一系列规则波进行叠加获得,其产生的波浪附加阻力可由规则波中的波浪增阻和海

浪谱得出：

$$R_n = 2\int\left[\frac{R(\bar{\omega})}{\xi_w^2}\right]S(\bar{\omega})\mathrm{d}\bar{\omega} \tag{8-32}$$

$$S(\bar{\omega}) = \frac{H_w^2}{4\pi}\left(\frac{2\pi}{T_w}\right)^4\omega^{-5}\exp\left[-\frac{1}{\pi}\left(\frac{2\pi}{T_w}\right)^4\omega^{-4}\right] \tag{8-33}$$

式中：$R(\bar{\omega})$ 为船舶遭遇规则波时产生的波浪增阻，其可通过 Havelock 模型或 Joosen 模型进行计算；ξ_w 为波的频率；H_w 为有效波高；T_w 为波周期；$S(\bar{\omega})$ 为 Pierson Moskowitz 波谱。

根据布伦德曼法风洞试验得出的阻力模型可以计算船舶上层建筑和船体产生的风阻力：

$$R_d = 0.5\rho_A v_A^2 A_C C_{D|A_z}\frac{\cos\varepsilon}{1-0.5\delta\left(1-\frac{C_{D|}}{C_{D_t}}\right)\sin^2(2\varepsilon)} \tag{8-34}$$

$$C_{D|A_z} = C_{D|}\frac{A_C}{A_Z} \tag{8-35}$$

式中：ρ_A 为空气密度；v_A 为海面风速；$C_{D|}$ 为横风的阻力系数；C_{D_t} 为迎风的阻力系数；$C_{D|A_z}$ 为纵向拖拽系数；A_C 为水线以上船舶的侧面投影面积；A_Z 为水线以上船舶的正面投影面积；ε 为船舶艏向与风向的夹角，即视风角（若 $\varepsilon=0$，则船舶逆风航行）；δ 为交叉系数。

2. 船舶航速的计算

根据船舶阻力与推进理论，船舶在静水中航行时发动机输出的有效功率由船舶航行时的总阻力 R_T 与航速 v_0 决定，即

$$P = R_T \cdot v_0 \tag{8-36}$$

在风浪中航行的船舶会因克服波浪附加阻力和风阻力产生失速，为简化船舶失速的计算，假定船舶在风浪中航行时，船舶发动机输出的有效功率与静水中航行时发动机输出的有效功率一致，当船舶以实际航速 v 航行时，其实际输出的有效功率可表示为

$$P = R_T(v) \cdot v_0 = R_m(v_0) \cdot v_0 \tag{8-37}$$

船舶以航速航行时的有效功率可表示为

$$R_T(v) \cdot v = R_m(v_0) \cdot v_0 + (R_e + R_d) \cdot v_0 \tag{8-38}$$

式中：$R_T(v)$ 为船舶在风浪中以实际航速 v 航行时的总阻力；$R_m(v_0)$ 为船舶以 v_0 航行时的静水阻力。将式(8-31)代入以上两式可得到船舶的实际航速为

$$v = \left(v_0^3 - \frac{2(R_e + R_d)v_0}{C_m\rho S_{\mathrm{wet}}}\right)^{\frac{1}{3}} \tag{8-39}$$

按照轨迹模型的假设，当船舶在任意航路段内航行时，其航速 v 保持不变，即

船舶在航路段内航行时其航速 v 即为船舶在航路段 S_i 航行时的航速 v_i，船舶此时的总阻力用 $R_T(S_i)$ 表示。

故船舶在任意航路段 i 内航行时的输出功率为

$$P(\overline{w_i}) = R_T(\overline{w_i}) v_i \tag{8-40}$$

3. 气象航线的成本函数

根据上文，航路段 S_i 内的燃油成本函数、经营成本函数及排放量函数分别为

$$C_e(\overline{w_i}) = K_{engine} P(\overline{w_i}) C_t t_i \tag{8-41}$$

$$C_r(\overline{w_i}) = C_{mh} t_i \tag{8-42}$$

$$E(\overline{w_i}) = K_{engine} P(\overline{w_i}) \mathrm{EM} t_i \tag{8-43}$$

$$t_i = \frac{\mathrm{length}(S_i)}{v_i} = \frac{|\overline{w_i}|}{t} \tag{8-44}$$

式中：K_{engine} 为船舶发动机的燃油消耗率；C_t 为每吨燃油的单价；C_{mh} 为船舶每小时的经营成本；EM 为船舶发动机的污染物排放因子。为适应实际船舶的操作要求，每个航路段的航行时间应具有严格的时间范围，即船舶在任意航路段 S_i 内的航行时间 t_i 应满足条件：

$$t_i \in [t_{\min}, t_{\max}] \tag{8-45}$$

式中：$t_{\min}$ 和 $t_{\max}$ 分别代表船舶航行时船员值班期间进行航向调整的最短时间及最长时间间隔，其目的在于避免船舶沿气象航线行驶过程中短时间频繁调整航向以及长时间不改变航向导致的成本增加问题。将以上五式与式(8-27)、式(8-28)、式(8-29)结合起来，即可得到气象航线的成本函数。

8.3.2 气象航线的推荐方法

为获取目标港口之间与典型轨迹相匹配的最佳气象航线，将典型轨迹作为遗传算法的初始种群，每个典型轨迹作为候选轨迹，皆采用轨迹模型进行描述。

1. 气象数据的读取

本研究所使用的气象数据来自美国 AWT（Applied Weather Technology）公司及彩云天气。气象数据分为风场数据和海浪场数据，每 12 小时更新一次，风场数据包括平均风向和平均风速，海浪场数据包括海浪有效波高及有效波周期。气象数据按照经纬度坐标下 $1°×1°$ 的网格点表示，如图 8-9 所示，经过空间克里金插值处理后获取 $0.01°×0.01°$ 的网格点值。图 8-9 中四个端点 F_1、F_2、F_3、F_4 为气象数据中的四个网格位置点，P 点为气象航线落在数据网格中的一个航路点，气象航线各航路点位置的气象数据取距离航路点距离最近的气象数据值，如图中航路点 P 将读取 F_2 点处气象数据。

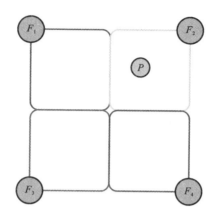

图 8-9 气象数据网格及气象数据读取

为显示出船舶沿气象航线航行时天气海况的变化特征及航行过程的时间特征,将船舶离开出发点的时刻 T_{start} 与航行过程中所使用气象数据中的第 1 组气象数据更新时刻 $T_{1\text{st}}$ 间的时间差值记作 t_0,时刻 $T_{1\text{st}}$ 必须在时刻 T_{start} 之前。

2. 气象航线的动态建模

由于最优气象航线是从典型轨迹中提取的,气象航线的航路段数量与典型轨迹的航路段数量相同。对于保持静水航速 v_0 的船舶,从起始港位置到目的港位置航行 n 个航路段的气象航线成本函数值可按以下三个步骤进行求取。

第一步,将船舶航行期间所获取的 m 组气象预报数据按时间顺序排序,获得气象数据以时间顺序排列的气象数据集 M,集合中每一个元素为相应的一组气象数据,即

$$M = \{\text{WF}_1, \text{WF}_2, \cdots, \text{WF}_m\} \tag{8-46}$$

根据船舶出发的时间,确定出发港位置采用的气象数据 $\text{WF}(0)$。依据式(8-39)求取船舶在出发点位置的实际航速,即第 1 个航路段 S_1 航行时的实际航速 $v(\overline{w}_1)$。根据轨迹模型及气象航线成本函数,分别计算航路段 S_1 的航程 $|\overline{w}_1|$ 以及航路段 S_1 航行的时间 t_1。

$$t_{T(1)} = t_0 \tag{8-47}$$

$$N_0 = \langle \frac{t_{T(1)}}{12} \rangle \tag{8-48}$$

$$\text{WF}(1) = \text{WF}_{N_0} \tag{8-49}$$

式中:⟨·⟩表示通过四舍五入计算对数值取整;t_0 为船舶出发时刻与第 1 次气象数据更新时刻之间的时间差;$t_{T(0)}$ 表示船舶位于第 0 个航路点(即出发点)位置的时刻距第 1 次气象数据更新时刻之间的时间差;$\text{WF}(1)$ 为第 1 个航路段船舶使用的气

象数据；WF_{N_0} 为气象数据集 M 中第 N_0 组气象数据。

第二步，对于船舶航行过程中任意航路段 S_i，船舶选择气象数据的方法为

$$t_{T(i)} = \sum_{i=0}^{n-1} t_{i-1} \tag{8-50}$$

$$N_i = \langle \frac{t_{T(i)}}{12} \rangle \tag{8-51}$$

$$\mathrm{WF}(i) = \mathrm{WF}_{N_i} \tag{8-52}$$

式中：$t_{T(i)}$ 表示当船舶航行到气象航线中第 $i-1$ 个航路点 w_{i-1} 的时刻与第 1 组气象数据更新时刻间的时间差。为保证船舶到达除终点 P_{arr} 处的所有航路点时均能获取到实时的气象数据，气象数据的数量 m 必须满足以下条件：

$$m \geqslant N_n \tag{8-53}$$

以船舶到达第 $i-1$ 个航路点 w_{i-1} 时的实际航速作为船舶航行在航路段 S_i 的实际航速 $v(\overline{w_i})$，分别计算航路段 S_i 的航程 $|\overline{w_i}|$ 以及船舶航行时间 t_i，再分别通过式(8-40)、式(8-41)、式(8-42)、式(8-43)求取航路段 S_i 的有效功率输出 $P(\overline{w_i})$、燃油成本 $C_e(\overline{w_i})$、经营成本 $C_r(\overline{w_i})$、污染物排放量 $E_r(\overline{w_i})$。

第三步，当依次计算出所有航路段的燃油成本、经营成本、污染物排放量后即可通过(8-27)、式(8-28)、式(8-29)求得船舶选取的气象航线的成本函数值。

3. 气象航线的适应度函数

为进一步保证推荐气象航线的可靠性，使船舶在沿气象航线航行时能够有效规避恶劣天气海域并最终安全到达终点，在上述优化过程中还需补充以下限制：①船舶不得进入 8 级海况的海域；②船舶不得上岸。在具体实现中，当航路点位置获取的有效波高及风速满足 $H_w > 9$ m，$v_A > 17$ m/s，或航路点坐标处于陆地部分时，该条候选航线的气象航线目标函数值取为无限大。

与典型轨迹获取的过程类似，使用遗传算法推荐的气象航线也必须具备一定的形状特征。考虑到不同船舶对资金成本大小及限制污染物排放量的侧重比例不同，将气象航线的适应度函数定义为

$$F'_w = \frac{1}{F_w} \tag{8-54}$$

$$F_w = f_R(aC_{\mathrm{route}} + bE_{\mathrm{route}}) + f_{C_w}(\Delta \overline{C_{h_w}}) + f_{D_w}(D_w) \tag{8-55}$$

式中：F_w 为适应度函数的目标函数；a、b 分别代表船舶对资金成本和污染物排放的侧重系数，满足条件 $a+b=1$；f_R、f_{C_w}、f_{D_w} 是加权因子；$\Delta \overline{C_{h_w}}$ 是气象航线的平均航向变化，可通过式(8-12)进行计算，用于评估气象航线的形状；考虑到 C_{route} 与 E_{route} 的量纲不同，采用 min-max 标准化方法对资金成本与污染物排放的模型进行归一化处理；D_w 的数学意义与轨迹末端到终点的距离 D 相同，其物理意义如

图 8-10 所示。

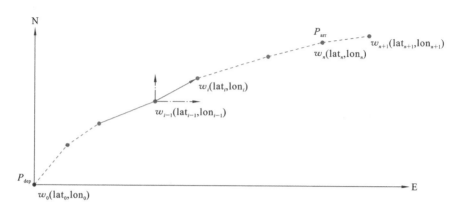

图 8-10　气象航线示意图

由于气象航线由目标港口之间的典型轨迹优化得到,气象航线的起点和终点是固定的。然而,遗传算法的优化过程具有一定的随机性,最终优化的结果可能导致气象航线的终点与实际终点有一定的偏差。为消除这种偏差,结合微积分的思想,在拥有 n 个航路段气象航线的末端添加一个假象的航路段 S_{n+1},当 S_{n+1} 的航程为无限小时,即可认为气象航线的末端航路点 w_n 位于终点 P_{arr} 处。D_w 是代表航路段 S_{n+1} 的航程 $\text{length}(S_{n+1})$。

8.4　气象航线优化推荐案例分析

为验证气象航线优化推荐方法,本研究收集了 2015 年 9 月至 2016 年 6 月从上海港到深圳港的部分船舶历史航次数据,经过数据预处理后共有 103 条有效船舶航次轨迹,研究区域全部船舶位置数据分布如图 8-11 所示。

8.4.1　航次轨迹分类结果

按照轨迹分类的步骤,首先对全部航次轨迹进行轨迹关键点提取,试验结果中发现部分航次轨迹存在不完整的部分,如图 8-12 所示,这类航次轨迹的船舶位置点之间的采样时间间隔较大,不具备完整的航线形态,无法成为高质量的典型轨迹,因此予以筛除。

选取一条起点位于上海港的包含 17 个航路段的随机轨迹作为基准轨迹,基准

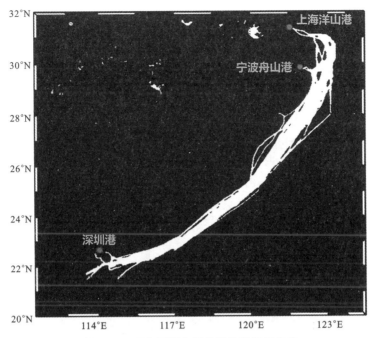

图 8-11 研究区域全部船舶位置数据分布

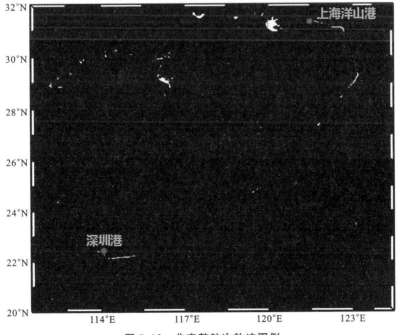

图 8-12 非完整航次轨迹图例

轨迹中各航路段的长度分布均匀。经过多次重复试验,综合考虑关键点对原始航次轨迹形状的拟合精度及对轨迹分类结果的影响,经过关键点提取处理后,共获取69条完整的关键点航次轨迹,图8-13展示了所有完整航次轨迹的船舶位置关键点分布。

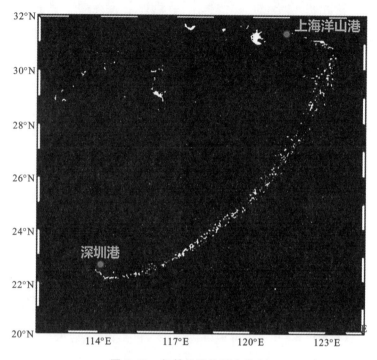

图 8-13　船舶位置关键点分布

按照轨迹相似度的定义对69条关键点轨迹进行处理,多次试验结果表明轨迹相似度结果对航次轨迹到基准轨迹的平均位置误差 $E_{P,h}$ 与航次轨迹到基准轨迹的平均距离最大值 $\max \overline{d_i}$ 两个参数的变化并不敏感,加权因子 f_1、f_2 鲁棒性应较弱;对平均航向变化值 $\Delta \overline{C}_h$ 和航向变化最大值 $\max \Delta \overline{C}$ 非常敏感,加权因子 f_3、f_5 鲁棒性应较强,以降低其敏感性;参数 ΔD_h 的变化对轨迹相似度的影响适中,经过对加权因子组合的多次试验,确定轨迹相似度的目标函数为

$$\mathrm{TPS}(G_h^k) = E_{P,h}{}^4 + \max \overline{d_i}{}^3 + \ln \frac{\Delta \overline{C}_h}{3} + \log_2 \max \Delta \overline{C} + 2\Delta D_h \qquad (8\text{-}56)$$

此时,直达航次轨迹的轨迹相似度和非直达航次轨迹的轨迹相似度区别最大,如图8-14所示。

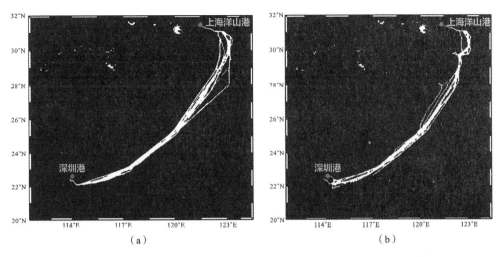

图 8-14 直达航次轨迹及非直达航次轨迹

8.4.2 典型轨迹获取结果

根据上文轨迹参数的重要程度,定义如下遗传算法的适应度函数的目标函数:

$$F_h = 100E_{P,h} + \Delta D_h/100 + \Delta \overline{C_h} \tag{8-57}$$

在使用遗传算法获取典型轨迹的过程中,由于直达航次轨迹的船舶位置分布基本一致,因此,遗传算法的大多数参数设置是固定的。遗传算法共产生 100 代子种群,通过对比运行各种不同的交叉概率及突变概率的遗传算法获取典型轨迹结果,这里将遗传算法的种群的个体数量设为 500,交叉的概率设为 0.5(50%),突变概率设为 0.2(20%)。在遗传算法运行过程中,将 10 个个体编一组,选择其中适应度最大者为下一代的父辈个体。

在经过多次试验并检验试验结果后,统计发现船舶在航行状态下平均 4~6 h 改变一次航向。因此,结合目标港口之间的航程,基准轨迹的航路点数量最终定为 9 个,基准轨迹各航路段长度尽量分布均匀,获取的典型轨迹也具有 9 个航路点。由于遗传算法的收敛速度很快,为展示遗传算法如何逐渐找到直达典型轨迹,下面通过一组图片说明从第 0 代到第 20 代最佳个体的迭代过程,如图 8-15~图 8-20 所示,每个图代表最佳个体的候选轨迹形状。

候选轨迹与船舶位置点的分布基本无关。该候选轨迹就是预设基准轨迹,因预设基准轨迹及初始种群都是随机轨迹,该轨迹并未经算法选择,故得出的轨迹会出现有部分航路点位于陆地上。

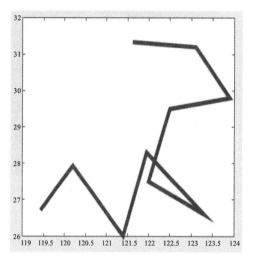

图 8-15 候选轨迹第 0 代进化过程

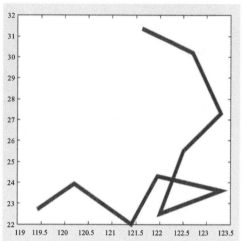

图 8-16 候选轨迹第 5 代进化过程

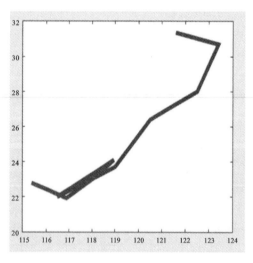

图 8-17 候选轨迹第 10 代进化过程

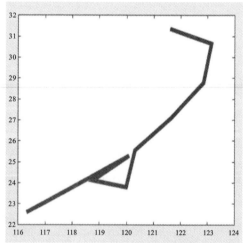

图 8-18 候选轨迹第 15 代进化过程

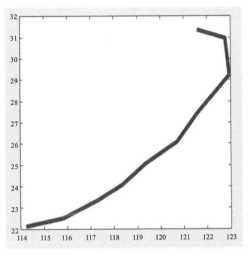
图 8-19 候选轨迹第 20 代进化过程

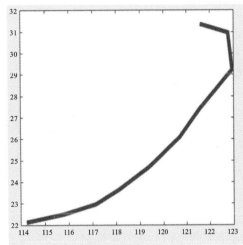
图 8-20 候选轨迹第 100 代进化过程

完成第 10 轮进化后,候选轨迹开始逐渐向终点伸展,个体开始拥有较好的适应性,候选轨迹前半段与船舶位置点基本吻合。

进化到第 20 代时,直达典型轨迹已基本成型,显示出高适应性。遗传算法经过 100 轮迭代后,得出直达典型轨迹。

为使遗传算法的优化过程更加直观,图 8-21 显示了适应度函数的目标函数值

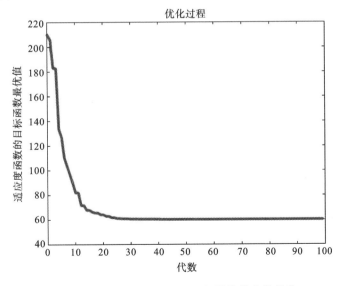
图 8-21 适应度函数的目标函数最优值变化趋势

的变化过程。根据轨迹参数及适应度函数的定义,当适应度函数的目标函数越小时,表示候选轨迹与船舶位置点的位置误差越小,候选轨迹的终点距设定的终点更近,且形状更平滑,适应度更高。

8.4.3 气象航线推荐结果分析

为验证气象航线推荐结果的有效性,利用上述气象航线推荐方法为特定船舶推荐一条避台航线。选择2017年9号台风"纳沙"作为研究对象,该台风于2017年7月25日23时~2017年7月30日17时(UTC)影响我国东海海域、台湾海峡及南海海域。

1. 气象航线推荐结果

本文以我国近海航行某实际运营的散货船为例,其主尺度如表8-3所示。假定该船获取的首条气象数据为2017年7月26日0点,计划于2017年7月26日凌晨1点(UTC)从上海港出发,终点是深圳港。推荐气象航线的过程中,船舶燃油单价、经营单价取对应时间的实际价格,发动机燃油消耗率、排放因子、风增阻相关系数等参数取相应的经验值。

表8-3 某实际运营满载散货船主尺度

名称	垂线间长/m	船宽/m	型深/m	吃水/m	载重/t	设计航速/kn
参数值	182.00	32.26	15.80	10.80	45000	16

为使该船可沿推荐的气象航线安全抵达目的港,同时假定该船针对资金耗费与污染物排放量侧重比为5∶3,经试验测试,将气象航线适应度函数的目标函数确定为

$$F_w = \frac{C_{\text{route}}}{3} + \frac{E_{\text{route}}}{3} + \Delta \overline{C_{h_w}} + D_w \tag{8-58}$$

使用遗传算法进行气象航线推荐共产生100代子种群,并将典型轨迹加入候选轨迹初始种群中,种群的个体数量为100,交叉的概率为0.5(50%),突变概率为0.2(20%),遗传算法的最优值变化趋势如图8-22所示,使用遗传算法推荐的气象航线的迭代次数较多,优化过程可在一定程度上反映出船舶航行总体成本的减少。

2. 气象航线的数据分析

在该天气状况下,分别计算船舶沿典型轨迹与气象航线航行时的航路点分布,如表8-4和表8-5所示。

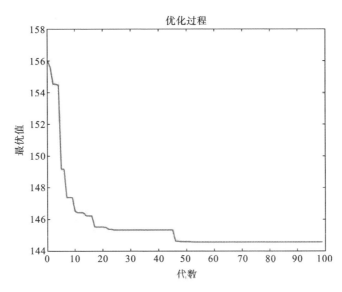

图 8-22 遗传算法的最优值变化趋势

表 8-4 典型轨迹航路点分布

名称	典型轨迹		
	航行时间/h	经度/E	纬度/N
出发点 w_0	0	121°39′20.880″	31°20′14.280″
航路点 w_1	4.7379	122°46′39.296″	30°57′59.553″
航路点 w_2	8.7254	122°57′19.535″	29°13′43.890″
航路点 w_3	15.7132	121°34′50.917″	27°25′57.670″
航路点 w_4	20.4102	120°41′55.453″	26°4′54.423″
航路点 w_5	26.7676	119°21′17.894″	24°39′50.005″
航路点 w_6	32.3174	118°7′19.556″	23°38′44.859″
航路点 w_7	36.7163	117°7′05.925″	22°57′41.230″
航路点 w_8	42.2065	115°49′03.698″	22°29′51.892″
航路点 w_9	48.5979	114°17′37.742″	22°8′07.237″
设定的终点	Inf	113°53′51.360″	22°27′51.840″

表 8-5 气象航线航路点分布

名称	气象航线		
	航行时间/h	经度/E	纬度/N
出发点 w_0	0	121°39′20.880″	31°20′14.280″
航路点 w_1	6.1197	122°46′39.296″	29°32′28.060″
航路点 w_2	8.532	122°57′19.535″	28°31′22.914″
航路点 w_3	15.9678	121°25′53.579″	26°47′07.251″
航路点 w_4	22.1917	120°7′51.351″	25°22′02.834″
航路点 w_5	28.5763	118°45′22.734″	24°0′59.586″
航路点 w_6	32.3384	117°52′27.270″	23°38′44.859″
航路点 w_7	38.104	116°31′49.711″	22°57′41.230″
航路点 w_8	43.3124	115°17′51.373″	22°29′51.892″
航路点 w_9	47.5425	114°17′37.742″	22°8′07.237″
设定的终点	Inf	113°53′51.360″	22°27′51.840″

由表 8-5 可知,上海港至深圳港航线直达典型轨迹的终点仍然与设定的终点有一定的偏差,可以发现典型轨迹的终点落于深圳港外海的主航道处,其距离终点的航程极短,远远小于典型轨迹建模中任意航路段的长度,所以这里将其认定为航路点分布造成的误差,理论上可以通过增加航路点的数量将其消除。将表 8-4 与表 8-5 进行对比,显然典型轨迹优化推荐出的气象航线终点与典型轨迹完全一致,因此这里可认为气象导航的终点由典型轨迹的终点决定。对比典型轨迹与气象航线的航行时间可知,在此天气条件下气象航线减少的航行时间符合气象导航的要求。

为进一步分析推荐气象航线的可靠性,对船舶分别沿典型轨迹与气象航线航行时的航行参数进行对比分析。由图 8-23 可知当船舶沿气象航线航行时,与沿典型轨迹航行相比,船舶能有效提高航行过程中的平均航速,并可在大多数航路段中使航速明显增加,达到气象航线提高船舶航速的要求。由图 8-24 可知船舶沿气象航线航行过程所遭遇的风速整体有所下降。同时从第 5 航路段可看出,气象航线在一定程度上避开了较危险的海域,满足安全需求。

表 8-6 列举了船舶航行过程的其他航行参数。根据视风角的定义,可以发现船舶更倾向于借助风力顺风航行。本研究中船舶分别沿典型轨迹和气象航线航行时遭遇的波浪高度确是一致的,没有体现出船舶避浪的特性,其原因可能与气象数据本身精度及数据插值精度有关。

第8章 船舶气象航线优化推荐方法

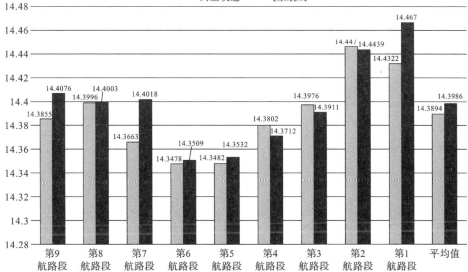

图 8-23 典型轨迹与气象航线的航速对比(单位:节)

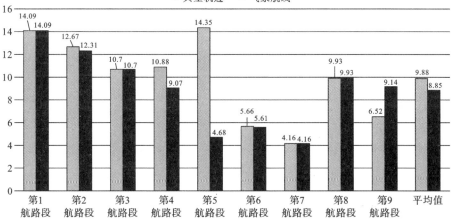

图 8-24 典型轨迹与气象航线的遭遇风速对比(单位:m/s)

表 8-6 其他航行参数

名称	视风角/(°)		波高/m	
	典型轨迹	气象航线	典型轨迹	气象航线
航路段 S_1	132.29	172.01	1.2	1.2
航路段 S_2	164.84	173.91	1.3	1.3
航路段 S_3	123.57	119.75	1.4	1.4
航路段 S_4	105.86	92.47	1.5	1.5
航路段 S_5	82.54	40.50	1.5	1.5
航路段 S_6	34.45	53.20	1.5	1.5
航路段 S_7	113.28	105.99	1.6	1.6
航路段 S_8	132.62	133.61	1.5	1.5
航路段 S_9	176.38	175.85	1.5	1.5
平均值	118.43	118.59	1.44	1.44

图 8-25～图 8-27 列出了船舶分别沿典型轨迹与气象航线航行的成本函数值

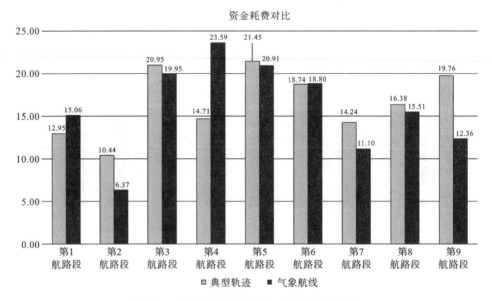

图 8-25 各航路段资金耗费对比(单位:万元)

第 8 章 船舶气象航线优化推荐方法

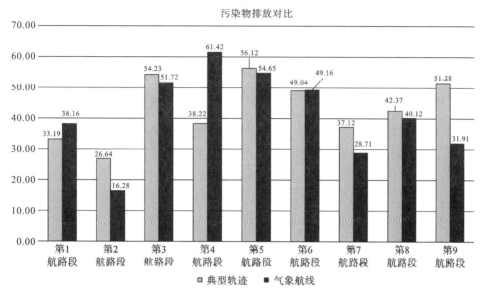

图 8-26 各航路段污染物排放对比（单位：吨）

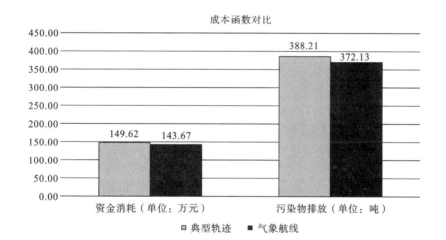

图 8-27 成本函数对比

对比。从图中可以发现，当船舶沿气象航线航行时，各航路段内气象航线的资金耗费和污染物排放虽然并不一定比船舶沿典型轨迹航行时对应的航路段资金耗费和污染物排放少，但最终的总资金耗费和总污染物排放仍会较低，因此可以认定推荐出的航线符合气象航线的要求。

8.5　本章小结

气象航线推荐是一种为船舶推荐安全、经济航线,使其尽量避开大风浪和恶劣天气的方法,对船舶航行具有重大意义。本文针对气象航线的特点,提出了一种基于历史航次的船舶气象航线推荐方法,该方法结合遗传算法的原理,建立船舶航行轨迹的模型,并定义多个航线轨迹结构参数,从起始港和目的港之间的历史直达航次轨迹数据中优选出船舶航行的典型轨迹,然后以典型轨迹作为遗传算法的初始种群,种群个体的轨迹参数作为个体基因,结合气象数据对典型轨迹进行迭代优化,输出最优的气象航线。

基于典型轨迹的气象航线推荐在一定程度上实现了在船舶航行期间就资金耗费最小及污染物排放量最小的目标进行多目标优化的过程,但由于没有使用不同船舶进行气象航线推荐的对比试验,因此有必要进一步进行对比试验。从气象航线推荐的结果来看,气象航线推荐算法完全能在台风天气下为船舶推荐相应的安全、经济的避台航线,且能使航线对应的各航行参数以及经济、排放指标均达到气象航线的要求。经过对典型轨迹及气象航线推荐的数据分析,并比较多次试验的结果后发现,当航次信息数据增加或基准轨迹航路段增加时,遗传算法运行所需的时间会呈线性增长,即典型轨迹及气象航线推荐所需的时间都会呈线性增长趋势。

参 考 文 献

[1] 陈金海,陆锋,彭国均.海洋运输船舶轨迹分析研究进展[J].中国航海,2012,35(3):53-57.

[2] Sang Lin-zhi,Wall A,Mao Zhe,et al. A novel method for restoring the trajectory of the inland waterway ship by using AIS data[J]. Ocean Engineering,2015,110:183-194.

[3] 王超,纪永刚,黎明,等.一种考虑船舶航速航向的AIS航迹插值方法[J].舰船科学技术,2015,37(04):60-64.

[4] 陈金海,陆锋,李明晓.海上主航迹带边界统计推断与海西航路警戒区布局优化分析[J].地球信息科学学报,2015,17(10):1196-1206.

[5] 胡斌华.基于多源异构的船舶轨迹数据处理系统设计与实现[D].郑州:郑州大学,2018.

[6] 郭鸥,杜志啸,蒋晓龙.基于分区存储的AIS系统航行安全数据库设计[J].船海工程,2018,47(05):164-167.

[7] 于延辰.高性能AIS数据存取系统研究与实现[D].大连:大连海事大学,2014.

[8] James M,Mendo T,Jones E L,et al. AIS data to inform small scale fisheries management and marine spatial planning [J]. Marine Policy, 2018, 91: 113-121.

[9] 张正平,杨春,胡勤友.船舶自动识别系统数据分布式存储方法[J].中国航海,2013,36(03):10-13,33.

[10] 闫密巧.面向轨迹大数据存储及查询的NoSQL数据库研究[D].上海:华东师范大学,2017.

[11] 潘明阳,高立佳,宋平亮,等.基于MongoDB的船舶数据库构建与数据批量迁移技术[J].大连海事大学学报,2016,42(1):39-44.

[12] 耿家利.渔船轨迹大数据存储优化与行为识别技术研究[D].杭州:杭州电子科技大学,2018.

[13] 羌鹏.AIS船舶时空大数据分析和可视化技术研究[D].大连:大连海事大学,2020.

[14] Qin Ji-Wei, Ma Liang-Li, Niu Jing-Hua. Massive AIS Data Management

Based on HBase and Spark[C]. //3rd Asia-Pacific Conference on Intelligent Robot Systems (ACIRS). Singapore: IEEE, 2018. 112-117.

[15] 刘甜甜. 云环境下 AIS 数据的存储与索引技术研究[D]. 武汉:武汉理工大学, 2017.

[16] 朱凯. Clickhouse 原理解析与应用实践[M]. 北京:机械工业出版社, 2020.

[17] 文元桥,吴定勇,张恒等. 水上交通系统安全模态定义与建模[J]. 中国安全科学学报, 2013, 23(06):32-38.

[18] 赵巍飞,史永亮. 基于模糊综合评价的航路交通态势评估[J]. 中国民航大学学报, 2011, 29(01):5-8.

[19] 黄亚敏. 水上交通复杂性测度研究[D]. 武汉:武汉理工大学, 2014.

[20] 周梦婕. 船舶交通风险识别与评估研究[D]. 杭州:浙江大学, 2014.

[21] Chen Chun-Hsien, Khoo Li-Pheng, Chong Yih-Tng, et al. Knowledge discovery using genetic algorithm for maritime situational awareness[J]. Expert Systems with Applications, 2014, 41(6):2742-2753.

[22] Laxhammar R, Falkman G, Sviestins E. Anomaly detection in sea traffic-A comparison of the Gaussian Mixture Model and the Kernel Density Estimator[C]. //12th International Conference on Information Fusion. Seattle, WA, USA: IEEE, 2009. 756-763.

[23] Handayani D O D, Sediono W, Shah A. Anomaly detection in vessel tracking using support vector machines (SVMs)[C]. //In Proceedings of the 2013 International Conference on Advanced Computer Science Applications and Technologies (ACSAT '13). USA: IEEE Computer Society, 2013. 213-217.

[24] Rhodes B J, Bomberger N A, Zandipour M. Probabilistic associative learning of vessel motion patterns at multiple spatial scales for maritime situation awareness[C]. //2007 10th International Conference on Information Fusion. Quebec, QC, Canada: IEEE, 2007. 1-8.

[25] Mascaro S, Nicholso A E, Korb K B. Anomaly detection in vessel tracks using Bayesian networks[J]. International Journal of Approximate Reasoning, 2014, 55(1):84-98.

[26] Snidaro L, Visentini I, Bryan K. Fusing uncertain knowledge and evidence for maritime situational awareness via Markov Logic Networks[J]. Information Fusion, 2015, 21:159-172.

[27] Matthews M L, Rehak L, Lapinski A-L S, et al. Toward Improving The Visual Characterization of Sport Activities With Abstracted Scene Graphs

[C]. //2021 IEEE/CVF Conference on Computer Vision and Pattern Recognition Workshops (CVPRW). Nashville, TN, USA: IEEE, 2021. 4495-4502.

[28] Riveiro M, Falkman G, Ziemke T. Visual Analytics for the Detection of Anomalous Maritime Behavior[C]. //2008 12th International Conference Information Visualisation. London, UK: IEEE, 2008. 273-279.

[29] Lavigne V, Gouin D, Davenport M. Visual Analytics For Maritime Domain Awareness[C]. //Proceedings Of The 2011 Ieee International Conference On Technologies For Homeland Security (Hst). Waltham, MA, USA: IEEE, 2011. 49-54.

[30] Riveiro M, Falkman G, Ziemke T. Improving Maritime Anomaly Detection And Situation Awareness Through Interactive Visualization[C]. //Proceedings Of The 2008 11th International Conference On Information Fusion. Cologne, Germany: IEEE, 2008. 1-8.

[31] 陈永, 贺红, 张微, 等. 基于场力的驾驶员影响因素交通流动力学模型[J]. 力学学报, 2018, 50(05): 1219-1234.

[32] 李创. 海运安全领域中的人因分析[D]. 上海: 上海海事大学, 2005.

[33] Pallotta G, Vespe M, Bryan K. Vessel Pattern Knowledge Discovery From Ais Data: A Framework For Anomaly Detection And Route Prediction[J]. Entropy, 2013, 15(6): 2218-2245.

[34] Xiao Zhe, Fu Xiu-Ju, Zhang Li-Ye, et al. Traffic Pattern Mining And Forecasting Technologies In Maritime Traffic Service Networks: A Comprehensive Survey[J]. IEEE Transactions On Intelligent Transportation Systems, 2019, 21(5): 1796-1825.

[35] 张树波, 唐强荣. 基于AIS数据的船舶异常行为检测方法[J]. 人工智能与机器人研究, 2015, 4(4): 23-31.

[36] 黄亮, 刘益, 文元桥, 等. 内河渡船异常行为识别[J]. 大连海事大学学报: 自然科学版, 2017, 43(1): 8-13.

[37] Li Huan-Huan, Lam J S L, Yang Zai-Li, et al. Unsupervised hierarchical methodology of maritime traffic pattern extraction for knowledge discovery [J]. Transportation Research Part C: Emerging Technologies, 2022, 143: 103856.

[38] Arguedas V F, Pallotta G, Vespe M. Maritime traffic networks: From historical positioning data to unsupervised maritime traffic monitoring[J]. IEEE Transactions on Intelligent Transportation Systems, 2017, 19(3): 722-732.

[39] Yang Dong,Wu Ling-Xiao,Wang Shuai-An,et al. How Big Data Enriches Maritime Research-A Critical Review Of Automatic Identification System (AIS) Data Applications[J]. Transport Reviews,2019,39(6):755-773.

[40] Tu En-Mei,Zhang Guang-hao,Rachmawati L,et al. Exploiting Ais Data For Intelligent Maritime Navigation:A Comprehensive Survey From Data To Methodology[J]. IEEE Transactions On Intelligent Transportation Systems,2017,19(5):1559-1582.

[41] 甄荣,邵哲平,潘家财.基于AIS数据的船舶行为特征挖掘与预测:研究进展与展望[J].地球信息科学学报,2021,23(12):2111-2127.

[42] 吴笛,杜云艳,易嘉伟,等.基于密度的轨迹时空聚类分析[J].地球信息科学学报,2015,17(10):1162-1171.

[43] Feng Jiang-Fan,Fu A-Min. Scene semantic recognition based on probability topic model[J]. Information,2018,9(4):97.

[44] 潘晓,马昂,郭景峰,等.基于时间序列的轨迹数据相似性度量方法研究及应用综述[J].燕山大学学报,2019,43(6):531-545.

[45] Sheng Kai,Liu Zhong,Zhou De-Chao,et al. Research on ship classification based on trajectory features[J]. The Journal of Navigation,2018,71(1):100-116.

[46] 丁兆颖,姚迪,吴琳,等.一种基于改进的DBSCAN的面向海量船舶位置数据码头挖掘算法[J].计算机工程与科学,2015,37(11):2061-2067.

[47] 叶仁道,姜玲,张瑜.大数据背景下全球船舶停泊点的数据挖掘分析[J].杭州电子科技大学学报(社会科学版),2018,14(1):13-17.

[48] 郑海林,胡勤友,杨春,等.上海外高桥港区停泊船聚类分析与异常检测[J].地球信息科学学报,2018,20(5):640-646.

[49] 郑振涛,赵卓峰,王桂玲,等.面向港口停留区域识别的船舶停留轨迹提取方法[J].计算机应用,2019,39(1):113-117.

[50] 黄亮,张治豪,文元桥,等.基于轨迹特征的船舶停留行为识别与分类[J].交通运输工程学报,2021,21(5):189-198.

[51] Liu Fei-Tony,Ting Kai-Ming,Zhou Zhi-Hua. Isolation-based anomaly detection[J]. ACM Transactions on Knowledge Discovery from Data,2012,6(1):1-39.

[52] 陈家义,李福武,何小阳.AIS系统在大型船舶锚泊半径及船间距的应用[J].舰船科学技术,2017,39(10):67-69.

[53] 刘磊,初秀民,蒋仲廉,等.基于KNN的船舶轨迹分类算法[J].大连海事大学

学报,2018,44(3):15-21.

[54] Huang Ying-Fu, Zhang Qiu-Rong. Identification of anomaly behavior of ships based on KNN and LOF combination algorithm[C]. // In Proceedings of the AIP Conference. Wuhan,China:AIP Publishing,2019.020090.

[55] Patino Luis, Ferryman James. Loitering behaviour detection of boats at sea [C]. //2017 IEEE Conference on Computer Vision and Pattern Recognition Workshops (CVPRW). Honolulu, HI, USA:IEEE,2017.2169-2175.

[56] Zhang Zhi-Hao, Huang Liang, Peng Xin, et al. Loitering behavior detection and classification of vessel movements based on trajectory shape and Convolutional Neural Networks[J]. Ocean Engineering,2022,258:111852.

[57] Bird N D, Masoud O, Papanikolopoulos N P, et al. Detection of loitering individuals in public transportation areas[J]. IEEE Transactions on intelligent transportation systems,2005,6(2):167-177.

[58] Zin T T, Tin P, Toriu T, et al. A Markov random walk model for loitering people detection[C]. //2010 Sixth International Conference on Intelligent Information Hiding and Multimedia Signal Processing. Darmstadt,Germany: IEEE,2010.680-683.

[59] 刘强,罗斌,翟素兰,等.基于离散曲率熵的徘徊行为检测[J].计算机工程与应用,2013,49(18):164-166,216.

[60] 瞿中,张宁.运动目标轨迹网格化分析与徘徊行为检测研究[J].微电子学与计算机,2014,31(4):60-63,7.

[61] 任超.基于行人轨迹的徘徊行为检测方法设计与实现[D].西安:西安电子科技大学,2021.

[62] 朱梦哲,冯瑞.基于三维模型的行人徘徊行为检测算法[J].计算机应用与软件,2017,34(4):149-156.

[63] 孙玉砚,孙利民,朱红松,等.基于车牌识别系统车辆轨迹的行为异常检测[J].计算机研究与发展,2015,52(8):1921-1929.

[64] 黄亚锋,邢峰,张航峰,等.基于语义轨迹模型的态势评估方法研究[J].中国电子科学研究院学报,2019,14(3):243-250.

[65] 向隆刚,葛慧玲.一种基于方向象限映射的轨迹移动模式分析方法[J].武汉大学学报(信息科学版),2020,45(4):495-503.

[66] 黄亮,文元桥,周春辉,等.基于GIS和AIS的水上交通宏观态势评估系统[J].中国航海,2017,40(01):53-57.

[67] 崔捷.基于AIS数据的船舶危险驶过研究[D].大连:大连海事大学,2014.

[68] Srivastava N, Hinton G, Krizhevsky A, et al. Dropout: A Simple Way to Prevent Neural Networks from Overfitting[J]. The Journal of Machine Learning Research, 2014, 15(1): 1929-1958.

[69] Kim K-I, Lee K M. Convolutional Neural Network-Based Gear Type Identification from Automatic Identification System Trajectory Data[J]. Applied Sciences, 2020, 10(11): 4010.

[70] Kapadais K, Varlamis I, Sardianos C, et al. A framework for the detection of search and rescue patterns using shapelet classification[J]. Future Internet, 2019, 11(9): 192.

[71] 王臻睿,赵坤宇,蔡川,等. 基于DBSCAN和iForest算法的船舶异常行为分析[J]. 舰船电子工程, 2021, 41(4): 89-94.

[72] 史磊,秦宏,刘龙腾. 世界海洋捕捞业发展概况、趋势及对我国的启示[J]. 海洋科学, 2018, 42(11): 126-134.

[73] Marzuki M I, Garello R, Fablet R, et al. Fishing Gear Recognition from VMS data to Identify Illegal Fishing Activities in Indonesia[C]. //OCEANS 2015-Genova. Genova, Italy: IEEE, 2015.

[74] 何正伟,杨帆,刘力荣. 基于AIS数据的船舶安全航行水深参考图[J]. 交通运输工程学报, 2018, 18(4): 171-181.

[75] 王敏旭. 实时目标的位置姿态识别以及运动跟踪的研究和应用[D]. 成都: 电子科技大学, 2020.

[76] Fujii Y, Tanaka K. Traffic capacity[J]. The Journal of navigation, 1971, 24(4): 543-552.

[77] 熊勇,贺益雄,黄立文. 基于速度障碍的多船自动避碰控制方法[J]. 中国航海, 2015, (3): 46-51.

[78] 陈立家,黄立文,熊勇. 基于最优控制的海上多目标船避碰研究[J]. 中国安全科学学报, 2014, 24(1): 15-21.

[79] 贺益雄,黄立文,牟军敏. 基于MMG和船舶领域的对遇局面自动避碰[J]. 中国航海, 2014, (4): 92-95.

[80] 李旭东. 基于AIS信息和船舶领域的几何避碰研究[D]. 上海: 上海海事大学, 2006.

[81] 刘明俊,艾万政,程志友. 苏通大桥桥区水域船舶通航能力研究[J]. 船海工程, 2006, 35(4): 80-82.

[82] 代君,王当利,刘克中. 基于船舶领域模型的港口受限航道通过能力计算方法[J]. 武汉理工大学学报: 交通科学与工程版, 2009, 33(4): 679-682.

[83] 张保华.基于船舶领域理论的水道通过能力研究[D].大连:大连理工大学,2009.

[84] 吴兆麟,郑中义.时间碰撞危险度及模型[J].大连海事大学学报,2001,27(2):1-5.

[85] 郑中义,吴兆麟.船舶碰撞危险度的新模型[J].大连海事大学学报,2002,28(2):1-5.

[86] 范志鹏.刘家峡库区船舶碰撞危险的预测研究[D].大连:大连海事大学,2005.

[87] 向哲,胡勤友,施朝健,等.基于AIS数据的受限水域船舶领域计算方法[J].交通运输工程学报,2015,15(5):110-117.

[88] 刘欢,商轶,金欣欣,等.船舶排放清单研究方法及进展[J].环境科学学报,2018,38(1):1-12.

[89] 文元桥,耿晓巧,黄亮,等.风浪流影响下的船舶废气排放测度模型研究[J].安全与环境学报,2017,17(5):1969-1974.

[90] 周春辉,黄弘逊,周玲,等.基于大数据的内河船舶主机功率估算方法[J].大连海事大学学报,2019,(2):44-49.

[91] Chen Dong-Sheng, Wang Xiao-Tong, Li Yue, et al. High-spatiotemporal-resolution ship emission inventory of China based on AIS data in 2014[J]. Science of the Total Environment,2017,609:776-787.

[92] 孙飞虎.远洋营运船舶主机功率预测方法研究[D].大连:大连海事大学,2018.

[93] Cepowski T. Regression formulas for the estimation of engine total power for tankers, container ships and bulk carriers on the basis of cargo capacity and design speed[J]. Polish Maritime Research,2019,26(1):82-94.

[94] Liu Huan, Fu Ming-Liang, JIN Xin-Xin, et al. Health and climate impacts of ocean-going vessels in East Asia[J]. Nature climate change, 2016, 6:1037-1041.

[95] Li Cheng, Yuan Zi-Bing, Ou Jia-Min, et al. An AIS-based high resolution ship emission inventory and its uncertainty in Pearl River Delta region, China[J]. Science of the Total Environment,2016,573:1-10.

[96] Goldsworthy L, Goldsworthy B. Modelling of ship engine exhaust emissions in ports and extensive coastal waters based on terrestrial AIS data-An Australian case study[J]. Environmental Modelling & Software,2015,63:45-60.

[97] 高朱鹏.船舶航线多目标优化模型及算法研究[D].大连:大连海事大

学,2022.
[98] 姜广坤.应用数据挖掘技术的舰船最佳航线自动选取方法[J].舰船科学技术,2022,44(9):79-82.
[99] 陈攀.基于粒子群算法的超大型油船航线优化研究[D].哈尔滨:哈尔滨工程大学,2021.
[100] 常志东.基于智能算法的风力助航船舶航线优化[J].舰船科学技术,2022,44(9):83-86.
[101] 李元奎.风力助航船舶航线优化模型及智能算法研究[D].大连:大连海事大学,2014.
[102] Perera L P,Oliveira P,Soares C G. Maritime traffic monitoring based on vessel detection, tracking, state estimation, and trajectory prediction[J]. IEEE Transactions on Intelligent Transportation Systems,2012,13(3):1188-1200.
[103] Pipchenko O. On the Method of Ship's Transoceanic Route Planning[J]. International Journal on Marine Navigation and Safety of Sea Transportation,2011,5(3):385-392.
[104] Vettor R. Multi-objective evolutionary algorithm in ship route optimization [M]. London,UK:Taylor & Francis,2015.865-876.
[105] Trodden D,Murphy A,Pazouki K,et al. Fuel usage data analysis for efficient shipping operations[J]. Ocean Engineering,2015,110:75-84.
[106] Szlapczynska J. Multi-objective weather routing with customised criteria and constraints[J]. The Journal of Navigation,2015,68(2):338-354.
[107] 刘廷伟.船舶航迹控制及气象导航方法的研究[D].长春:吉林大学,2015.